Gary Smalley / John Trent

„Bitte, segne mich!"

Auf der Suche nach dem verlorenen Segen

Verlag der Francke-Buchhandlung GmbH
Marburg an der Lahn

CIP-Titelaufnahme der Deutschen Bibliothek

Smalley, Gary:
,,Bitte, segne mich!" — Auf der Suche nach dem verlorenen Segen /
Gary Smalley; John Trent
Marburg an d. Lahn: Francke, 1989
(Edition C: F, Brennpunkt die Familie; Nr. 26)
ISBN 3-88224-659-6
NE: Edition C/F

2. Auflage 1992

Alle Rechte vorbehalten
Originaltitel: The Blessing
© 1986 by Gary Smalley and John Trent
Published by Thomas Nelson, Inc., Nashville, Tennessee, USA
© der deutschsprachigen Ausgabe
1989 by Verlag der Francke-Buchhandlung GmbH, 3550 Marburg an der Lahn

Deutsch von LITERA/Köppl
Umschlaggestaltung: Herybert Kassühlke
Texterfassung: Verlag der Francke-Buchhandlung GmbH / Manuela Weigand
Satz: Druckerei Schröder, 3552 Wetter/Hessen
Druck: Schönbach-Druck GmbH, 6106 Erzhausen

Edition C, Nr. F 26

INHALTSVERZEICHNIS

Dieses Buch ist unseren beiden Frauen, Norma und Cynthia, für ihre liebevolle Unterstützung und Ermutigung und vier weiteren Paaren gewidmet, die für uns eine außerordentliche Quelle des Segens waren und dieses Buch erst möglich machten: David und Karen Cavan, Doug und Judie Childress, Jerry und Judy LaBrasca und Steve und Barbara Uhlman.

1. Auf der Suche nach dem Segen

Jeder von uns sehnt sich danach, von anderen akzeptiert zu werden. Laut äußern wir vielleicht: „Ich schere mich nicht darum, was andere Leute von mir denken." Im Inneren jedoch verlangt uns nach Vertrautheit und Zuneigung. Ganz besonders gilt dieses Verlangen im Verhältnis zu unseren Eltern. Es ist für uns von tiefgreifender Auswirkung, ob wir die Anerkennung unserer Eltern erlangen oder vermissen müssen, selbst wenn wir seit Jahren keinen regelmäßigen Kontakt mehr zu ihnen haben. Was sich in unserer Beziehung zu den Eltern abspielt, kann tatsächlich in hohem Maße alle unsere gegenwärtigen und zukünftigen Beziehungen beeinflussen. Das mag übertrieben klingen, doch unser Sprechzimmer ist voll von Menschen, die genau mit diesem Problem zu kämpfen haben, so wie beispielsweise Brian und Nancy.

Die Zerschlagung von Brians Traum

„Bitte sag, daß du mich lieb hast, bitte!" Brians Worte verloren sich in Tränen, als er sich über die stillgewordene Gestalt seines Vaters beugte. Es war spät nachts in einem großstädtischen Krankenhaus. Nur die kalten, weißen Wände und das Summen eines Herzmonitors leisteten ihm Gesellschaft. Seine Tränen offenbarten eine tiefinnere Qual und Empfindsamkeit, die ihn seit Jahren gepeinigt hatten, seelische Wunden, für die es nun keine Heilung mehr zu geben schien.

Brian war fast über das halbe Land zu seinem Vater geflogen, um einen letzten Versuch zu unternehmen, jahrelangen Groll und Mißverständnisse auszuräumen. Jahre hindurch hatte Brian sich darum bemüht, von seinem Vater akzeptiert und anerkannt zu werden, doch schien dieses Ziel immer unerreichbar zu sein.

Brians Vater war Marineoffizier gewesen. Als Brian heranwuchs, hegte sein Vater nur den einen Wunsch, daß der Sohn in seine Fußstapfen treten würde. Mit dieser Vorstellung ließ Brians Vater keine Gelegenheit aus, dem Sohn Disziplin und Rückgrat einzuimpfen, die er brauchen würde, wenn auch er eines Tages Offizier war.

Worte der Liebe oder Zärtlichkeit waren untersagt. Fast schien es, als könne ein auch noch so geringes Anzeichen von Wärme die harte Schale zerbrechen, die Brians Vater bei seinem Sohn schaffen wollte.

Der Vater spornte Brian an, Sport zu treiben und Wahlfächer zu belegen, die ihm das beste Rüstzeug für die Offizierslaufbahn geben würden. Das einzige Lob, das Brian für eine sportliche Glanzleistung oder eine gute Arbeit in der Klasse zu hören bekam, war eine Lektion darüber, wie er es hätte besser machen können und sollen. Nach dem Abschluß an der High School meldete sich Brian beim Marine Corps. Das war der glücklichste Tag im Leben seines Vaters. Doch die Freude war von kurzer Dauer. Brian wurde wegen Führungsproblemen und Mißachtung von Befehlen vorgeladen und gemaßregelt. Nachdem Wochen hindurch Disziplinarstrafen (unter anderem wegen eines hitzigen Streits mit seinem Ausbilder) gegen ihn verhängt worden waren, wurde Brian als unverbesserlich unehrenhaft aus dem Militärdienst entlassen.

Die Nachricht von Brians Entlassung aus der Marine versetzte der Beziehung zu seinem Vater einen tödlichen Schlag. Er war im Vaterhaus nicht länger willkommen, und jahrelang riß der Kontakt zwischen beiden vollständig ab.

In diesen Jahren kämpfte Brian mit Minderwertigkeitsgefühlen und litt unter einem Mangel an Selbstbewußtsein. Trotz überdurchschnittlicher Intelligenz übte er eine Reihe von Tätigkeiten aus, die weit unter seinen Fähigkeiten lagen. Dreimal war er verlobt gewesen – nur um jedesmal wenige Wochen vor der Hochzeit die Verlobung wieder zu lösen. Irgendwie fehlte ihm der Glaube, daß ein anderer Mensch ihn wirklich lieben könnte.

Damals war sich Brian dessen nicht bewußt, doch litt er an den üblichen Symptomen eines Menschen, der ohne das Gefühl des Segens seiner Familie aufwächst. Dieses Element fehlte in seinem Leben so sehr, daß es ihn schließlich dazu führte, fachkundige Hilfe zu suchen.

Wir nahmen unsere Beratungen mit Brian auf, nachdem er seine zweite Verlobung aufgelöst hatte. Als Schicht um Schicht seiner Vergangenheit freigelegt wurde, erkannte Brian allmählich sein Bedürfnis nach dem Segen seiner Familie und seiner Verantwortung, sich ernsthaft mit seinen Eltern auseinanderzusetzen. In diesem Stadium kam der Anruf seiner Mutter, daß sein Vater nach einem Herzanfall im Sterben liege.

Brian machte sich sofort auf den Weg zum Krankenhaus, um seinen Vater zu sehen. Den ganzen Flug hindurch war er erfüllt von der Hoffnung, daß sie nun endlich miteinander reden und ihre Beziehung ins reine bringen könnten. „Ganz sicher wird er mir zuhören. Ich habe ja soviel gelernt. Ich weiß, daß sich die Dinge zwischen uns ändern werden." Brian sagte sich diese Sätze während des Fluges immer wieder vor. Aber es sollte nicht so kommen.

Vier Stunden vor seiner Ankunft verfiel Brians Vater ins Koma. Die Worte, die Brian zum erstenmal zu hören gewünscht hatte – Worte der Liebe und Anerkennung – konnten nun nie mehr ausgesprochen werden. Sein Vater starb vier Stunden nach Brians Eintreffen, ohne das Bewußtsein noch einmal wiederzuerlangen.

„Dad, bitte wach auf!" Brians herzzerreißendes Schluchzen hallte auf dem Krankenhauskorridor wider. Seine Schreie drückten ein unglaubliches Verlustgefühl aus, das sich über den physischen Verlust seines Vaters hinaus auch auf die Empfindungen erstreckte, jede Möglichkeit für die Erlangung des Segens seines Vaters endgültig verloren zu haben.

Nancy durchlebt nochmals eine quälende Vergangenheit

Nancys Verlust war anders geartet, doch Schmerz und Pein durch das Fehlen des Segens trafen sie beinahe genauso tief. Leben ohne Segen führte nicht nur zu Problemen mit ihren Eltern, sondern auch mit ihrem Mann und den Kindern.

Nancy wuchs in einem wohlhabenden Vorort einer größeren Stadt auf. In ihren frühen Kinderjahren pflegte ihre Mutter besonders gern den gesellschaftlichen Umgang mit anderen Frauen im Club und bei häufigen Aktivitäten auf kommunaler Ebene. Tatsächlich gewannen diese gesellschaftlichen Zusammenkünfte für Nancys Mutter eine überragende Bedeutung, da ihre Ehe alles andere als erfüllt war.

Als Nancy noch sehr klein war, steckte ihre Mutter sie in elegante Kleider (das Kind mußte drinnen still sitzen und durfte nicht draußen spielen) und nahm sie und ihre ältere Schwester mit in den Club. Doch als Nancy älter wurde, änderte sich diese Praxis allmählich.

Im Gegensatz zu ihrer Mutter und ihrer älteren Schwester war Nancy keineswegs zierlich, sondern ziemlich groß und starkknochig. Auch war sie alles andere als ein Vorbild an Ruhe. Sie war ein Wildfang mit einer Vorliebe für Spiele im Freien, Tiere aller Art und das Überklettern von Zäunen.

Man kann sich leicht vorstellen, daß ein solches Verhalten bei einer Tochter, die auf einen späteren Auftritt als Debütantin hin getrimmt wurde, ernsthafte Probleme hervorrief – vor allem, als eine Strumpfbandnatter auf mysteriöse Weise ihren Weg in eine der Gartenteeparties ihrer Mutter fand. Niemand konnte beweisen, daß Nancy die Schlange in den Garten geschmuggelt hatte, doch von diesem Augenblick an trat eine Veränderung in der Beziehung zu ihrer Mutter ein. Nancys Mutter versuchte verzweifelt, die Irrwege ihrer Tochter wieder zurechtzurücken. Nancy wurde ständig gescholten, weil sie „unbeholfen" und „schwerfällig" sei. Beim Einkaufsbummel wurde sie oft gestichelt, um sie zur Gewichtsabnahme zu motivieren. „Die wirklich hübschen Kleider sind alle zwei Nummern zu klein für dich. Sie passen deiner *Schwester*", hänselte ihre Mutter. Schließlich wurde Nancy zu einer strengen Diät gezwungen, damit sie von ihrer körperlichen Erscheinung her für andere vorzeigbar würde.

Nancy gab sich große Mühe, ihre Diät einzuhalten und genau das zu sein, was ihre Mutter sich wünschte. Doch mehr und mehr gewöhnten sich Nancys Mutter und Schwester an, sie zu Hause zu lassen, wenn sie zu gesellschaftlichen Ereignissen gingen. Bald gab es keine Einladungen mehr für solche Anlässe. Eines Tages sagte ihre Mutter zu ihr: „Du möchtest doch nicht in Verlegenheit kommen wegen deines Aussehens mit den ganzen anderen Kindern umher, oder?"

Als Nancy zum erstenmal zur Beratung kam, war sie über dreißig, verheiratet und Mutter von zwei Kindern. Seit Jahren kämpfte sie mit ihrem Gewicht und ihren Minderwertigkeitsgefühlen. Auch ihre Ehe war für sie ein beständiger Kampf.

Nancys Mann liebte sie und war ihr von ganzem Herzen zugetan, doch ihre Unfähigkeit, sich angenommen zu fühlen, erzeugte ein Gefühl dauernder Unsicherheit und Abwehr. Als Folge dieser Überempfindlichkeit fühlte sich Nancy jedesmal bedroht, wenn sie und ihr Mann sich nahekamen. Unweigerlich ließ irgendeine Kleinigkeit, die ihr Mann tat, sie zurückscheuen, und ihre Ehe bewegte sich auf Distanz.

Offen gesagt, fühlte sich Nancy wegen der fehlenden Akzeptierung in ihrer Vergangenheit in einer Beziehung nur wohl, wenn sie sich den Partner auf Abstand hielt. Gewiß war ihre Ehe für sie sehr wichtig, doch am meisten schlug sich Nancy mit ihren Kindern herum, vor allem mit einem speziellen Kind.

Nancy hatte zwei Töchter. Das ältere Mädchen war von kräftigem Knochenbau und sah Nancy sehr ähnlich, die jüngere Tochter hingegen war ein hübsches, zierliches Kind. Unerträgliche Pein verursachte Nancy jedoch die Beziehung zwischen ihrer Mutter und diesem jüngeren Kind und die Auswirkung, die diese Beziehung auf Nancys Gefühle und ihr Verhalten hervorrief.

Genau wie in Nancys Kindheit kümmerte sich ihre Mutter nur um die jüngere, „hübsche" Tochter, während die ältere unbeachtet blieb. Alte Wunden, die Nancy in ihrer Vergangenheit verborgen glaubte, rissen wieder auf bei der Beobachtung ihrer eigenen Kinder. Kummer und Einsamkeit ihrer älteren Tochter waren wie ein Echo von Nancys eigenem Unglücklichsein.

Wider ihren Willen begann sich Nancys Haltung ihrer jüngeren Tochter gegenüber zu wandeln. Der geringste Anlaß zu Ärger, den das Kind gab, löste einen Zornesausbruch aus. Bitterkeit und Groll traten an die Stelle echter Zuneigung.

Im tiefsten Herzen war Nancy auch zornig auf Gott. Trotz ihrer Gebete hatte sie das Gefühl, als habe er weder ihr Verhältnis zu ihrer Mutter noch ihre gegenwärtigen Lebensumstände geändert. Sie schien dazu verdammt, stellvertretend durch ihre Töchter ihre eigene qualvolle Vergangenheit nochmals zu durchleben. Diese Gefühlssperre hatte zur Folge, daß sie aufhörte, in die Bibelgruppe zu gehen, christliche Freunde zu besuchen und zu Gott zu beten.

Für Nancy wurde ihre Beziehung zu ihrem Mann, ihren Kindern und zu Gott dadurch beeinträchtigt, daß sie den Segen vermissen mußte, nach dem sie so viele Jahre gestrebt hatte, ohne daß er je in Reichweite gelangte.

Unser Verlangen nach Akzeptierung

Für Brian und Nancy hatte die fehlende Akzeptierung durch die Eltern schwerwiegende Folgen. Für Brian war das Ausbleiben des Segens ein Hauptgrund für das Zerbrechen seiner Verlobungen; es hinderte ihn daran, einem anderen Menschen so nahezukommen, daß eine tiefere Bindung entstehen konnte. Bei Nancy zerstörte die Unfähigkeit, sich als Mensch angenommen zu fühlen, ihre wichtigsten Beziehungen. Ohne es zu erkennen, waren Brian und Nancy auf der Suche nach dem gleichen Ziel — dem Segen ihrer Familie.

Brian und Nancy sind charakteristisch für Menschen, die nach dem elterlichen Segen suchen. Nachdem sie das Elternhaus *physisch* schon jahrelang verlassen hatten, blieben sie *gefühlsmäßig* immer noch an die Vergangenheit gefesselt. Da sie in der Vergangenheit von ihren Eltern keine Anerkennung gefunden hatten, konnte in der Gegenwart kein Gefühl echter Akzeptierung durch andere in ihrem Leben Wurzeln schlagen. In Nancys Fall hielt dieser Mangel an Anerkennung sie sogar von dem Glauben ab, daß ihr himmlischer Vater sie wirklich annahm.

Manche Menschen werden bei der Suche nach dem Segen, der ihnen zu Hause versagt blieb, in die Arbeitssucht getrieben, sie werden „Workaholics". Das unablässige Streben, akzeptiert zu werden, führt dazu, daß sie nie das Gefühl haben, den an sie gestellten Anforderungen gerecht zu werden. Andere ziehen sich zurück und verfallen in Apathie, weil sie die Hoffnung aufgegeben haben, jemals wirklich gesegnet zu werden. Unglücklicherweise kann dieser Vorgang so schlimm werden, daß er zu chronischer Depression und sogar zu Selbstmord führen kann. Bei fast allen Kindern, die den Segen ihrer Eltern entbehren müssen, löst dieses Fehlen der Annahme an irgendeinem Punkt eine lebenslange Suche aus.

Diese Suche nach dem Segen ist keineswegs ein Phänomen unserer Tage, sondern reicht weit in die Jahrhunderte zurück. Tatsächlich können wir schon im Alten Testament das anschauliche Bild eines Menschen finden, dem der Segen seiner Familie entging, ein verwirrter und zorniger Mann mit Namen Esau. Wenn wir uns das Leben dieses Mannes betrachten, erfahren wir auch allmählich etwas über den Segen und was es bedeuten kann, mit oder ohne Segen aufzuwachsen.

„Segne mich auch, mein Vater!"

Esau war außer sich. *Konnte das wirklich geschehen?* mag er sich gefragt haben. Vielleicht schweiften seine Gedanken zu den Ereignissen jenes Tages zurück. Nur wenige Stunden zuvor hatte ihn sein Vater zu sich gerufen und eine besondere Bitte geäußert. Wenn Esau, der ältere Sohn, hinginge und frisches Wildbret für ein schmackhaftes Mahl brächte, dann würde der langerwartete Segen seines Vaters über ihm ausgesprochen werden.

Wie war nun der Segen beschaffen, auf den Esau Jahre hindurch gewartet hatte? In biblischen Zeiten war der Empfang des väterlichen

Segens für Söhne und Töchter ein Ereignis von großer Tragweite. Wir entdecken, daß es diesen Kindern ein starkes Gefühl dafür gab, von ihren Eltern hoch geachtet zu sein und sogar eine besondere Zukunft für sie zu verheißen. An einem besonderen Punkt in ihrem Leben vernahmen sie Worte der Ermutigung, Liebe und Zuneigung von ihren Eltern.

Wir werden sehen, daß einige Aspekte dieses alttestamentlichen Segens einmalig für jene Zeit waren. Die *Elemente der Beziehung* dieses Segens jedoch finden auch heute noch Anwendung. In den Zeiten des Alten Testamentes war dieser Segen hauptsächlich für eine spezielle Gelegenheit vorbehalten. Heute dagegen können die Eltern beschließen, diese Elemente des Segens in das tägliche Leben ihrer Kinder einzubauen.

Bei Esau folgte sein Vater Isaak dem Brauch, bis zu einem besonderen Tag zu warten, um seinem Sohn den Segen zu geben. Nun war Esaus Wartezeit endlich, endlich vorüber. Die Zeit für seinen Segen würde beginnen, sobald er die Jagdbeute erlegt und ein besonderes Mahl zubereitet hatte.

Mit der ganzen Geschicklichkeit und den Fähigkeiten des erfahrenen Jägers war Esau rasch und erfolgreich zu Werke gegangen. In kürzester Frist hatte er ein köstliches Wildbret hergerichtet, wie es nur jemand fertigbrachte, der sich auf die Kunst des Kochens im Freien draußen verstand.

Alles war so geschehen, wie es ihm aufgetragen worden war. Warum nur hatte sein Vater so gezittert, als Esau vor ihm stand? Wie in einem Traum lief die Szene in Esaus Geist immer und immer wieder ab. Eben hatte er das Zelt seines Vaters betreten und ihn begrüßt:

Richte dich auf, mein Vater, und iß von dem Wildbret deines Sohnes, daß mich deine Seele segne. Da antwortete ihm Isaak, sein Vater: Wer bist du? Er sprach: Ich bin Esau, dein erstgeborener Sohn. Da entsetzte sich Isaak über die Maßen sehr und sprach: Wer? Wo ist denn der Jäger, der mir gebracht hat, und ich habe von allem gegessen, ehe du kamst, und habe ihn gesegnet? Er wird auch gesegnet bleiben.

Als Esau diese Worte seines Vaters hörte, schrie er laut und wurde über die Maßen sehr betrübt und sprach zu seinem Vater: **Segne mich auch, mein Vater!** *(1. Mose 27,31-34).*

Esau ahnte nicht, daß jemand gehorcht hatte, als sein betagter und nahezu blinder Vater ihn zu sich gerufen hatte. Rebekka, die Mutter Esaus und seines Zwillingsbruders Jakob, befand sich ebenfalls im Zelt. Sobald Esau aufs Feld hinausgegangen war, um frisches Wildbret zu erlegen, lief sie mit einem schlauen Plan zu Jakob, ihrem Lieblingssohn. Wenn sie sich beeilten, konnten sie ein Zicklein aus der Herde schlachten und damit ein wohlschmeckendes Mahl zubereiten. Außerdem konnten sie Jakob die Kleider seines Bruders anziehen und ihm das Tierfell anlegen, um Esaus rauhe, haarige Haut an Armen, Händen und Hals vorzutäuschen.

Esaus Kleider anzuziehen war kein Problem, doch was sie nicht nachzuahmen vermochten, war Esaus Stimme, und daran wären sie beinahe gescheitert (1. Mose 27,22). Doch obwohl Isaak ein wenig mißtrauisch war, funktionierte ihr Plan letzten Endes genauso, wie sie es sich erhofft hatten. In 1. Mose 27,22-23 lesen wir: „So trat Jakob zu seinem Vater Isaak ... Und er erkannte ihn nicht, denn seine Hände waren rauh wie Esaus, seines Bruders, Hände. Und er segnete ihn." Der Segen, der dem älteren Sohn zugedacht war, ging nun an den jüngeren.

Jahre vorher hatte Esau sein Erstgeburtsrecht für eine Schüssel mit Linsen an seinen Bruder Jakob verkauft (1. Mose 25,29-34). Wie wir später noch sehen werden, war dieses Erstgeburtsrecht ein besonderes Erbrecht, das nur für den Erstgeborenen vorbehalten war. Esau war bereit, dieses Recht ohne einen weiteren Gedanken zu verschachern, um ein momentanes Hungergefühl zu stillen, doch der Verlust des Familiensegens war eine andere Geschichte.

Als Esau den Segen von seinem Vater verlor, war er niedergeschmettert. Bei der Entdeckung, daß Jakob ihm den Segen gestohlen hatte, rief er tatsächlich aus: „Hast du denn nur *einen* Segen, mein Vater? Segne mich auch, mein Vater!" (1. Mose 27,39-40), doch es waren nicht die Worte der Wertschätzung und Zuneigung, nach denen ihn verlangt hatte.

Können Sie sich die Qual, die in dem Ausruf „Segne mich auch, mein Vater" liegt, vorstellen? Der gleiche schmerzliche Ruf, die gleiche unerfüllte Sehnsucht findet heute bei vielen Menschen ihren Widerhall, die nach dem Segen ihrer Familie verlangen, Männer und Frauen, deren Eltern aus irgendeinem Grund versäumten, sie mit Worten der Liebe und Zuneigung zu segnen. Menschen wie Brian und Nancy,

Menschen, denen Sie jeden Tag auf Tuchfühlung nahe sind. Vielleicht Sie selbst.

Die Bedeutung des Segens in heutiger Zeit

Echte Zuneigung, das Gefühl, angenommen zu sein, ein unerfülltes Bedürfnis im Leben von Brian, Nancy und Esau, ein Bedürfnis, das in Tausenden von Menschenleben heutzutage unerfüllt bleibt. Vielleicht haben Sie selbst dieses Bedürfnis, oder ein von Ihnen geliebter Mensch schlägt sich damit herum, ein Bedürfnis, das der Segen stillen hilft. Doch der Segen der Familie vermittelt den Menschen nicht nur ein dringend benötigtes Gefühl, persönlich angenommen zu sein, sondern spielt auch eine wichtige Rolle dabei, sie zu beschützen und sogar freizumachen für den Aufbau enger Beziehungen.

Orthodoxe jüdische Familien verleihen heute wie in früheren Jahrhunderten ihren Kindern einen besonderen Familiensegen. Dieser Segen ist dem patriarchalischen Segen sehr ähnlich, den wir in der Geschichte von Esau kennengelernt haben, und bildet einen wichtigen Bestandteil, um Generationen von Kindern mit einem Gefühl des Angenommenseins auszustatten. Doch in jüngster Zeit wurde er auch zu einer bedeutsamen Quelle des Schutzes für diese Kinder.

Im ganzen Land bieten Sekten unseren Kindern einen falschen Segen an. Sektenführer beherrschen die Elemente des Segens, die wir im folgenden beschreiben wollen. Sie vermitteln ein Familiengefühl und offerieren (zumindest anfangs) das Versprechen von persönlicher Aufmerksamkeit, Zuwendung und Bestätigung, — ein wichtiges Zugpferd für viele Sekten. Besonders anfällig sind Kinder, die ohne das Gefühl heranwachsen, von den Eltern angenommen zu sein. Pro Jahr sind das Tausende. Doch ist das so, als bitte man hungrige Kinder zu einem imaginären Mahl; Geruch und Aroma verlocken sie zum Tisch, doch nach dem Essen sind sie hungriger als zuvor.

Als Eltern können Sie, wenn Sie über den Segen der Familie Bescheid wissen, Ihr Kind oder Ihre Kinder mit einem schützenden Rüstzeug ausstatten. Die beste Abwehr gegen das Verlangen eines Kindes nach einer scheinbaren Akzeptierung ist, ihm echte Zuwendung entgegenzubringen. Wenn ein Kind daheim echte Zuneigung und Bestätigung findet, können Sie die Chance, daß es in den Armen eines Sektenmitglieds oder in irgendeiner unmoralischen Verbindung

Zuwendung sucht, weitgehend reduzieren. Echte Zuwendung gewinnt ihre Ausstrahlung vom Begriff des Segens.

Der Segen ist jedoch nicht nur für Eltern ein wichtiges Werkzeug. Auch für jeden Menschen, der einem anderen in einer engen Beziehung nahekommen möchte, ist der Segen von entscheidender Bedeutung.

Einer der bekanntesten Verse der Bibel steht 1. Mose 2,24: „Darum wird ein Mann seinen Vater und seine Mutter verlassen und seinem Weibe anhangen." Viele Bücher und Tonbänder sprechen von der Notwendigkeit, seinem Ehegatten anzuhangen. In herzlich wenigen aber ist von der besonderen Notwendigkeit die Rede, daß Menschen ihr Zuhause „verlassen" müssen. Vielleicht liegt der Grund darin, daß die Menschen das Weggehen von zu Hause einfach als physisches Fortgehen betrachten.

In Wirklichkeit bedeutet das Verlassen der Familie stets weit mehr, als daß wir einen physischen Abstand zwischen unseren Eltern und uns selbst herstellen. Im Alten Testament beispielsweise zogen die Menschen, wenn sie ihre Eltern verließen, höchstens auf die andere Seite des Lagerfeuers in ein anderes Zelt! Das Verlassen des Elternhauses birgt nicht nur Gedanken der physischen Trennung in sich, sondern auch die *emotionale* Trennung.

Es ist eine furchtbare Tatsache, daß die meisten Menschen, denen der Segen ihrer Eltern versagt blieb, beim Verlassen des Elternhauses mit großen gefühlsmäßigen Schwierigkeiten zu kämpfen haben. Sie haben ihre Eltern vielleicht schon jahrelang nicht mehr gesehen, doch das ungestillte Bedürfnis nach persönlicher Zuwendung kann einen Menschen an sein Elternhaus fesseln, so daß er unfähig ist, zu einem anderen Menschen in eine dauerhafte Beziehung zu treten. Aus diesem Grunde bleibt vielen Paaren die Erfüllung ihrer ehelichen Beziehung versagt. Genau das ist bei Brian und Nancy geschehen. Sie selbst oder einer Ihrer Lieben stehen vielleicht vor diesem Problem. Grundvoraussetzung für die Lösung des Problems und die Befreiung der Menschen für den Aufbau gesunder Beziehungen ist das Verständnis für den Gedanken des Segens.

Eine Reise der Hoffnung und Heilung

In einer von Unsicherheit überschwemmten Welt und auf der Suche nach Zuwendung brauchen wir biblische Anker, um nicht abgetrieben zu werden. Die Suche nach Zuwendung, auf der sich Brian und Nancy und viele andere befinden, führt die Menschen manchmal dazu, einen Weg zur Heilung einzuschlagen, der schlimmer ist als das Problem selbst. Die traumatische Nachvollziehung der Vergangenheit oder das Hindurchtasten durch Hypnose oder ähnliche psychologische Techniken bringt, wenn überhaupt, nur selten dauerhaften Wandel. Auf der anderen Seite bietet uns Gottes Wort und seine Prinzipien wirklich einen unwandelbaren Plan für die Herstellung oder Wiederherstellung von Beziehungen.

Auf den folgenden Seiten werden Sie mehr über das Wesen des Segens entdecken. Wenn Sie selbst Kinder haben, erkennen Sie, wie Sie ihnen den Segen vermitteln und wie Sie erkennen, ob sie ihn schon jetzt haben. Sie können auch ermessen, ob Ihre Eltern den Segen empfinden und wie dies ihre Haltung Ihnen gegenüber beeinflußt haben könnte. Wer von Ihnen mit dem Segen aufgewachsen ist, wird erkennen, wie seine Eltern ihn übermittelt haben, und empfindet vielleicht den Wunsch, ihnen seinen Dank auszudrücken.

Wir bieten Ihnen auch Hilfe an, ohne den elterlichen Segen aufzuwachsen. Sie gewinnen Einblick in die üblichen Verhaltensmuster von Menschen, denen der Segen vorenthalten wurde. Sie entdecken praktische Anregungen, wie Sie ohne den Segen einer irdischen Familie leben können, und Sie werden zu Gottes geistlichem Familiensegen hingeführt, den er jedem seiner Kinder anbietet. Sie dürfen hoffen, daß die vielleicht Jahre dauernde Suche nach persönlicher Zuwendung ihr Ende findet.

Wenn Sie Lehrer sind, kann die Entdeckung des Segens Ihnen zu einem besseren Verständnis Ihrer Schüler verhelfen. Wenn Sie als Berater tätig sind, kann sie Ihnen eine hilfreiche Basis bieten, um Probleme besser zu verstehen und praktische Lösungen zu erarbeiten. Wenn Sie ein geistliches Amt ausüben, gibt sie Ihnen die Möglichkeit, ein Grundbedürfnis jedes Menschen zu begreifen, und liefert Ihnen die Mittel, dieses Bedürfnis zu stillen.

Wir beten darum, daß Sie sich bei den folgenden Seiten Zeit nehmen und den Mut haben, eine Reise in die Vergangenheit anzutreten, eine

Reise, die zu Hoffnung und Heilung führen kann. Darüber hinaus beten wir darum, daß Sie bereit sind, einen ernsthaften Blick auf die Gegenwart zu richten und die Dinge, die Sie entdecken, zur praktischen Nutzanwendung bringen.

Diese Seiten beenden vielleicht eine lebenslange Suche oder bescheren Ihnen den Anfang einer neuen Beziehung zu Ihren Kindern, Ihrem Ehegatten, Ihren Eltern oder einem engen Freund. Aus ganzem Herzen wünschen wir uns, daß dieses Buch Ihre Beziehung zu Ihrem himmlischen Vater bereichert, da Sie mehr darüber erfahren, welche Quelle des Segens er für jeden Gläubigen ist. Zu all dem soll die Betrachtung des Segens der Familie – gestern und heute – uns führen.

2. Der Segen: Gestern und heute

Was hat es nun mit diesem Segen auf sich, der so wichtig zu sein scheint? Hat er wirklich für uns heute noch eine Bedeutung, oder galt er nur für die Zeiten des Alten Testaments? Aus welchen Elementen besteht er? Wie kann ich erfahren, ob ich den Segen empfangen habe oder ob meine Kinder ihn nun erleben?

Diese Fragen kommen im allgemeinen auf, wenn wir Menschen an die Frage des Segens heranzuführen versuchen. Bei ihrer Beantwortung werden wir fünf wesentliche Beziehungselemente entdecken, die der alttestamentliche Segen enthält. Das Vorhandensein oder Fehlen dieser Elemente kann uns dabei helfen, festzustellen, ob unser Heim oder unser Elternhaus ein Ort des Segens ist oder war. In diesem Kapitel werden wir uns ansehen, wie in orthodoxen jüdischen Familien die Kinder mit einem Segen beschenkt werden und warum dies seit vielen Jahrhunderten geschieht.

Eine Untersuchung über den Segen beginnt immer im Zusammenhang mit der Zuwendung durch die Eltern. Bei eingehender Betrachtung des Segens in der Heiligen Schrift stellten wir jedoch fest, daß seine Prinzipien sich auf jede enge Beziehung anwenden lassen.

Männer können sie bei der Segnung ihrer Gattinnen anwenden und umgekehrt. Freundschaften können vertieft und gefestigt werden, indem ein Segenselement mit eingeschlossen wird. Werden diese Schlüsselelemente in der Familie einer Kirchengemeinde angewandt, dann können sie unseren Brüdern und Schwestern in Christus Wärme, Heilung und Hoffnung bescheren, von denen viele den irdischen Segen ihrer Eltern entbehren mußten. In einem späteren Kapitel werden wir sehen, daß dies die eigentlichen Elemente der Beziehung sind, die Gott benutzt, um seine Kinder zu segnen.

Ist der Segen, den wir in unserer Zeit in das Leben eines Menschen einführen, dem Segen des Alten Testamentes genau gleich? Sicherlich nicht. Die grundlegenden Beziehungselemente des Segens bleiben zwar die gleichen, doch enthält die Schrift eine Reihe geistlicher Aspekte des Segens, die für die damalige Zeit einmalig waren.

Einmalige Aspekte des Segens im Alten Testament

Eine Methode zur Betrachtung der einzigartigen geistlichen Seite des

Familiensegens besteht darin, sich anzusehen, wie Gott diesen Begriff anwandte, um seine Linie des Segens durchgehend in einer Familie bis zur Ankunft Christi herauszustellen.

Gottes Segensbund wurde ursprünglich mit einer einzigen Familie geschlossen und sollte unmittelbar durch die Abkömmlinge dieser Familie weitergegeben werden. Abrahams Nachkommen empfingen den Segen, den Gott ihnen verheißen hatte (1. Mose 12,2-3). Dies galt Generationen hindurch bis zur Geburt des Messias (Matth. 1,2-16). Wegen dem, was Jesus für alle Menschen vollbrachte, kann im Gegensatz dazu nun jede Familie und jedes Familienmitglied durch den Sohn Gottes einen Segen erfahren. Dieser Segen kann dann an andere weitergegeben werden, wenn sie zu Christus geführt werden.

Eine weitere, mit dem Segen in Verbindung stehende geistliche Bedeutung liegt in der Weise, wie Gottes souveräne Wahl dargestellt wird. Bei Jakob und Esau und einem anderen Brüderpaar, Ephraim und Manasse, zeigte sich Gottes Souveränität darin, wer zuerst den Familiensegen empfing und wer nicht (1. Mose 49,14; Röm.11-13). Wie wir weiter unten in diesem Kapitel noch sehen werden, hatte der alttestamentliche Segen auch einen prophetischen Aspekt, was für Eltern heute nicht gilt.

Über die einmalige geistliche Bedeutung hinaus, die dem Familiensegen beigemessen wurde, hat der Segen immer auch eine zutiefst persönliche Seite, die etwa in dem herzzerreißenden Aufschrei Esaus zum Ausdruck kommt, als er den Segen seines Vaters verlor. Er klagte nicht über den Verlust eines objektiv theologischen Begriffes, sondern über die ganz persönlichen Worte seines Vaters, die er nun vermissen mußte.

Die persönliche, verwandtschaftliche Seite des Gebrauchs eines Segens, um elterliche Liebe und Zuwendung auszudrücken, wird in orthodoxen jüdischen Familien bis heute mit dem Segnen der Kinder weitergeführt. Sie erkannten einerseits die Einmaligkeit der geistlichen und prophetischen Aspekte des Segens, den die Patriarchen ihren Kindern gaben, übernahmen aber andererseits die in der Heiligen Schrift niedergelegten grundsätzlichen Beziehungselemente des Segens, um ihre Kinder zu ermutigen. Auf diese Weise werden Zuwendung und Bestätigung vermittelt, ein Vorgang, der noch immer für Männer und Frauen der heutigen Zeit gilt.

Die Grundelemente des Segens

Welche Elemente sind das, und wie wirken sie zusammen? Keiner der Verfasser behauptet, Gartenfachmann zu sein, aber ein elementares Verständnis von dem Vorgang, wie eine Blume heranwächst, kann uns zu dem Verständnis helfen, wie die Grundelemente des Segens zusammenwirken.

Eine Blume kann nur wachsen, wenn sie die notwendigen Lebenselemente zur Verfügung hat. Jede Blume braucht Erde, Luft, Wasser, Licht und einen sicheren Standort zum Wachsen (wo ihre Wurzeln nicht ständig herausgerupft werden). Wenn diese fünf Grundvoraussetzungen vorhanden sind, ist es beinahe unmöglich, eine Pflanze am Wachsen zu hindern. Das gleiche trifft auf die Grundelemente des Segens zu.

Wie eine Blume ihre Grundbedürfnisse hat, so hat auch der Segen fünf Schlüsselelemente. Werden diese fünf Elemente gemischt, dann können sie bewirken, daß heute in unseren Familien persönliche Zuwendung wächst und gedeiht. Jeder einzelne Teil liefert einen einzigartigen Beitrag, jeder ist beim Spenden des Segens notwendig.

In weiteren Kapiteln werden wir diese fünf Elemente eingehend betrachten. Hier sollen sie kurz vorgestellt werden.

Eine Definition des Familiensegens, der die fünf Hauptelemente enthält, lautet so:

> Ein Familiensegen beginnt mit der *bedeutsamen Berührung.* Er wird fortgeführt mit einer *gesprochenen Botschaft* von *hohem Wert*, einer Botschaft, die für die gesegnete Person eine *besondere Zukunft* umreißt und einer, die sich auf eine *aktive Verpflichtung* gründet, damit der Segen übergeht.

Hier folgt noch eine weitere Darstellung der fünf wesentlichen Teile des Segens:

> *Der Familiensegen umfaßt:*
> - *Die bedeutsame Berührung*
> - *Eine gesprochene Botschaft*
> - *Beimessung eines „hohen Wertes" an die zu segnende Person*

- *Darstellung einer besonderen Zukunft für die zu segnende Person*
- *Eine aktive Verpflichtung, den Segen zu erfüllen*

Diese Elemente wollen wir näher betrachten.

Die bedeutsame Berührung

Die bedeutsame Berührung bildete ein wesentliches Element beim Verleihen des Segens in den Familien des Alten Testamentes. So war es bei Isaak, als er seinen Sohn segnete. In 1. Mose 27,26 lesen wir, daß Isaak sagte: „Komm her und küsse mich, mein Sohn!" Dies war kein vereinzelter Vorgang. Jedesmal, wenn in der Schrift ein Segen gegeben wurde, bildete die bedeutsame Berührung einen liebevollen Hintergrund für die Worte, die dann gesprochen wurden. Kuß, Umarmung oder Handauflegen waren ein Teil der Verleihung des Segens.

Die bedeutsame Berührung hat viele segensreiche Wirkungen. Wie wir im nächsten Kapitel sehen werden, ist der Akt der Berührung ein Schlüssel für die Übermittlung von Wärme, persönlicher Zuwendung, Bestätigung — ja sogar Gesundheit! Für Isaak wie für jeden anderen Menschen, der wahrnehmen möchte, wie der Segen in einem Kind, Ehegatten oder Freund wächst und sich entwickelt, ist die Berührung ein untrennbarer Teil des Segens.

Eine gesprochene Botschaft

Das zweite Element unserer Definition gründet sich auf eine gesprochene Botschaft. In vielen Familien kann man heute nur selten Worte der Liebe und Zuwendung hören. Diese Familien unterliegen dem tragischen Irrtum, daß der Segen einfach durch die Anwesenheit übermittelt werde. Nichts liegt der Wahrheit ferner. Ein Segen erhält sein Gewicht nur dann, wenn er ausgesprochen wird.

Für ein Kind, das auf der Suche nach dem Segen ist, löst Schweigen in erster Linie Verwirrung aus. Kinder, denen es selbst überlassen bleibt, die leeren Felder auszufüllen, wenn es darum geht, was ihre Eltern von ihnen halten, versagen bei diesem Test oft hinsichtlich des Gefühls von Sicherheit und Wertschätzung. Gesprochene Worte vermitteln dem Zuhörer wenigstens eine Andeutung, daß er oder sie einiger Aufmerksamkeit wert ist. Ich, John, lernte diese Lektion auf dem Football-Feld.

Als ich in der High School mit dem Footballspielen begann, war einer der Trainer der Meinung, ich sei von einem ungeübten Talent erfüllt (Betonung auf „ungeübt"). Unablässig hackte er auf mir herum. Er nahm sich sogar nach dem Training zusätzlich Zeit, um mich auf meine Fehler hinzuweisen. Nachdem ich eines Tages beim Training eine wichtige Sperrung verpatzt hatte, baute sich dieser Trainer vor mir auf und stauchte mich nach allen Regeln der Kunst zusammen. Als er endlich fertig war, schickte er mich beiseite zu den anderen Spielern, die nicht am Ringen um den Ball beteiligt waren. Neben mir stand ein drittrangiger Spieler, der nur selten ins Spiel kam. Ich erinnere mich noch, daß ich mich mit den Worten zu ihm hinüberbeugte: „Mann, wär' ich froh, wenn er mich endlich in Ruhe ließe." — „Sag' das nicht", antwortete mein Mannschaftskamerad, „wenigstens redet er mit dir. Wenn er einmal *aufhört*, mit dir zu reden, dann heißt das, daß er dich aufgegeben hat."

Viele Erwachsene, die in unsere Beratungsstelle kommen, deuten das Schweigen ihrer Eltern genau in dieser Weise. Sie haben das Gefühl, in den Augen ihrer Eltern „drittklassige" Kinder zu sein. Ihre Eltern bieten ihnen vielleicht ein Dach über dem Kopf (oder sogar einen Porsche zum Rumfahren), aber ohne ausgesprochene Segensworte fehlt ihnen jede Sicherheit über ihren persönlichen Wert und die elterliche Zuwendung.

Abraham sprach über seinem Sohn Isaak diesen Segen. Isaak sprach einen Segen für seinen Sohn Jakob. Jakob gab jedem seiner zwölf Söhne und zweien seiner Enkel einen mündlichen Segen. Als Gott uns mit dem Geschenk seines Sohnes segnete, da „ward das *Wort* Fleisch und wohnte unter uns" (Joh. 1,14). Gott ist immer ein Gott des gesprochenen Wortes.

„Ich schreie doch meine Kinder nicht an und mach' sie zur Schnecke wie manche Eltern", entgegnen vielleicht einige. Leider ist es so, daß selbst das Fehlen negativer Worte sich nicht in einen gesprochenen Segen übertragen läßt. In einem späteren Kapitel werden wir diesen Mangel an mehreren schmerzlichen Beispielen veranschaulichen.

Beimessung eines hohen Wertes

Bedeutsame Berührung und gesprochene Botschaft, — diese beiden ersten Elemente führen uns zu den Segensworten selbst, den Worten eines hohen Wertes.

Etwas zu schätzen heißt, es zu ehren. Tatsächlich ist dies die Bedeutung des Verbs „segnen". Im Hebräischen bedeutet das Wort *segnen* wörtlich „das Knie beugen". Dieses Wort wurde benutzt, wenn man einer bedeutenden Persönlichkeit Ehre, ja Ehrfurcht erwies. Heute bedeutet es keinesfalls, daß wir vor einer Person zurücktreten, auf die Knie fallen und den Kopf beugen müssen, um gesegnet zu werden! Dessen ungeachtet sollten Worte des Segens die Anerkennung zum Ausdruck bringen, daß dieser Mensch Achtung genießt und Eigenschaften besitzt, die der Erlösung wert sind. In der Heiligen Schrift basiert die Anerkennung darauf, wer diese Menschen sind, und nicht nur auf ihrem Verhalten.

Bei der Segnung seines Sohnes sagt Isaak: „Siehe, der Geruch meines Sohnes ist wie der Geruch des Feldes, das der Herr gesegnet hat... Völker sollen dir dienen, und Stämme sollen dir zu Füßen fallen" (1. Mose 27,27-29). Hier wird eine Persönlichkeit von hohem Wert gezeichnet! Nicht jeder verdient es, daß sich ganze Nationen vor ihm verbeugen!

Vielleicht haben Sie bemerkt, daß Isaak einen bildhaften Ausdruck gebraucht, um zu beschreiben, welch hohe Wertschätzung sein Sohn bei ihm genießt. („Der Geruch meines Sohnes ist wie der Geruch des Feldes, das der Herr gesegnet hat.") Wortgemälde sind eine ausdrucksstarke Weise, um Zuwendung zu vermitteln. Im weiteren Verlauf werden wir nicht nur den Gebrauch dieser bildhaften Ausdrücke betrachten, sondern auch erfahren, wie sie beim Aussprechen eines Segens angewendet werden. Im Alten Testament bildeten sie einen Schlüssel, um einem Kind, Ehegatten oder Freund eine Botschaft hohen Wertes zukommen zu lassen — das dritte Element des Familiensegens.

Darstellung einer besonderen Zukunft

Ein viertes Element des Segens ist die Art, wie er für die Person, die gesegnet wird, eine besondere Zukunft umreißt. Isaak spricht zu seinem Sohn Jakob: „Gott gebe dir vom Tau des Himmels und von der Fettigkeit der Erde... Völker sollen dir dienen, und Stämme sollen dir zu Füßen fallen" (1. Mose 27,28-29). Selbst in unseren Tagen weiß man von jüdischen Familien, daß sie für ihre Kinder eine besondere Zukunft ausmalen. Eine uns zu Ohren gelangte Geschichte veranschaulicht dies recht deutlich.

Sidel, eine junge jüdische Mutter, spazierte stolz die Straße hinab und schob dabei den Kinderwagen mit ihren Zwillingen vor sich her. Als sie um die Ecke bog, traf sie ihre Nachbarin Sarah. „Mein Gott, was für hübsche Kinder", gurrte Sarah. „Wie heißen sie denn?" Sidel deutete nacheinander auf die beiden Kinder und antwortete: „Dies ist Bennie, der Doktor, und das ist Ruben, der Anwalt." Diese Frau glaubte, daß ihre Kinder eine ganz besondere Zukunft und große Möglichkeiten vor sich hatten! Isaak glaubte das auch von seinem Sohn, und wir sollten diese Botschaft ebenfalls denen vermitteln, die wir segnen wollen.

Einen Unterschied sollten wir allerdings machen zwischen dem Segen Isaaks und der Darstellung einer besonderen Zukunft für einen heutigen Menschen. Isaaks einzigartige Stellung als Patriarch (von Gott bestellten Führer und Stammvater der Nation Israel) verlieh seinen Worten an Jakob das Gewicht biblischer Weissagung. Diese Stellung galt auch für Jakob im späteren Teil des 1. Buches Mose. Sein Segen für jeden seiner Söhne zeichnete ihre Zukunft genauso, wie sie sich vor ihnen entfalten würde.

Als Eltern oder geliebte Menschen unserer Zeit können wir die Zukunft eines anderen nicht mit biblischer Genauigkeit voraussagen. Wir können ihn jedoch ermutigen und ihm helfen, sich sinnvolle Ziele zu stecken. Wir können ihm auch verdeutlichen, daß die Gaben und Charaktermerkmale, die er besitzt, Eigenschaften sind, die Gott in der Zukunft segnen und nutzen kann.

Psychologisches Sichtbarmachen und die Darstellung grandioser Leistungen in der Zukunft verleiht einem Menschen noch keinen Segen. Wenn solche Verfahren überhaupt etwas bewirken, dann höchstens, daß sich unerreichbare Erwartungen vor einem Menschen auftürmen, die ihn von echter Zuwendung noch weiter entfernen. In einem späteren Kapitel werden wir noch sehen, daß der Herr selbst oft von unserer Zukunft spricht. Mit großer Ausführlichkeit versichert er uns unserer Beziehung zu ihm in der Gegenwart und der unendlichen Fülle von Segen, die unser als seine Kinder in der Zukunft harrt.

In einem späteren Kapitel werden wir sehen, daß wir eine vernünftige biblische Methode anwenden können, um für unsere Kinder eine besondere Zukunft darzustellen. Mit diesem vierten Element des Segens kann ein Kind ein Gefühl der Sicherheit in der Gegenwart gewinnen und Vertrauen erlangen, um Gott und anderen Menschen in der Zukunft zu dienen.

Eine aktive Verpflichtung

Das letzte Element des Segens weist auf die *Verantwortung* hin, die mit dem Aussprechen des Segens einhergeht. Für die Patriarchen standen nicht nur ihre Worte, sondern Gott selbst hinter dem Segen, den sie ihren Kindern spendeten. Mehrmals sprach Gott unmittelbar durch den Engel des Herrn zu den Patriarchen und bekräftigte seine aktive Verpflichtung für ihre Familie.

Heutzutage ist es für Eltern in besonderem Maße notwendig, sich auf den Herrn zu verlassen, daß er ihnen die Kraft und das Beharrungsvermögen verleiht, um den Segen ihrer Kinder zu bestätigen. Auch sie haben Gottes Wort durch die Heilige Schrift als Führer, zusammen mit dem ihr innewohnenden Heiligen Geist.

Warum ist die aktive Verpflichtung so wichtig, wenn ein Segen übermittelt werden soll? Worte allein können den Segen nicht spenden. Sie müssen von der Verpflichtung gestützt werden, alles nur mögliche zu tun, damit der gesegnete Mensch erfolgreich ist. Wir können einem Kind sagen: „Du hast das Talent, ein hervorragender Pianist zu werden." Doch wenn wir es versäumen, dem Kind ein Klavier zum Üben zur Verfügung zu stellen, dann hat unsere mangelhafte Verpflichtung die Botschaft ausgehöhlt.

Wenn es darum geht, Zeit mit unseren Kindern zu verbringen oder ihnen dabei zu helfen, eine besondere Geschicklichkeit zu entwickeln, bekommen manche Kinder zu hören: „Warte bis zum Wochenende." Dann heißt es wieder: „Warte bis zum *nächsten* Wochenende", und das geschieht so oft, daß sie nicht länger daran glauben, unsere Worte würden durch unsere Verpflichtung gestützt.

Weiter unten werden wir uns mit einem Schlüssel befassen, der uns dabei helfen kann, unseren Kindern gegenüber immer aktiv engagiert zu bleiben. Tatsächlich bedeutet dies, unsere Kinder (oder unseren Ehegatten oder Freund) zu studieren, damit wir lernen, wie wir sie wirklich segnen können. Dieses fünfte Element des Segens, die aktive Verpflichtung, ist von ausschlaggebender Bedeutung, wenn der Segen in unseren Familien vermittelt werden soll.

Statten Sie eine Blume mit den lebenswichtigen Elementen aus, die sie braucht, und schauen Sie an, wie sie wächst! Statten Sie einen Menschen mit den fünf grundlegenden Bestandteilen des Segens aus — bedeutsame Berührung, eine gesprochene Botschaft, Beimessung hohen Wertes für den, der den Segen empfangen soll, die Darstellung einer besonderen Zukunft und die Bekräftigung des Segens durch eine aktive Verpflichtung —, dann kann persönliche Zuwendung in einer Familie blühen und gedeihen.

Um den Segen in der Heiligen Schrift besser zu verstehen, wollen wir unsere Aufmerksamkeit darauf richten, wie er in jüdischen Familien gebraucht wird. Hinsichtlich der Vermittlung von Zuwendung und Bestätigung können sie uns viel darüber sagen, wie man bedeutsamen Menschen in unserem Leben einen Segen spendet.

Segen und jüdisches Familienleben

Bevor die Kinder gehen können, sollen sie am Sabbath und an den Heiligen Tagen zu ihrem Vater und ihrer Mutter gebracht werden, um ihren Segen zu empfangen.

Nachdem sie gehen können, sollen sie von sich aus mit gebeugtem Leib und gesenktem Kopf zu ihnen gehen, um den Segen zu empfangen.

*(Aus dem **Brantshipiegal**, einem im Jahre 1602 verfaßten Buch über jüdisches Familienleben und Bräuche).*

Von den Zeiten des Alten Testaments bis heute ist der Segen ein wichtiges Geschenk, das jüdischen Kindern geboten wird. Er war in der Tat sogar eine *Pflicht* der Eltern gegenüber ihren Kindern. Er bildet auch eine regelmäßige Pflicht der Rabbiner gegenüber Kindern am *Shabat* (dem Sabbath) und an den Festtagen und heiligen Tagen.

Die ersten jüdischen Familien, denen wir begegnen, sind natürlich in der Heiligen Schrift verzeichnet. Der Brauch, Kinder zu segnen, war aller Wahrscheinlichkeit nach dem Abraham vertraut, schon bevor ihn Gott aus Ur in Chaldäa fortrief. In ganz Ägypten und dem Mittleren Osten war der Brauch, Kindern einen Segen zu geben, verbreitet.

In den alttestamentlichen Zeiten erhielt jedes Kind einer Familie einen allgemeinen Segen. Daneben gab es noch einen besonderen Segen für den Erstgeborenen. Esau, dem wir im ersten Kapitel begegneten, erwartete diesen Segen als erstgeborener Sohn der Familie. Im 49. Kapitel des 1. Buches Mose empfing nicht nur der älteste, sondern jeder von Jakobs zwölf Söhnen einen Segen von seinem Vater. Während zusätzliche *Vorrechte* für den Erstgeborenen vorbehalten blieben, waren die wesentlichen *Elemente* bei beiden Segen die gleichen, wie wir sie oben aufgeführt haben. Woraus bestanden nun die besonderen, zusätzlichen Privilegien, deren sich das erstgeborene Kind erfreuen durfte?

Erstgeborene Töchter hatten das Recht, vor einer jüngeren Schwester verheiratet zu werden. Laban hielt sich an diese Sitte, als er für Jakob die Heirat mit seiner ältesten Tochter Lea arrangierte. Erst als sie verheiratet war, durfte Jakob auch Labans jüngere Tochter Rahel zur Frau nehmen (1. Mose 29,21-30). (So hatte sich das Jakob übrigens ganz sicher nicht gedacht!) Auf alten Tontafeln, die in Syrien gefunden wurden, ist von besonderen Erbrechten die Rede, die zur erstgeborenen Tochter gehörten.

Erstgeborene Söhne kamen noch besser weg. Einmal stattete sie ihr Segen mit dem *zweifachen* Erbteil jedes anderen Bruders aus (2. Kön. 2,9). Für Esau war das Grund genug, bei der Aussicht auf den Empfang des Segens erregt zu sein und über den Verlust dieses Segens völlig die Fassung zu verlieren!

Der Segen des erstgeborenen Sohnes hatte andere Aspekte. Der erstgeborene Sohn war beim Tode seines Vaters zum Oberhaupt der Familie bestimmt. Seine Verantwortung war es dann, geistlicher Führer der Familie zu sein. Alles in allem erhielten Erstgeborene viele besondere Privilegien.

Ein alttestamentliches Gesetz verbot, den ältesten Sohn willkürlich zu übergehen und den Segen des Erstgeborenen auf ein anderes Kind zu übertragen (5. Mose 21,15-17), doch es konnte sicherlich geschehen und wurde auch häufig gemacht. Selbst in Jakobs Familie kam das vor. Ruben war der erstgeborene Sohn von zwölf Brüdern, doch es war Joseph, der zweitjüngste, der tatsächlich den Erstgeburtssegen erhielt (1. Mose 48,22). Viele alte Tontafeln erwähnten, daß die Verschiebung des Segens von einem Kind zum anderen — gleichgültig, ob Söhne oder Töchter — in dieser Zeit durchaus üblich war.

Wie wir bei unserer Betrachtung der Zeiten des Alten Testamentes gesehen haben, gaben Eltern jedem Kind einen *allgemeinen Segen* und bewahrten manchmal einen *besonderen Segen* für das Erstgeborene. Während das Erstgeborene bestimmte Vorrechte empfangen konnte, die den jüngeren versagt blieben, waren die Grundelemente bei beiden Formen des Segens die gleichen.

Die nächste Station bei unserem Blick auf die Art und Weise, wie jüdische Familien den Segen übernahmen, findet sich während der Zeit des Neuen Testaments, der Zeit der Pharisäer. In dieser Zeit gab es für beinahe jedes Geschehnis Regeln und Vorschriften – das Segnen der Kinder war hierbei nicht ausgeschlossen. Um die Zeit von Christi Geburt schrieb der Rabbi Jesus ben Sirach: „Der Segen des Vaters baut den Söhnen Häuser; der Segen der Mutter füllt sie mit Gutem." Ein allgemeiner Segen für Kinder blieb in dieser Zeit, doch entwickelte sich endgültig ein Trend, die Segnung von Söhnen anstatt von Töchtern zu begünstigen. Diese Tendenz läßt sich in vielen der hebräischen Kommentare über das Gesetz verfolgen, die zu jener Zeit entstanden.

In einer Erläuterung zum priesterlichen Segen „Der Herr segne dich und behüte dich" (4. Mose 6,24) schrieb ein Rabbi: „Möge der Herr dich mit Söhnen segnen und dich vor Töchtern bewahren, denn sie müssen sorgfältig behütet werden!" In noch stärkeren Worten äußerte sich ein anderer Rabbi: „Was ist die Auslegung der Worte ‚alle Dinge' in der Schriftstelle: ‚Der Herr segnete Abraham in allen Dingen'? Daß er keine Tochter hatte!" In diesen Worten steckte eine Menge Humor – solange man keine Tochter war.

Die Neigung, nur Söhne zu segnen, bestand durchaus, doch wurden in einigen jüdischen Familien und bei einigen religiösen Führern Ausnahmen von der Regel gemacht. Ein anderer Mann, den manche Rabbi nannten, hieß in dem gleichen Zeitraum Söhne *und* Töchter willkommen, um Gottes Segen zu empfangen. Bei Markus 10,13-16 lesen wir:

Und sie brachten Kinder zu ihm, damit er sie berühren sollte. Die Jünger aber fuhren diese Leute an. Als aber Jesus das sah, wurde er unwillig und sagte zu ihnen: ‚Laßt die Kinder zu mir kommen und hindert sie nicht daran ...' Und er herzte sie, legte ihnen die Hände auf und segnete sie (Markus 10,13-16).

Jesus wußte, daß kleine Jungen *und* Mädchen die Elemente des Segens brauchten. In einem späteren Kapitel werden wir sehen, daß seine Segnung der Kinder fast bis ins kleinste eine Parallele zu den wichtigen Elementen des Familiensegens bildete.

Wenn wir einen Blick auf heutige jüdische Familien und ihre Bräuche werfen, dann erfahren wir, daß in vielen orthodoxen Familien der Segen immer noch bedeutsam ist. Bei vielen Shabat (Sabbath)-

Gottesdiensten sind die Eltern angehalten, ihre Kinder zu einem besonderen Segen mitzubringen. Der Rabbi ruft die Kinder in der Gemeinde nach vorn, um ihnen den Segen zu erteilen. Der Rabbi, der im Namen der Eltern handelt, legt jedem Kind die Hand auf den Kopf und spricht Worte wie diese: „Möge Gott dich segnen und dich wie Ephraim und Manasse machen."

Dieser Segen stammt ursprünglich aus dem 1. Buch Mose, Kap. 48,20, wo Jakob die beiden Söhne von Joseph segnete – Jakobs *Enkel*. Hören Sie sich den Segen an, den dieser betagte Patriarch über den beiden jungen Knaben sprach: „So segnete er sie an jenem Tage und sprach: Wer in Israel jemanden segnen will, der sage: Gott mache dich wie Ephraim und Manasse." Welch ein Segen! Selbst heute, viele Jahrhunderte danach, wird er in Synagogen und jüdischen Häusern von Eltern für ihre Kinder besonders geschätzt.

Während unserer Untersuchung, wie der Segen in modernen jüdischen Familien erteilt wird, hatten wir das Privileg, mit mehreren Rabbis sprechen zu können. Bei unseren Gesprächen entdeckten wir, daß die Erteilung eines Familiensegens noch sehr lebendig ist. Er wird als wichtige Handlung angesehen, um ein Gefühl von Identität, Bedeutung, Liebe und Zuwendung zu vermitteln. Tatsächlich spendet in vielen jüdischen Familien der Vater jedem seiner Kinder einen wöchentlichen Segen. Wenn die zeremoniellen Kerzen angezündet sind, beginnt eine Zeit des Segens.

Dazu gehören gemeinsam besondere Mahlzeiten, Küssen, Umarmen und Handauflegen; die Schaffung eines bildhaften Ausdrucks oder die Verwendung eines Wortgemäldes aus der Heiligen Schrift, um ein Kind zu loben, und die Bitte an Gott, jedem Kind eine besondere Zukunft zu schenken. Dies sind heute die gemeinsamen Elemente für das Segnen der Kinder in orthodoxen Familien.

Wenn auch der Segen ein uralter Brauch ist, bietet er doch nach wie vor wichtige Schlüssel für die Gewährung einer echten Zuneigung. Vom Segen für den Erstgeborenen bis zu besonderen Worten der Liebe und Zuwendung für jedes Kind bleibt der Segen Teil des jüdischen Familienlebens auch in heutiger Zeit. Für christliche Eltern, welche die Hoffnung und Wirklichkeit von Jesus, dem Messias, und seiner Liebe haben, kann der Segen noch viel kraftvoller sein.

Mehr über den Familiensegen

Wir haben uns die Grundelemente des Segens angesehen und wie er jahrhundertelang in jüdischen Familien praktiziert wurde. Unser Ziel ist nun, auf die praktische Seite einzugehen und jedes der fünf Schlüsselelemente des Segens näher zu betrachten. Wenn wir mehr über dieses kraftvolle Rüstzeug für die Vermittlung von persönlicher und elterlicher Zuneigung erfahren, kann uns dies helfen, für unsere Kinder, Ehegatten, Brüder und Schwestern in Christus und andere Menschen zu einer Quelle des Segens zu werden.

Die Lektüre dieses Buches mag manche bereits ein wenig entmutigt haben. Beim Lesen über die Schlüsselelemente des Segens erkannten Sie vielleicht zum erstenmal, daß Sie von Ihren Eltern nie den Segen erhielten oder daß er kein aktiver Bestandteil Ihres Verhältnisses zu Ihren Kindern ist. Verlieren Sie bitte nicht gleich den Mut. Wenn wir die fünf Grundelemente des Segens näher in Augenschein nehmen, können Sie sich praktische Fähigkeiten aneignen, um für andere zu einer Quelle des Segens zu werden. Im weiteren Verlauf werden Sie auch entdecken, wie Sie dem Fehlen des Segens in Ihrem Leben wirksam begegnen können.

Gemeinsam werden wir in mehreren der verbreitetsten Familien haltmachen, mit denen wir bei der Beratung zu tun haben, die ihren Kindern den Segen *vorenthalten*. Wir werden uns ansehen, wie Gott für einen Ausgleich sorgt, um dem Mangel an einem irdischen Familiensegen abzuhelfen. Ferner werden wir uns mit verschiedenen modernen Familien befassen, die beispielhaft sind für die Erteilung des Segens an Kinder, Ehegatten, Gemeindefamilie und Freunde.

Mit diesen Überlegungen wollen wir unsere Aufmerksamkeit dem ersten Element des Segens, der bedeutsamen Berührung, zuwenden. In diesem ersten Schlüssel zur Vermittlung persönlicher Zuwendung verbirgt sich eine unglaubliche Macht zum Segnen in unserer unmittelbaren Reichweite.

3. Das erste Element des Segens: Die bedeutsame Berührung

Ein kleines vierjähriges Mädchen erschrak eines Nachts während eines Gewitters heftig. Nach einem besonders lauten Donnerschlag sprang sie aus dem Bett, lief über den Flur und riß die Tür zum Schlafzimmer ihrer Eltern auf. Sie krabbelte mitten ins Bett hinein und schlüpfte in die Arme ihrer Eltern, um Trost und Sicherheit zu finden. „Hab keine Angst, mein Kleines", sagte ihr Vater beruhigend. „Der Herr wird dich beschützen." Das kleine Mädchen kuschelte sich noch dichter an ihren Vater und meinte: „Ich weiß, Pappi, aber grad jetzt brauch' ich jemand mit Haut drauf!"

Wie ehrlich sind doch Kinder! Dieses kleine Mädchen zweifelte nicht an der Fähigkeit seines himmlischen Vaters, sie zu beschützen, aber sie wußte auch, daß er ihr einen irdischen Vater gegeben hatte, zu dem sie laufen konnte, jemanden, den Gott mit der besonderen Gabe ausgestattet hatte, ihr Trost, Sicherheit und persönliche Zuwendung zu schenken — den Segen der bedeutsamen Berührung.

Das kleine Mädchen hatte Glück. Ihr Vater war bereit, diesen wichtigen Aspekt des Segens seiner Tochter weiterzugeben. Nicht alle Kinder sind so gut dran. Selbst in liebevollen Familien hören die meisten Eltern (ganz besonders die Väter) auf, ihre Kinder zu berühren, sobald sie in die Grundschule kommen. Wenn sie die Berührung einstellen, dann hört auch ein wichtiger Teil des Segens auf, den sie ihren Kindern geben.

Ein Vierjähriges im Arm zu halten, wird in den meisten Familien als zulässig angesehen. Aber wie steht es, wenn ein Vierzehnjähriger die bedeutsame Berührung seiner Mutter oder seines Vaters braucht? (Selbst wenn der Teenager nach außen hin zusammenzuckt, wenn man sie oder ihn in den Arm nimmt.) Oder ein Dreißigjähriger? Oder Ihr Ehegatte oder Freund beziehungsweise Freundin?

Auch Ihr Ehegatte und andere brauchen die bedeutsame Berührung. Kinder sind jedoch in besonderem Maße betroffen, wenn man ihnen die Berührung versagt. Manchmal kann sich das Fehlen der Berührung so sehr auswirken, daß sie ein Leben lang nach Armen greifen, die sie nie umfassen.

„Ich wünsche ... ich wünsche ..." Lisa hatte sich in ihren Sessel zurückfallen lassen, umfaßte sich mit den Armen und wiegte sich vor und zurück, während sie diese Worte wiederholte. Lisa war eine neue, heranwachsende Patientin in der psychiatrischen Station, wo ich (John) als Pflichtassistent tätig war. Sooft sie Angst hatte oder traurig war, hüllte sie sich in ihre Arme und schaukelte vor und zurück. Wir fanden heraus, daß sich Lisa so verhalten hatte, seit sie sieben Jahre alt war. Damals hatte ihre Mutter sie in einem Waisenhaus zurückgelassen. Lisa versuchte, dem Schmerz und der Wunde zu entgehen, indem sie sich selbst festhielt. Sie hatte sonst niemanden, der sie umfaßte. Nur den einen Wunsch hatte sie, daß ihre Mutter zurückkommen möge. Sie brauchte die bedeutsame Berührung so sehr, daß sie sich *selbst* umarmte und versuchte, ihren Kummer auf diese Weise zu verscheuchen.

Der Segen: Bedeutsame Berührung

In der Heiligen Schrift spielte die Berührung eine wichtige Rolle bei der Erteilung des Familiensegens. Als Isaak Jakob segnete, gehörten eine Umarmung und ein Kuß mit dazu: „Und Isaak, sein Vater, sprach zu ihm: Komm her und küsse mich, mein Sohn!" (1. Mose 27,26).

Das hebräische Wort für „herkommen, näherkommen" ist sehr aufschlußreich. Es wird benutzt für Heere, die in der Schlacht aufeinandergerückt sind. Man gebraucht es ferner, um die sich überlappenden Schuppen der Krokodilhaut zu beschreiben. Es dürfte schon eine Weile her sein, seit Sie das letzte Mal eine Schlacht oder ein Krokodil gesehen haben, aber dieser bildhafte Ausdruck weckt in Ihren Gedanken sicherlich noch die Vorstellung ganz enger Verbindung.

Isaak bat seinen Sohn nicht um eine „Tante-Martha-Umarmung". (Sie erinnern sich sicher an Tante Martha — die Sie immer in die Backen kniff und auf den Rücken klopfte, als wolle sie Sie zum Aufstoßen verleiten?) Völlig unbelastet von den gegenwärtigen Tabus, mit denen unsere Kultur einem Mann verwehrt, seinen Sohn zu umarmen, rief Isaak Jakob an seine Seite, damit er ihn herzhaft in die Arme nehmen sollte.

Diese Umarmung ist um so bemerkenswerter, als Jakob nicht vier, sondern mindestens vierzig Jahre alt war, und noch immer wurde er ermuntert, seinen Vater in die Arme zu nehmen und ihm einen Kuß zu geben. Wie wir im Falle von Lisa gesehen haben und später noch weiter sehen werden, hört unser Bedürfnis nach bedeutsamer Berührung nicht einfach auf, wenn wir in die Grundschule eintreten. Isaak veranschaulicht einen Menschen, der dieses Bedürfnis nicht mit Mauern aussperrt. Er war ein Beispiel, dem Eltern, Ehegatten und selbst Freunde in der Kirchengemeinde beim Erteilen des Segens folgen sollten.

In der Schrift finden wir ein weiteres klares Beispiel für die Einbeziehung der bedeutsamen Berührung bei der Erteilung des Segens. Diesmal geht es um einen Großvater, der sicherstellen wollte, daß seine Enkel diese besondere Gabe persönlicher Zuwendung empfingen. Sehen wir uns diese „anrührende" Szene einmal an:

> *Josef antwortete seinem Vater: Es sind meine Söhne, die mir Gott gegeben hat. Er sprach: Bringe sie her zu mir, daß ich sie segne. Denn die Augen Israels waren schwach geworden vor Alter, und er konnte nicht mehr sehen. Und Josef brachte sie zu ihm. Er aber küßte und herzte sie.*
> *Aber Israel streckte seine rechte Hand aus und legte sie auf Ephraraims ... Haupt und seine linke auf Manasses Haupt. (1. Mose 48, 9-10.14)*

Jakob (dessen Name in Israel umbenannt worden war) küßte sie nicht nur und drückte sie fest an sich, sondern legte auch seine Hände auf das Haupt seiner Enkelsöhne. Dieser Brauch des Handauflegens war ein wichtiger Teil vieler religiöser Rituale für die Patriarchen und für Israel. Es gibt mindestens zwei bedeutende Gründe dafür, warum das Auflegen unserer Hand auf einen anderen Menschen als Teil des Segens etwas so Besonderes ist. Einmal liegt in der Berührung eine symbolische Bedeutung und zum zweiten geht vom Handauflegen eine starke körperliche Wohltat aus.

Die mit der Berührung ausgedrückte symbolische Bedeutung

Im Alten Testament spielte das symbolische Bild des Handauflegens eine wichtige Rolle. Diese Berührung war ein anschauliches Bild für die Übertragung von Macht oder Segen von einer Person auf eine andere.

So wurde beispielsweise im alttestamentlichen 3. Buch Mose Aaron angewiesen, diesen Brauch bei seinen priesterlichen Pflichten anzuwenden. Am Versöhnungstage sollte er seine Hände auf den Kopf eines Bockes legen, der anschließend in die Wüste hinausgeschickt wurde. Dieses Bild drückt aus, daß Aaron symbolisch die Sünden Israels auf das Tier überträgt. (Es ist auch ein prophetisches Bild davon, wie Christus, genau wie das Tier, unsere Sünde an das Kreuz hinauftragen würde.) In einem anderen Beispiel übertrug Elias seine Vollmacht als Prophet Gottes auf Elisa, indem er ihm die Hand auflegte.

Selbst heute liegt in der symbolischen Bedeutung der Berührung eine starke Kraft. Auch wenn uns das vielleicht nicht bewußt wird, liegt in der Art, wie wir jemanden berühren, eine außerordentliche symbolische Bedeutung.

Eine junge Frau, die einen neuen Freund an der Hand hält, kann damit anderen Freiern signalisieren „Ich bin vergeben". Zwei Männer, die sich die Hand schütteln, besiegeln damit vielleicht eine wichtige geschäftliche Transaktion. Ein Geistlicher sagt bei einer Trauung zum Paar: „Wenn ihr euch also frei und rechtmäßig als Mann und Frau erwählt habt, so *faßt eure Hände* und sprecht dieses Gelöbnis nach."

Ein beliebter Ort, um die symbolische Bedeutung der Berührung zu beobachten, sind für uns Flugplätze. Als Teil unserer Missionierungsvorträge verbringen wir ziemlich viel Zeit in Flughäfen. Das Herumsitzen dort kann eine Studie in menschlichem Verhalten und in der machtvollen symbolischen Botschaft sein, die eine Berührung zum Ausdruck bringt. Hier sind einige Beispiele der symbolischen Bilder herausgegriffen, die wir in einer bestimmten Woche erlebten.

Das eine Bild ist eine Mutter mit zwei kleinen Kindern, die ein Auge auf die Kleinen hat und dabei erwartungsvoll harrt, bis ihr Mann das Flugzeug verlassen hat. Als er kommt und sie sich gegenseitig in den Arm nehmen, ist dies eine von Erleichterung geprägte Umarmung! Sie faßt ihn an der Hand, und ohne daß ein Wort gesprochen wird, drückt ihr Gesicht aus: „Endlich hab' ich ein bißchen Unterstützung mit den Kindern!" In einem anderen Fall steht ein jungverheiratetes Paar weit hinter den Passagieren, die darauf warten, an Bord zu gehen. Ihre Umarmung besagt: „Ich werde dich vermissen. Ich wünschte, du müßtest nicht fort."

Ein Bild von höchst eindrucksvoller Kraft beobachteten wir einmal, als eine ganze Familie um den ältesten Sohn herumstand. Der junge

Mann war in einer Sondereinheit der Army und befand sich vor dem Abflug nach Übersee. Alle nahmen ihn immer wieder in die Arme, nur sein Vater nicht. Er legte ihm die Hand auf die Schulter und tätschelte ihm den Rücken, aber er konnte sich einfach nicht dazu aufraffen, seinen erwachsenen Sohn in der Öffentlichkeit zu umarmen. Als es für den jungen Soldaten Zeit war, die Maschine zu besteigen, streckte ihm sein Vater die Hand entgegen, und ein kräftiges Händeschütteln folgte. Wir hatten das Gefühl, wir müßten ihm zuschreien: „Nimm ihn doch in den Arm!". Nach einem Augenblick faßte der Vater die Hand seines Sohnes mit seinen beiden Händen. So standen Vater und Sohn einen unendlich scheinenden Moment und drückten mit dieser Berührung ihren Abschiedsgruß aus. Man könnte hier von einer symbolischen Botschaft sprechen. Selbst wenn dieser Vater es nicht über sich brachte, seinen Sohn zu umarmen, hatte er ihm doch eine ganze Menge vermittelt. Die Szene war von einer starken Ausdruckskraft. Das Händeschütteln des Vaters sagte laut und deutlich: „Ich habe dich lieb. Bitte, paß auch dich auf. Komm zu uns zurück."

Als Jakob seine Enkel segnete, blieb ihnen der symbolische Akt, wie er ihnen seine Hand auf den Kopf legte, wohl noch lange im Gedächtnis. Doch die Symbolik ist nicht der einzige wichtige Grund für eine Berührung. Grundsätzliche physiologische Veränderungen treten ein, wenn wir uns berühren.

Bedeutsame Berührung segnet uns körperlich

Wir sollten uns vor Augen halten, daß mehr als ein Drittel unserer fünf Millionen Tastrezeptoren in unseren Händen konzentriert sind! Unsere Hände sind so empfindlich, daß manche Blinden darin unterwiesen werden, ohne Brailleschrift zu lesen, indem sie durch ihre Fingerspitzen sehen! Am Cutaneous Communication Laboratory der Princeton University gibt es „Vibratese", ein Versuchsverfahren, durch das Blinde in die Lage versetzt werden, eine bedruckte Seite zu lesen, deren Worte in Vibrationen an ihren Fingerspitzen umgesetzt werden.

Bemerkenswerterweise wurde der Vorgang des Handauflegens zum Mittelpunkt umfangreichen modernen Interesses und eingehender Forschung. Dr. Dolores Krieger, Professorin für Krankenpflege an der New York University, hat zahlreiche Studien über die Wirkung des Handauflegens durchgeführt. Sie fand dabei heraus, daß der Berührende und die Person, die berührt wird, eine physiologische Wohltat erfahren. Wie ist das möglich?

In unserem Körper befindet sich der Stoff Hämoglobin, der Farbstoff der roten Blutkörperchen, der den Sauerstoff in das Gewebe transportiert. Dr. Krieger stellte wiederholt fest, daß während des Handauflegens der Hämoglobinspiegel bei *beiden* Personen ansteigt. Bei einer Intensivierung des Hämoglobinspiegels erhalten die Körpergewebe mehr Sauerstoff. Die Zunahme der Sauerstoffversorgung führt einem Menschen mehr Energie zu und kann sogar im Krankheitsfalle den Regenerationsprozeß unterstützen.

Ganz gewiß haben Ephraim und Manasse nicht gedacht: „Donnerwetter, unser Hämoglobinspiegel schnellt hoch!", als ihr Großvater ihnen die Hand auflegte. Was ihnen jedoch sicherlich im Gedächtnis blieb, wenn sie auf den Tag der Segnung zurückblickten, war die sanfte Berührung des alten Patriarchen.

Umarmungen und Küsse gehörten ebenfalls zur bedeutsamen Berührung, wie sie in der Heiligen Schrift dargestellt ist. Die bedeutsame Berührung ist so gesund, daß wir auf die Worte von Ralph Waldo Emerson hören sollten: „Ich mag nie die Hand geben, wenn nicht der ganze Körper daran beteiligt ist!" Wir wollen die körperliche Wohltat der Berührung und die tiefen seelischen Bedürfnisse eingehender betrachten, die durch dieses erste Element des Familiensegens erfüllt werden können.

Wie würde es Ihnen gefallen, den Blutdruck Ihres Mannes oder Ihrer Frau zu senken? Oder Ihr Kind vor der Verwicklung in eine unmoralische Beziehung im späteren Leben zu beschützen? Vielleicht sogar Ihr eigenes Leben um zwei Jahre zu verlängern? (Klingt wie der Werbespot einer Versicherung, wie?) Tatsächlich sind das jedoch alles Ergebnisse neuester Untersuchungen über die unvorstellbare Kraft des Segens, die bei der bedeutsamen Berührung festgestellt wurden.

Weitere Gründe für den körperlichen Segen der bedeutsamen Berührung

Jeden Tag stoßen Forscher auf immer neue Entdeckungen über die Bedeutung der Berührung. Wenn es uns ernst ist damit, für andere eine

Quelle des Segens zu sein, dann müssen wir diese wichtigen Punkte in Betracht ziehen und in die Praxis umsetzen. Wie wir oben bei den Untersuchungen über das Handauflegen sahen, treten eine ganze Anzahl körperlicher Veränderungen ein, wenn wir die Hand ausstrecken und jemand berühren. Wir wollen uns noch weitere ansehen.

Manche Pflegeheime und Tierasyle können ein Ort der Verzweiflung, nicht der Hoffnung sein. In beiden können die Insassen isoliert und allein sein. In jedem können die Insassen stundenlang träumen und sich nach einer Familie oder Freunden sehnen. In vielen Fällen kann die Einsamkeit im Herzen eines älteren Menschen genau so eine Barriere bilden wie die Stäbe, hinter denen verlassene Tiere leben.

Dankenswerterweise versuchen manche Pflegeheime und Tierasyle, auf die Bedürfnisse ihrer Insassen einzugehen. Fast durch Zufall wurden Insassen einer Pflegeanstalt und eines örtlichen Tierheims zusammengebracht. Zuerst war diese Begegnung nur als eine Art Freizeitbetätigung für die Patienten des Pflegeheims gedacht. Bald jedoch traten viel markantere Resultate zutage. Diejenigen, die ein Tier hatten, das sie berühren und halten konnten, lebten nicht nur länger als Patienten ohne Tier, sondern wiesen auch eine deutlich positivere Haltung dem Leben gegenüber auf.

Was hatte sich verändert? Die Tiere mußten immer noch ins Tierasyl zurückgehen und auf ein neues Herrchen oder Frauchen warten, und für viele der älteren Menschen gab es nach wie vor keine Familienbesuche. Doch die wenigen Stunden, in denen sie jemanden – und sei es auch nur ein Tier – hatten, das sie berühren und liebhaben, mit dem sie reden konnten, bescherten den lieben Alten neues Leben und neue Energie. Für gewöhnlich denken wir nicht unbedingt an einen Straßenköter, wenn wir von einer Quelle des Segens sprechen, aber für diese betagten Menschen waren es verkleidete Engel.

Wie kamen diese körperlichen Veränderungen zustande? Untersuchungen belegen, daß Berührung tatsächlich den Blutdruck eines Menschen senken kann. Niedriger Blutdruck ist jedoch ein wichtiger Gesundheitsfaktor. Aber damit nicht genug. In einer kürzlichen UCLA-Studie (University of California at Los Alamos) ergab sich, daß zur Aufrechterhaltung der seelischen und körperlichen Gesundheit Männer und Frauen täglich acht bis zehn bedeutsame Berührungen brauchen!

Auf einem Eheseminar, das ich (Gary) abhielt, sagte ich den jungen

Paaren, daß ein wichtiger Teil des Segens durch die bedeutsame Berührung vermittelt werde. Als ich diese UCLA-Untersuchung zitierte, bemerkte ich, wie ein Mann in der zweiten Reihe die Hand ausstreckte, seiner Frau die Schulter tätschelte und anfing zu zählen: „Eins, zwei, drei . . ." Das ist jedenfalls keine bedeutsame Berührung! Die Forscher definierten die bedeutsame Berührung als sanfte Berührung, Streicheln, Kuß oder Umarmung von Menschen, die in unserem Leben eine wichtige Rolle spielen (Ehegatte, Eltern, enger Freund und so weiter).

Die Studie kam zu dem Schluß, wenn „gehetzte Männer vom Typ A" ihre Frauen mehrmals täglich in den Arm nähmen, würde dies ihre Lebensdauer um beinahe zwei Jahre erhöhen! (Gar nicht davon zu reden, wie sehr es ihrer Ehe zugute käme.) Es liegt klar auf der Hand, daß wir die Menschen um uns (und uns selbst) durch bedeutsame Berührung körperlich segnen können. Aber die Berührung bewirkt noch weit mehr als das.

Die bedeutsame Berührung segnet unsere Beziehungen

An der Purdue University wurde eine interessante Studie durchgeführt, die zeigt, welch wichtige Rolle die Berührung bei der Festlegung spielt, wie wir jemanden sehen. Bibliothekspersonal der Hochschule wurde von den Forschern gebeten, abwechselnd die Hände der Studenten bei der Rückgabe ihrer Bibliothekskarten zu berühren und nicht zu berühren. Anschließend wurden die Studenten von den Experimentatoren befragt. Wissen Sie, was dabei herauskam? Sie haben es erraten. Diejenigen, die berührt worden waren, berichteten von weit positiveren Empfindungen gegenüber der Bibliothek und dem Bibliothekar als diejenigen, die nicht berührt worden waren!

Ein uns bekannter Arzt, ein Neurochirurg, führte eine eigene Untersuchung über die Wirkung kurzdauernder Berührungen durch. Bei der Hälfte seiner Patienten im Krankenhaus setzte er sich, als er zur Visite kam, aufs Bett und berührte sie am Arm oder Bein. Bei den übrigen Patienten stand er nur neben dem Bett und führte sein Gespräch über ihr Befinden.

Vor der Entlassung aus dem Krankenhaus verteilten die Schwestern an jeden Patienten einen kurzen Fragebogen, in dem die Behandlung bewertet werden sollte, die sie erhalten hatten. Insbesondere wurden sie um ihre Stellungnahme gefragt, wieviel Zeit ihnen der Arzt ihrer Ansicht nach gewidmet hatte. In Wirklichkeit hatte er in jedem Zimmer genau gleich viel Zeit zugebracht, doch diejenigen, zu denen er sich aufs Bett gesetzt und die er berührt hatte, glaubten, der Arzt sei doppelt so lange bei ihnen gewesen als die anderen, die er nicht berührt hatte!

„Nun mal langsam, Trent. Kommen Sie zur Sache, Smalley", mögen Sie vielleicht denken. „Soll das wirklich heißen, daß eine Berührung, die nur wenige Sekunden dauert, helfen kann, bessere menschliche Beziehungen herzustellen?" Eigentlich hoffen wir, daß Sie die Ihnen nahestehenden Menschen weit öfter berühren, doch selbst unbedeutende Berührungsakte können tatsächlich eine dauerhafte Erinnerung hinterlassen.

Wenn Sie ein Kind an der Schulter fassen, das vor Ihnen geht; beim Warten in der Schlange Ihren Mann oder Ihre Frau bei der Hand nehmen; einen Augenblick anhalten und jemandem durch die Haare fahren — all diese kleinen Gesten können bewirken, daß Sie von anderen mit einem veränderten Blick betrachtet werden. Manchmal kann selbst die *geringste* Berührung Liebe und persönliche Zuwendung vermitteln.

Eine freiberufliche Journalistin der „New York Times" interviewte vor Jahren einmal Marilyn Monroe. Sie kannte Marilyns Vergangenheit und wußte darum, daß Marilyn in ihrer Kindheit von einer Pflegefamilie zur anderen herumgeschoben worden war. Die Journalistin fragte Marilyn: „Hatten Sie je bei einer der Pfegefamilien, bei denen Sie lebten, das Gefühl, geliebt zu werden?"

„Einmal", erwiderte Marilyn, „als ich sieben oder acht war. Die Frau, bei der ich lebte, war dabei, sich Make up aufzutragen, und ich schaute ihr zu. Sie war in glücklicher Stimmung, und so wandte sie sich zu mir um und betupfte meine Backen mit ihrer Puderquaste ... Für diesen einen Augenblick lang fühlte ich mich von ihr geliebt."

Marilyn hatte Tränen in den Augen bei der Erinnerung an diesen Augenblick. Warum? Die Berührung dauerte nur wenige Sekunden und lag viele Jahre zurück. Außerdem erfolgte sie in einer beiläufigen, spielerischen Weise und stellte keinen Versuch dar, besondere Wärme und Bedeutung zu vermitteln. Doch bei aller Geringfügigkeit war diese Geste so, als habe man Eimer voll Liebe und Geborgenheit auf das ausgedörrte Leben eines kleinen Mädchens gegossen, das sich vor Sehnsucht nach Zuneigung verzehrte.

Vor allem Eltern sollten wissen, daß die Vernachlässigung der bedeutsamen Berührung ihrer Kinder nach echter Zuwendung hungern läßt – in einem solchen Maße, daß es sie in die Arme irgendeines Menschen treiben kann, der nur allzu bereitwillig ist, ihnen diese Berührung zu gewähren. In einer Analyse, warum manche jungen Menschen sich zu Sekten hingezogen fühlen, schreibt ein Autor:

Sekten und verwandte Bewegungen bieten eine neue Familie. Sie stellen ihren Gefolgsleuten neue Menschen zur Verfügung, die sich um sie kümmern, ihnen mit Rat zur Seite stehen, mit ihnen weinen und, was besonders wichtig ist, sie halten und anfassen. Diese Dinge können von unschlagbarer Anziehungskraft sein.

Ohne Zweifel können sie das, vor allem, wenn die bedeutsame Berührung nicht Teil des Segens war, den ein Kind empfängt. Selbst wenn ein junger Mensch nicht in eine Sekte gelockt wird, um Ersatz für jahrelange Entbehrung der Berührung zu finden, kann er oder sie in die Arme einer unmoralischen Beziehung gezogen werden.

Männer und Frauen mit häufig wechselnden Beziehungen, Frauen, die als Prostituierte tätig sind, und Frauen mit mehrfachen unerwünschten Schwangerschaften haben Forschern berichtet, daß ihre sexuellen Aktivitäten nichts anderes sind als ein Weg, um ihr Verlangen nach Berührung und Gehaltensein zu stillen. Dr. Marc Hollender, ein bekannter Psychiater, interviewte zahlreiche Frauen, die drei oder mehr unerwünschte Schwangerschaften hinter sich hatten. In ihrer überwältigenden Mehrheit sagten diese Frauen, sie seien „sich durchaus bewußt, daß sexuelle Aktivität ein Preis ist, der dafür bezahlt werden muß, umarmt und festgehalten zu werden". Die Berührung vor dem Verkehr war weit beglückender als der Verkehr selbst, „den man nur einfach hinnehmen mußte".

Bei einer ähnlichen Untersuchung an homosexuellen Männern ergab sich als gemeinsames Charakteristikum das Fehlen einer bedeutsamen Berührung durch ihre Väter in früher Kindheit. In seinem ausgezeichneten Buch „Kinder sind wie ein Spiegel" kommt Dr. Ross Campbell zu einer ähnlichen Schlußfolgerung. Er schreibt: „Bei all meiner Lektüre und Erfahrung ist mir auch nicht eine einzige sexuell gestörte Person begegnet, die einen warmherzigen, liebevollen und gütigen Vater hatte."

Wichtig ist die Berührung durch Mutter *und* Vater. In einem späteren Kapitel werden wir uns damit befassen, wie ein alleinerziehender Elternteil dazu beitragen kann, die mangelnde Berührung durch einen fehlenden Gatten zu ersetzen. In jedem Falle kann die bedeutsame Berührung jedoch ein Kind davor bewahren, die Erfüllung dieses Bedürfnisses am falschen Ort zu suchen.

Wenn wir das körperliche und seelische Verlangen unserer Kinder, Ehegatten oder nahestehender Freunde nach der bedeutsamen Berührung ignorieren, verweigern wir ihnen einen wichtigen Teil des Segens, mehr noch, wir erschüttern eine biblische Richtlinie, die unser Herr Jesus selbst bei der Segnung anderer aufstellte.

Jesus und der Segen der bedeutsamen Berührung

Wie wir bereits in einem früheren Kapitel erwähnten, war Jesus ein Vorbild für die Vermittlung des Segens an andere. Wir wollen uns noch einmal die Verse ansehen, die davon berichten, wie er die Kinder berührte.

Und sie brachten Kinder zu ihm, damit er sie berühren sollte. Die Jünger aber fuhren diese Leute an. Als aber Jesus das sah, wurde er unwillig und sagte zu ihnen: Laßt die Kinder zu mir kommen und hindert sie nicht daran; denn Menschen wie ihnen gehört das Reich Gottes. Wahrlich, ich sage euch: Wer das Reich Gottes nicht empfängt wie ein Kind, der wird nicht hineinkommen. Und er herzte sie, legte ihnen die Hände auf und segnete sie.

Ganz sicher war die bedeutsame Berührung ein Teil der Segnung Christi für die Kinder. Von Zuschauern umringt und von seinen Jüngern abgeschirmt hätte Jesus zweifellos den Kindern auch aus einer gewissen Entfernung zuwinken oder sie überhaupt nicht beachten können. Beides tat er nicht. Er begnügte sich nicht mit dem routinemäßigen „unterm Kinn fassen" der Politiker; er „herzte sie, legte ihnen die Hände auf und segnete sie".

Jesus vermittelte der Menge nicht einfach eine geistliche Lektion. Hätte er das beabsichtigt, dann hätte er hierfür lediglich ein einzelnes Kind in den Mittelpunkt der Gruppe stellen können, wie er es bei einer anderen Gelegenheit tat (Matth. 18,2). Jesus bewies, daß er um das echte Verlangen eines Kindes wußte.

Für Kinder werden Dinge zur Wirklichkeit, wenn sie berührt werden. Haben Sie je Disneyland besucht und den Blick im Gesicht eines kleinen Kindes gesehen, wenn es einer wie Goofy oder Donald Duck gekleideten Person gegenübersteht? Selbst wenn das Kind zu Anfang ängstlich ist, wird es schon bald den Wunsch haben, die Disney-Figur anzufassen. Das gleiche Prinzip bewirkt, daß Kinder stundenlang in Reih und Glied stehen, um den Nikolaus zu sehen (die gleichen Kinder, die für gewöhnlich keine fünf Minuten stillsitzen können).

Jesus war Meister darin, Liebe und persönliche Zuwendung zu vermitteln. Das geschah auch, als er diese Kleinen segnete und auf den Arm nahm. Doch bei einer anderen Gelegenheit zeigte sich seine Empfindsamkeit, Menschen zu berühren, noch viel deutlicher, als er nämlich das Verlangen eines erwachsenen Mannes nach bedeutsamer Berührung stillte, eines Mannes, dem durch Gesetz verwehrt war, jemals wieder andere Menschen zu berühren. Wir lesen von diesem Ereignis bei Markus 1,40-42:

Und ein Aussätziger kam zu ihm; der kniete vor ihm nieder und bat ihn: Wenn du willst, so kannst du mich reinigen. Und er hatte Erbarmen mit ihm und streckte die Hand aus, rührte ihn an und sagte zu ihm: Ich will's tun; sei rein! Und sogleich verschwand der Aussatz, und er wurde rein.

Die Berührung eines Aussätzigen war unvorstellbar. Die Aussätzigen waren aus der Gesellschaft verbannt, und die Menschen gingen nicht auf Steinwurfweite in ihre Nähe. (Tatsächlich warfen sie Steine auf Aussätzige, die trotzdem näherkamen!) In einer Parallelstelle bei

Lukas wird uns berichtet, daß dieser Mann „voller Aussatz" war. Mit ihren schwärenden, von schmutzigen Bandagen bedeckten Wunden waren Aussätzige die letzten Menschen, die zu berühren sich jemand wünschen konnte. Doch das erste, was Christus für diesen Menschen tat, war die Berührung.

Noch bevor Jesus mit ihm sprach, streckte er die Hand aus und *berührte* ihn. Können Sie sich diese Szene vorstellen? Bedenken Sie, wie dieser Mann sich danach gesehnt haben muß, daß ihn jemand anrührt und ihn nicht mit Steinwürfen wegscheucht. Jesus hätte ihn zuerst heilen und dann anrühren können. Doch er erkannte das tiefste Bedürfnis dieses Menschen, deshalb streckte Jesus seine Hand aus, noch ehe er die Worte der körperlichen und geistlichen Heilung aussprach.

Wir kennen eine Person, die den Schmerz, nicht berührt zu werden, hätte verstehen können. Sie hieß Dorothy und brachte Jahre ihres Lebens in dem Verlangen nach bedeutsamer Berührung zu.

Wir erfuhren von Dorothy durch einen Lehrer für Redekunst an einer großen Universität. Es handelt sich um einen Mann Anfang sechzig, der ein herausragender Christ ist. Fast fünfundzwanzig Jahre lang war dieser Mann eine Quelle der Ermutigung für Studenten innerhalb und außerhalb seiner Vorlesungen. Viele junge Männer und Frauen erlangten Vertrauen zu Christus als ihrem Erlöser durch sein ruhiges Beispiel der göttlichen Grundsätze. Dorothys Leben wurde jedoch weder durch seine Fähigkeit der Vermittlung noch seine packenden Vorlesungen verändert, sondern durch einen einzigen Akt der Berührung.

Während des ersten Tages seiner Einführungsvorlesung über Redekunst ging dieser Lehrer durch den Raum und veranlaßte die Studenten, sich vorzustellen. Jeder Student sollte auf die Fragen antworten: „Was gefällt mir an mir selbst?" und „Was gefällt mir nicht an mir?"

Fast versteckt im Hintergrund des Raumes saß Dorothy. Ihr langes rotes Haar hing ihr ums Gesicht und entzog es beinahe dem Blick. Als Dorothy mit der Vorstellung dran war, herrschte nur Schweigen im Raum. Der Lehrer, der dachte, sie habe vielleicht seine Frage nicht verstanden, schob seinen Stuhl in ihre Nähe und wiederholte ruhig seine Frage. Wieder war tiefes Schweigen.

Endlich richtete sich Dorothy mit einem tiefen Seufzer in ihrem Stuhl auf, zog die Haare zurück und enthüllte dabei ihr Gesicht. Eine

Seite ihres Gesichts war beinahe ganz von einem großen, unregelmäßigen Muttermal bedeckt – annähernd so rot wie ihr Haar. „Das", sagte sie, „sollte Ihnen zeigen, was mir an mir nicht gefällt." Von Mitleid erfüllt, lehnte sich dieser großartige Professor zu ihr hinüber und nahm sie fest in die Arme. Dann gab er ihr einen Kuß auf die Wange mit dem Feuermal und sagte zu ihr: „Das ist ganz in Ordnung, meine Liebe, Gott und ich glauben trotzdem, daß Sie schön sind."

Dorothy weinte fast zwanzig Minuten lang hemmungslos. Bald scharrten sich andere Studenten um sie und versuchten sie zu trösten. Als sie endlich wieder sprechen konnte und sich die Tränen aus den Augen getupft hatte, wandte sie sich an den Professor: „Ich habe mir so sehr gewünscht, daß mich jemand in den Arm nimmt und das zu mir sagt, was Sie gesagt haben. Warum nur konnten meine Eltern das nicht? Meine Mutter wollte nicht einmal mein Gesicht berühren."

Bei Dorothy lag, wie beim Aussätzigen zur Zeit Christi, eine Schicht innerer Qual unter den äußeren Narben verdeckt. Dieser eine Akt bedeutsamer Berührung bildete für Dorothy den Beginn zur Heilung von jahrelangem Leid und Einsamkeit und stieß eine Türe auf, durch die sie zu ihrem Erlöser fand.

Wenn wir Menschen sein wollen, die andere zu segnen vermögen, dann steht eines fest. So wie Isaak, Jakob, Jesus und selbst dieser Professor werden wir die bedeutsame Berührung in unsere Kontakte zu geliebten Menschen einschließen. Dieses Element kann das Fundament für den zweiten wesentlichen Aspekt des Segens legen – eine gesprochene Botschaft.

4. Das zweite Element des Segens: Gesprochene Worte

Die meisten von uns sind damit aufgewachsen, kluge Aussprüche zu zitieren wie „Morgenstund hat Gold im Mund", „Ein Spatz in der Hand ist besser als die Taube auf dem Dach" und „Spare in der Zeit, dann hast du in der Not". Doch im Gegensatz zu diesen Worten der Weisheit ist eine Redensart, die wir uns merkten, eine absolute Lüge.

Erinnern Sie sich der Zeilen „Stock und Stein bricht mein Bein, doch Worte tun mir niemals weh"? Nur allzu rasch erfahren wir, daß Worte sehr wohl wehtun. Sie können einen Menschen zutiefst verletzen, eine Freundschaft zerstören oder eine Familie oder Ehe zerbrechen.

Worte haben eine unglaubliche Kraft, uns seelisch aufzurichten oder niederzuwerfen. Dies trifft in besonderem Maße zu, wenn es darum geht, familiäre Zuneigung zu schenken oder zu gewinnen. Viele Menschen erinnern sich deutlich an Worte des Lobes, die sie vor vielen Jahren von ihren Eltern hörten, — sogar an das, was die Eltern bei dieser Gelegenheit anhatten!

Daher sollte es uns nicht überraschen, daß der Dreh- und Angelpunkt des Familiensegens eine *gesprochene* Botschaft ist. Abraham *sprach* den Segen für Isaak. Isaak *sprach* ihn für seinen Sohn Jakob. Jakob *sprach* ihn für jeden seiner zwölf Söhne und zwei seiner Enkel. Esau war so aufgeregt, als er hereingerufen wurde zum Empfang seines Segens, weil er nach Jahren des Wartens endlich den Segen hören würde. In der Heiligen Schrift gewinnt ein Segen erst dann seinen Charakter als Segen, wenn er gesprochen wird.

Die Macht des gesprochenen Wortes

Wenn Sie selbst Kinder haben, dann haben diese das verzweifelte Bedürfnis, von Ihnen einen gesprochenen Segen zu *hören*. Wenn Sie verheiratet sind, muß Ihr Mann oder Ihre Frau regelmäßig Worte der Liebe und Zuwendung von Ihnen *hören*. Gerade in dieser Woche treffen Sie hautnah mit jemandem zusammen, sei es ein Freund, Mitarbeiter oder jemand in Ihrer Kirchengemeinde, den es danach verlangt, ein Wort der Ermutigung zu hören.

Durch die ganze Heilige Schrift hindurch finden wir ein klares Wissen um die Macht und Bedeutung des gesprochenen Wortes. Gleich zu Anfang „sprach" Gott, und die Welt entstand (1. Mose 1,3). Als er uns seinen Sohn schickte, um uns seine Liebe zu verkünden und seinen Heilsplan zu vollenden, da war es sein Wort, das „Fleisch wurde und unter uns wohnte" (Joh. 1,14). Gott ist immer ein Gott, der seinen Segen durch gesprochene Worte erteilt.

Im Jakobusbrief sind es drei Wörter, die unsere Aufmerksamkeit erregen und auf die Macht und Bedeutung des gesprochenen Wortes hinweisen. Alle drei veranschaulichen die Fähigkeit der Zunge, Beziehungen herzustellen oder zu zerbrechen, die Fähigkeit zu segnen oder zu fluchen.

Einmal wird unsere Zunge als „Zaum" dargestellt, der zum Lenken der Pferde benutzt wird (Jak. 3,3). Wenn man das Maul eines Pferdes mit einem kleinen Zaum lenkt, dann bewegt sich das ganze Tier in der Richtung, in die man es haben will. Das zweite Bild illustriert den gleichen Grundgedanken auf etwas andere Weise. Hier ist es ein „ganz kleines Ruder", das ein großes Schiff lenkt (3,4). Diese Analogien verweisen auf die Art, in der gesprochene Worte einen Menschen oder eine Beziehung lenken und steuern können.

Eltern, Ehegatten oder Freunde können diese Macht der Zunge zum Guten einsetzen. Sie können ein Kind von Schwierigkeiten wegsteuern oder einem Freund, der eine wichtige Entscheidung zu treffen hat, Beratung zuteil werden lassen. Sie können mit Worten der Ermutigung anderen dienen oder Lob spenden. Doch diese Macht kann auch mißbraucht werden, was manchmal zu tragischen Ergebnissen führt.

Dies zeigt uns nun das dritte Wortbild. Es veranschaulicht nur allzu deutlich, daß gesprochene Worte sich tief im Leben eines Menschen einbrennen können und oft den Kurs bestimmen, den die Zukunft dieses Menschen nimmt. Hören wir uns an, welch furchterregende Macht eine gesprochene Botschaft haben kann:

So ist auch die Zunge ein kleines Glied und richtet große Dinge an. Siehe, ein kleines Feuer, welch einen Wald zündet's an! Auch die Zunge ist ein Feuer, eine Welt voll Ungerechtigkeit; ... sie setzt den Lebenskreis in Flammen (Jak. 3,5-6).

Gerade wie ein Waldbrand, können sich Worte tief in unser Herz hineinbrennen. Die zerstörerische Kraft feuriger Worte kann in der Tat Auswirkungen für den Rest unseres Lebens haben.

Lassen Sie uns die Geschichte von Mean Mike, dem „gemeinen Mike", berichten. In Wirklichkeit heißt er natürlich nur Mike, aber seine Familie fing an, ihn so zu nennen, als er gerade anfing zu krabbeln. Warum „Mean Mike"? Als kleines Kind konnte Mike furchtbar zupacken, und wenn jemand ihm etwas wegnehmen wollte, dann fauchte er böse und hielt auf Biegen und Brechen fest. Der von der Familie geprägte Spitzname begann humorvoll, um seine unglaubliche Zähigkeit beim Festhalten von Dingen zu charakterisieren. Doch der Spitzname wurde weit mehr, er wurde zu seiner Lebensweise.

Heute befindet sich „Mean Mike" in einem Staatsgefängnis in Arizona. Wirklich traurig, wie Kinder ihren negativen Spitznamen gerecht werden können. Bei Mike war dies sicherlich der Fall, und das führte sein Leben auf einen tragischen Kurs.

Vielleicht stolpern Sie in Ihrem Leben immer noch über schädliche Worte, die Sie von Eltern, Ehegatten oder einem engen Freund zu hören bekamen (oder negative Worte, die wir zu uns selbst sprachen), Worte, die von Zeit zu Zeit im Gedächtnis hochsteigen und Ihr Leben in eine Richtung weist, die Sie nicht einschlagen wollen. In diesem Falle sollten Sie nicht die Hoffnung verlieren. Wenn Sie mehr über den Segen lernen, können Sie damit beginnen, Worte zu hören und zu sprechen, die zu einem neuen Kurs in Ihrem Leben führen.

Jeder von uns sollte sich über die Macht gesprochener Worte im klaren sein. Wir sollten aber auch bedenken, wie gewaltig das *Fehlen* gesprochener Worte wirken kann.

„Ich sag's ihnen morgen": Heute die geläufigste Zuflucht

In Familien wie der Mikes können negative Worte Kinder seelisch weit mehr zerbrechen als ihnen positive Gestalt geben. Doch das ist nicht die häufigste Verhaltensweise von Eltern. Die meisten Eltern lieben ihre Kinder von Herzen und wollen das beste für sie. Wenn es jedoch darum geht, Worte der Liebe und Zuwendung zu sprechen — Worte des Segens —, dann haben sie es mit einem weit mächtigeren Feind zu tun als der Versuchung, negative Worte auszusprechen.

In vielen Familien geht ein Dieb um, der sich hinter Begriffen wie „Erfüllung", „Leistung" und „Erfolg" versteckt. Tatsächlich stiehlt dieser Dieb unseren Kindern die kostbare Gabe echter Zuwendung und hinterläßt an ihrer Stelle Verwirrung und Leere. Der Name dieses Schurken ist *Überaktivität*, er kann Eltern so in Trab halten, daß sie nie dazu kommen, einen Segen auszusprechen. Selbst bei Eltern, die ihre Kinder wirklich lieben, ist es so, wie eine Frau es im Gespräch mit uns ausdrückte: „Wer hat schon Zeit, aufzuhören und es ihnen zu *sagen*?"

Heute machen Eltern in vielen Familien Überstunden, und ein „Familienabend" ist ungefähr so häufig wie die Erscheinung des Halleyschen Kometen. Dies führt dazu, daß es einem Babysitter namens *Schweigen* überlassen bleibt, die Selbstempfindung eines Kindes zu formen, anstatt daß Vater oder Mutter sich die Zeit nehmen, um einen gesprochenen Segen zu vermitteln. Das Leben ist derart hektisch, daß für viele Eltern der „richtige Zeitpunkt" zum Aussprechen eines Segens nie kommt. Was ist das Ergebnis?

- Ein Vater schnappt sich seinen Sohn, bevor er zur Uni geht, um ihm zu sagen, „was er sich für Gedanken um ihn macht", doch nun ist der Sohn zu beschäftigt, um zuzuhören.
- Eine Mutter versucht kurz vor der Trauung, ihrer Tochter im Brautzimmer einen Segen auszusprechen, doch der Photograph muß sie wegholen, um die „perfekte" Aufnahme zu schießen.

Das Aussprechen von Segensworten sollte im Kreißsaal beginnen und ein ganzes Leben lang anhalten. Doch der „Zeitmangel" und das Motto des heimtückischen Diebes „Morgen habe ich Zeit, es ihnen zu sagen" rauben heute Kindern einen Segen, den sie dringend nötig brauchen.

„Oh, so schlimm ist das doch nicht", entgegnen Sie vielleicht. „Sie wissen, daß ich sie liebhabe und daß sie etwas Besonderes sind, *ohne daß* ich es ihnen sage." Wirklich? Bei vielen Menschen, die wir beraten, wünschten wir, daß diese Erklärung zuträfe. Ihnen hat das Schweigen ihrer Eltern nämlich etwas ganz anderes vermittelt als Liebe und Zuwendung.

Wir wollen uns einmal näher ansehen, was in Familien geschieht, in denen gesprochene Segensworte vorenthalten werden. Wir werden erkennen, daß Schweigen tatsächlich eine Botschaft vermittelt, und wie eine beredte Ansprache kann auch das Schweigen den Kurs im

Leben eines Menschen bestimmen. Doch das ist nicht der Weg, den die meisten Eltern sich für ihre Kinder wünschen. Bei vielen beeinträchtigt das Schweigen jede ihrer Beziehungen und stürzt sie entweder in Arbeitssucht oder extremen Rückzug.

Was geschieht, wenn wir Segensworte vorenthalten?

Menschen wie Beziehungen leiden gleichermaßen beim Fehlen gesprochener Worte der Liebe, Ermutigung und Unterstützung – Worte des Segens. Nehmen Sie als Beispiel eine Ehe.

Dr. Howard Hendricks, ein bekannter christlicher Erzieher, erzählt gern die Geschichte eines Ehepaares, das vor einigen Jahren bei ihm zur Beratung war. Die beiden Eheleute waren seit über zwanzig Jahren verheiratet, doch ihre Probleme hatten sich so zugespitzt, daß sie nun an Scheidung dachten. Dr. Hendricks fragte den Mann: „Wann haben Sie Ihrer Frau das letzte Mal gesagt, daß Sie sie lieben?" Der Mann starrte ihn an, schlug die Arme übereinander und erwiderte: „Ich habe meiner Frau am Hochzeitstag gesagt, daß ich sie liebe, und das gilt, bis ich es widerrufe!"

Dreimal dürfen Sie raten, woran diese Ehe zugrundeging. Wenn in einer Ehe ein gesprochener Segen verweigert wird, dann wirkt das unerfüllte Bedürfnis nach Sicherheit und Zuwendung wie Schwefelsäure und zerfrißt eine Beziehung.

Nicht nur Ehen, auch einzelne Menschen – vor allen Dingen Kinder – leiden unter dem Fehlen eines gesprochenen Segens. Ohne Worte von Liebe, Zuwendung und Ermutigung steuern Kinder beim Heranwachsen auf zwei Straßen zu, von denen jede zu ungesunden Extremen führte. Zum Beispiel Dan. Er schlug die Straße ein, die unter dem Motto steht: „Streng dich ein bißchen mehr an, dann bekommst du vielleicht den Segen."

Die Straße zur Arbeitssucht

Dan wuchs in einer Familie auf, in der niemals ein positives Wort fiel. Tatsächlich wurde überhaupt kaum etwas gesagt. Seine Eltern schienen viel zu sehr mit ihrer Karriere oder der dauernden „Umgestaltung" des Hauses beschäftigt, um viel zu reden. Doch es gab eine Ausnahme von der allgemeinen Regel der Gleichgültigkeit, als Dan noch ein Junge war.

Am Ende eines Halbjahres in der Grundschule erhielt Dan ein Zeugnis mit lauter hervorragenden Noten. Zum erstenmal, soweit er zurückdenken konnte, sprachen seine Eltern offen ein Lob aus. Endlich hatte er das Gefühl, jemand zu sein.

Wie ein Verhungernder, der über einen Laib Brot stolpert, dachte Dan, er habe den Schlüssel entdeckt, der ihn dazu führte, Worte der Zuwendung zu hören: *übermäßige Leistung.* Für Zuwendung lohnte es sich, Stunden im Zimmer zuzubringen (während die Nachbarskinder direkt vor seinem Fenster draußen spielten), nur um am Ende eines Schulhalbjahres ein paar Worte der Zustimmung zu hören. Dieses Arbeiten auf eine überzogene Leistung hin dauerte auch die ganze Schulzeit über an.

Das einzige Problem Dans war, daß sein Bedürfnis nach Worten der Zuwendung auch darüber hinaus anhielt. Demzufolge trug er seine Motivation, „denen zu zeigen, daß ich jemand bin", unmittelbar auf den Markt. Selbstverständlich wurde er ein „perfekter" jüngerer leitender Angestellter — was im Klartext nichts anderes bedeutete, als daß er ein engagierter „Workaholic" war, ständig getrieben von dem Drang nach immer noch mehr Leistung, ohne Rücksicht auf die Kosten für ihn selbst und seine Beziehungen.

Warum nun dieser Drang und das unstillbare Bedürfnis nach Leistung? Dazu genügt ein Rückblick auf Dans Elternhaus, wo kein Segen ausgesprochen wurde — ausgenommen einige spektakuläre Leistungen. Auch wenn Dan es nie zugeben würde — obwohl er es in seinem Inneren immer wußte —, wenn er mit einem neuen Wagen in die Einfahrt seiner Eltern bog, besagte das doch, daß er immer noch etwas darstellte — oder nicht? Und wenn er das Eckbüro bekäme, würden sie es gewiß sehen — oder nicht?

Gordon MacDonald hat in seinem ausgezeichneten Buch und der Filmserie „Ordering Your Private World" eine großartige Darstellung eines gehetzten Mannes oder einer gehetzten Frau gegeben. Dan erfüllte jegliche Qualifikation. Er war in die Falle gestürzt, in der so viele Männer und Frauen landen, die nie ? Segen empfangen haben. Wie bei Moses schwindendem Ruhm konnten Leistungen ein fehlendes Gefühl von persönlicher Zuwendung nicht ausfüllen. Für immer war Dan gezwungen, einen Handel mehr abzuschließen, ein Produkt mehr zu verkaufen, ein Weiterbildungsseminar mehr zu besuchen. An einem frühen Punkt von Dans Leben blieben gesprochene Worte von

Liebe und Zuwendung unausgesprochen. Das führte dazu, daß seine Suche nach Zuwendung ihn immer an der Türe der Gehetzten stehenließ.

Um einen Satz aus MacDonalds Buch zu entlehnen: Ein Schlüssel, um Ordnung in Dans private Welt zu bringen, fand sich erst, als Dan sich endlich mit dem entgangenen Segen auseinandersetzte. Bis zu diesem Zeitpunkt war seine Suche nach persönlicher Zuwendung ein Rennen auf dem dürren Weg zum Erfolg gewesen, der vom Pfad des Lebens wegführt.

Die Straße des Rückzugs

Viele Menschen, denen es versagt blieb, Worte des Segens zu hören, schlagen einen anderen Weg ein. Sie steuern in die umgekehrte Richtung. In der Überzeugung, daß sie nichts tun können, um je Worte von Liebe und Zuwendung zu hören, geben sie auf und wandern auf der Straße der Apathie, Depression und des Rückzugs. Am Ende dieser Straße kann eine furchterregende und doch lockende Klippe sein.

Ein klassisches Beispiel für ein Kind, das auf diesen Weg geriet, findet sich in einem vor einigen Jahren aufgeführten Film. Zu Beginn sehen wir mehrere Kinder, die auf den Schulbus warten. Die Sonne bescheint einen kalten Januarmorgen. Schnee breitet sich über die ländliche Gegend wie eine prächtige weiße Decke.

Alle Kinder sind für das Winterwetter dick eingepackt, und einige machen Schneebälle und werfen sie gegen einen Zaun. Andere lachen und schwatzen und stampfen mit den Füßen, um sich warm zu halten. Alle außer Roger.

Roger steht am Rande der Gruppe ganz für sich allein und starrt auf den Boden. In den nächsten Augenblicken bekommt man das Gefühl, Roger sei unsichtbar. Mehrere Kinder laufen aufgeregt redend direkt an ihm vorbei; andere drängen sich um ihn, als der Bus endlich kommt. Doch Roger schaut nicht ein einziges Mal auf, und die anderen Kinder richten nie das Wort an ihn, nehmen ihn überhaupt nicht zur Kenntnis.

Die Kinder stürzen los, um zu sehen, wer es als erster mit dem Einsteigen schafft. Sie sind froh, aus der Kälte wegzukommen, und setzen sich glücklich auf ihre Plätze — alle außer Roger. Als letzter besteigt er den Bus mit müden Schritten, als koste ihn jede Stufe eine ungeheure Anstrengung. Er hält kurz an und schaut erwartungsvoll in die Gesichter der anderen Kinder, doch keiner winkt ihm, sich zu ihnen zu setzen. Mit einem Seufzer läßt er sich auf den Sitz hinter dem Fahrer fallen.

Das Geräusch der Druckluft aus dem hydraulischen System des Busses ist zu hören, und die Türe schließt sich mit einem dumpfen Stoß. Der Fahrer wirft einen Blick hinter sich, um zu sehen, ob alles in Ordnung ist, dann rollt er langsam vom Randstein weg auf die Landstraße.

Nach wenigen Meilen läßt Roger plötzlich seine Bücher fallen und taumelt hoch. Direkt neben dem Fahrer versucht er, an einem Metallpfosten Halt zu finden. In seinen Augen liegt ein wilder, unbestimmter Blick. Erschrocken über das kranke Aussehen fragt der Busfahrer: „Bist du in Ordnung? Fehlt dir was? Kind, was ist los?" Roger gibt keine Antwort, und halb aus Hilflosigkeit, halb aus Sorge steuert der Fahrer zum Straßenrand und öffnet die Türe.

Als Roger anfängt, die Stufen hinunterzugehen, stolpert er vorwärts und stürzt in den Schnee. Am Ende der Eingangsszene sehen wir den Busfahrer, wie er sich über Rogers Körper beugt und herauszufinden versucht, was passiert ist. Als die Kamera wegschwenkt, hören wir in der Ferne das nahende Heulen einer Ambulanz, doch irgendwie wissen wir, daß sie zu spät kommt.

Diese Szene stammt aus dem hervorragenden Unterrichtsfilm *A Cipher in the Snow* (Eine Null im Schnee), der für Lehrer gedacht ist, aber jeden anspricht, der sich darum bemüht, anderen Segen zu spenden. Dem Film liegt die wahre Geschichte eines Jungen zugrunde, der tatsächlich eines Tages auf dem Schulweg starb. Über die Gründe erhob sich tiefe Verwirrung.

Ärztliche Unterlagen gaben keinen Hinweis auf Probleme bei Roger oder seiner Familie. Selbst die Autopsie lieferte keinen Anhaltspunkt für seinen Tod. Erst nachdem ein interessierter Lehrer sich mit dem Hintergrund von Schule und Familie befaßte, schälten sich die Gründe für seinen Tod heraus.

Dieser Lehrer entdeckte, daß Rogers Leben systematisch ausgelöscht worden war wie von einer Schreibtafel. In den ersten Schuljahren hatte er gute Leistungen gezeigt, bis zu Hause Probleme auftraten. Die Ehe seiner Eltern war in die Brüche gegangen, und ein neuer, anderweitig beschäftigter Stiefvater hatte nie Zeit, eine der Lücken zu füllen. Jede Aufmerksamkeit, die seine neue Frau Roger widmete, erweckte seinen Ärger, und so beschränkte er die Zeit, die sie zusammen waren. Seine Mutter liebte Roger aus ganzem Herzen, doch bald war sie entweder so beschäftigt oder von ihrem neuen Mann so eingeschüchtert, daß sie Roger überhaupt nicht mehr beachtete. Als sei er von einem Platz neben dem Kamin vertrieben worden, blieb Roger nur noch der schmerzenden Kälte der Gleichgültigkeit überlassen. Als Reaktion auf die häusliche Situation begann Rogers Leistung in der Schule zu leiden. Hausaufgaben wurden entweder zu spät oder gar nicht abgeliefert. Seine Lehrer hatten seine offensichtliche Apathie bald satt und überließen ihn allein seiner Arbeit. Er fing auch an, sich in der Schule von den anderen Kindern zurückzuziehen, und verlor so die wenigen Freunde, die er einmal gehabt hatte. Roger wollte keine Unterhaltung beginnen, und bald versuchten es die anderen Kinder überhaupt nicht mehr. Langsam aber sicher zog er sich in eine Welt des Schweigens zurück.

Innerhalb weniger Monate hatte Roger jeden und alles, was für ihn von Wert war, verloren, oder es war ihm genommen worden. Ohne einen Ort der Zuflucht, ohne Worte der Aufmunterung fühlte er sich wie eine leere Null. Das empfindsame Kind konnte die Qual nicht für lange Zeit ertragen.

Roger wurde nicht durch Krankheit, nicht durch Verletzung getötet. Er wurde umgebracht durch das Fehlen von Worten der Liebe und Zuwendung. Roger widerstand dem peinigenden Schweigen, solange er konnte. Letzten Endes wirkte das Ausbleiben eines gesprochenen Segens von Familie und Freunden wie ein tödliches Krebsgeschwür. Monatelang verfolgte es seinen Kurs und zerfraß am Ende seinen Lebenswillen. Er starb als Null im Schnee, in dem Glauben, vollkommen allein und unerwünscht zu sein.

Haben Worte oder auch ihr Fehlen *wirklich* soviel Macht? Salomo glaubte das. Als schleudere er uns eisiges Wasser ins Gesicht, holt er uns auf erschreckende Weise in die Realität zurück: „Tod und Leben stehen in der Zunge Gewalt" (Sprüche 18,21).

Wenn wir darum ringen, zu Familienangehörigen oder Freunden Worte der Liebe und Zuwendung zu sprechen, soll uns ein anderes Zitat aus den Sprüchen Salomos ermutigen, wo es heißt:

Weigere dich nicht, dem Bedürftigen Gutes zu tun, wenn deine
Hand es vermag. Sprich nicht ... Geh hin und komm wieder;
morgen will ich dir geben —, wenn du es doch hast (Sprüche
3,27-28).

Wenn wir unseren Mund auftun können, um zu reden, dann haben
wir auch die Fähigkeit, den Segen durch gesprochene Worte zu vermitteln. Entscheiden wir uns dazu, Worte der Liebe und Zuwendung
auszusprechen, dann brauchen wir nicht ein Kind, einen Ehegatten
oder Freund wegzuschicken, die es danach verlangt.

Warum fällt es so schwer, Worte des Segens auszuspre-
chen?

Der Schaden, der durch die Verweigerung von Segensworten entsteht,
sollte durch die Beispiele von Mike, Dan und Roger klar und eindeutig
vor Augen stehen. Doch wenn gesprochene Worte der Liebe und
Zuwendung so wichtig sind, warum werden sie dann so selten darge-
boten? Hier seien einige Gründe genannt, wie sie uns von Menschen,
die bei uns zur Beratung waren, vorgetragen wurden:

„Ich will nicht das Ich meines Kindes aufblähen."
„Ich fürchte, wenn ich sie lobe, nutzen sie mich aus und machen
ihre Arbeit nicht fertig."
„Miteinander reden ist viel zu sehr wie Arbeit. Ich arbeite den
ganzen Tag, und dann verlangt sie von mir, daß ich auch noch
die ganze Nacht arbeite, indem ich mit ihr spreche."
„Ich weiß einfach nicht, was ich sagen soll."
„Sie wissen, daß ich sie liebhabe, ohne daß ich es sagen muß."
„Wenn ich erst mal damit anfange, muß ich's zur Gewohnheit
machen."

Am meisten gefällt uns folgender Grund:

„Wenn man Kindern ihre guten Seiten sagt, das ist wie Parfüm.
Ein bißchen ist okay, aber wenn man zuviel draufgibt, dann
stinkt es."

Wenn die Wahrheit bekannt wäre, dann liegt der Grund, warum viele Menschen zögern, ihre Kinder und andere mit Worten der Liebe und Zuwendung zu segnen, darin, daß ihre Eltern ihnen nie diesen Teil des Segens zukommen ließen.

Hüten Sie sich vor Familienregeln

Lob wie Kritik sickern anscheinend durch Generationen hindurch. Wenn Sie selbst nie Worte der Liebe und Zuwendung vernommen haben, müssen Sie davon ausgehen, daß Sie Mühe haben werden, sie auszusprechen. Warum? Wenn Ihre Familie die „Regel" hatte, daß liebevolle Worte besser unausgesprochen bleiben, dann werden Sie es schwer haben, diese Regel zu brechen.

Jede Familie funktioniert nach gewissen „Regeln". Diese Regeln bestimmen „die Art, wie unsere Familie Dinge erledigt". Manche Familien haben die Regel, daß „Leute, die über alles Bescheid wissen", ihre Weihnachtsgeschenke am *Weihnachtsmorgen* aufmachen. Andere Familien folgen der Regel, daß „wirklich kultivierte Menschen" ihre Weihnachtsgeschenke am *Heiligen Abend* öffnen. In einer Ehe stoßen oft einander zuwiderlaufende Familienregeln aufeinander. Viele Auseinandersetzungen werden über fünfzehn Runden geführt, um zu sehen, welche Familienregel letzten Endes den Sieg davonträgt.

Familien stellen alle möglichen Regeln auf: Was in dieser Familie gegessen und was nicht gegessen wird; welche Fernsehprogramme angesehen werden und welche langweilig sind oder überhaupt nicht in Frage kommen; worüber man reden kann und was besser nie angerührt wird; wen wir nach Zuhause einladen und wer auf jeden Fall keine Einladung bekommt.

In manchen Fällen können sich Familienregeln als recht hilfreich erweisen. Familien können sich beispielsweise an biblische Regeln halten wie etwa „Man soll die Sonne nicht über seinem Zorn untergehen lassen" oder „Seid nett zueinander". Eine andere Methode, positive Familienregeln aufzustellen, ist der Gebrauch von „Verträgen", die dazu beitragen können, eine gegenseitige Kommunikation aufzubauen und ihre Kinder zu ermutigen. Familienrichtlinien dieser Art können auch ohne weiteres von Generation zu Generation weitergegeben werden.

Doch nicht alle Familienregeln verdienen es, beibehalten zu werden.

Manche — geschriebenen oder ungeschriebenen — Familienregeln können eine Familie eher verwüsten. Wie in Erz gegossene Worte kann eine zerstörerische Familienregel von den Eltern auf Sohn oder Tochter einhämmern, bis endlich jemand das qualvolle Schema zerbricht, wie dies im Falle von Cherryl geschah.

Als Cherryl heranwuchs, hing im Wohnraum der Familie eine einfache Platte, die Cherryls Großvater gehört hatte und zu einer Art unausgesprochenem „Familienmotto" geworden war. Die Platte sah nicht sonderlich eindrucksvoll aus und trug nur zwei von Hand aufgemalte Wörter: *Erheb Dich*. Nur zwei Wörter — und doch hatten sie Bände voll Kränkung in drei Generationen von Cherryls Familie getragen.

Ursprünglich gehörten diese beiden Wörter zu einem längeren Satz, einem Leitspruch, der ungefähr so lautete: „Nimm niemandem etwas weg. Erheb dich und kämpfe darum." Dieser Slogan mochte zur Pionierzeit hilfreich gewesen sein, doch in den menschlichen Beziehungen in Cherryls Familie richtete er nur Schaden an. Das zeigte sich deutlich bei Cherryls Vater.

Cherryls Vater war durch die von *seinem* Vater vertretene Haltung „Niemals einen Fingerbreit nachgeben" infiziert worden. „Es tut mir leid" oder „Du hast recht" waren Begriffe, die im Wörterbuch von jemandem, der sein Leben nach dem Leitspruch „Erheb dich und kämpfe" ausrichtete, nicht vorkamen. Ebenso fehlten die Worte, die in einem Kampf oder Streit nicht nützlich waren, Worte wie „Ich liebe dich", „Wirst du mir verzeihen?" oder „Du bedeutest mir viel". Die Befolgung der Familienregeln „Niemals einen Fingerbreit nachgeben" brachte zwar Cherryls Vater geschäftlich voran, doch im Umgang mit Frau und Kindern führte sie ihn in eine Sackgasse.

Cherryls Eltern stritten sich ständig. Jeder wußte vorzüglich über die Fehler des anderen Bescheid und gab bei Auseinandersetzungen keinen Zentimeter nach. Als Cherryls vier Geschwister nach und nach das Alter erreichten, in dem es ihnen nicht mehr paßte, von ihrem Vater „Befehle entgegenzunehmen", beteiligten sie sich ebenfalls an der Schlacht. Bald lebten sieben Menschen unter demselben Dach, die alle der Familienregel „Erheb dich und kämpfe" und ihren logischen Konsequenzen „Kampf um meine Rechte" und „Lieber sterb' ich, als daß ich etwas bedaure" folgten. Diese Situation blieb bestehen, bis Cherryl zum Christentum fand.

Cherryl fuhr in ein Young Life Camp und vertraute Christus als ihrem Herrn und Erlöser. Das erste, was sie nach ihrer Rückkehr bemerkte, waren diese beiden Wörter „Erheb dich". Sie dachte daran, wie Jesus sein Leben geführt hatte und wie sehr sie es satt hatte, dieser Familienregel zu folgen. Nach und nach und um die Kosten, ständig von ihren Brüdern und Schwestern ausgelacht zu werden, fing Cherryl an, verschiedene Familienregeln zu brechen.

Mitten in einem Streit sagte sie plötzlich: „Tut mir leid, du hast recht. Willst du mir verzeihen?" und beendete damit die Auseinandersetzung. Mit der Zeit sagte sie sogar: „Ich hab' dich lieb, Mom, ich hab' dich lieb, Dad", und umarmte sie fest, ehe sie zur Schule ging.

Cherryls Vater hatte von seinen Eltern niemals den Segen empfangen, nur eine Platte, die um ein Haar seine Ehe und Familie zerstört hätte. Doch im Verlaufe der nächsten zwei Jahre erhielt er von Cherryl den Segen. Bedeutsame Berührung, gesprochene Worte von hoher Wertschätzung, das Bild einer hoffnungsvollen Zukunft und die Verpflichtung, ihn zu lieben, ganz gleich um welchen Preis – all dies waren Werkzeuge, die Stückchen für Stückchen die bestehende Familienstruktur wegmeißelten.

Familienregeln sterben schwer, doch man kann sie brechen. Cherryls jüngere Schwester war von Cherryls verändertem Leben so angetan, daß auch sie sich Christus zuwandte. Bald folgte Cherryls älterer Bruder, und die Platte an der Wand fing an, brüchig zu werden. Am letzten Weihnachtsfest nahm ihr Vater, als neu hinzugetretener Christ, die Platte von der Wand ab.

Welches Zeugnis für Gottes Macht, selbst die schwierigsten Familienregeln zu zerschlagen! Und welche Hilfe für Cherryls Familie, daß sie nun eine neue Familienregel hatte, der sie folgen konnte! Sie sind nun der inneren Fesseln ledig, um frei von der Leber weg zu reden und Worte des Segens auszutauschen – weil ein einziges Kind den Mut aufbrachte, mit einer schädlichen Regel des Schweigens den Kampf aufzunehmen.

Wie Segensworte in die Praxis umgesetzt werden

Segensworte werden in unseren Familien und persönlichen Beziehungen in die Praxis umgesetzt, wenn wir uns dazu entschließen, offen zu sprechen, anstatt uns zu verschließen. Gute Absichten reichen nicht aus; um einem Kind, Ehegatten oder Freund den Segen zuteil werden zu lassen, braucht es gute Worte.

Wir sagen nicht einfach, Sie sollen mehr mit Ihren Kindern und anderen Menschen reden. Normalerweise ist das ein guter Gedanke, doch manchmal, wenn man nicht weiß, wie man sich positiv ausdrücken soll, kann man mehr sagen, wenn man weniger sagt. Wie wir im nächsten Kapitel sehen werden, sind es nicht *irgendwelche* Worte, sondern Worte hoher Wertschätzung, die bei einem Menschen haften bleiben und den Segen vermitteln. Das sind Worte von der Art, wie man sie oft in den letzten Stunden vor dem Schluß eines Familientreffens hören kann.

Fast jeder von uns hatte schon Gelegenheit, an einem Familientreffen teilzunehmen. Ein gemeinsames Phänomen bei all diesen Veranstaltungen ist, daß zunächst jeder eifrig über dieses Rezept, jenen Fußballverein, dieses Buch und jenen Film, den man sich ansehen sollte, debattiert. Doch am letzten Nachmittag des Treffens geschieht etwas. Wenn nur noch eine Stunde bleibt, bis die Familienmitglieder sich zu verabschieden beginnen, werden ganz plötzlich bedeutsame Worte gesprochen.

Ein Bruder sagt vielleicht unter vier Augen zu seiner Schwester: „Ich weiß, daß mit deiner Ehe wieder alles ins reine kommt. Ich werde für dich beten." Eine Tante erklärt ihrer Nichte: „Ich bin immer stolz auf dich gewesen. Ich weiß, daß die Schule dir viel abverlangt, aber ich weiß, daß du's schaffen kannst. Ich glaube an dich." Oder eine Tochter meint: „Schau dich um, Mom. Wir haben uns nicht schlecht herausgemacht, wie? Wir haben dir und Dad zu danken."

Gesprochene Worte — oftmals müssen wir erst dem Druck der Zeit ausgesetzt sein, bevor wir die Dinge sagen, die unserem Herzen am nächsten liegen. In diesem Kapitel haben wir Ihnen nahezubringen versucht, daß es bei Ihren Kindern, Ehegatten, Ihren engen Freunden, selbst bei Ihren Eltern später ist, als Sie glauben. In manchen Beziehungen ist es schon später Nachmittag für Ihre Gelegenheit, mit ihnen zu reden.

Zu der Zeit, als wir dieses Kapitel schrieben, ereignete sich in Japan ein tragisches Flugzeugunglück, bei dem mehr als dreihundert Menschen ums Leben kamen. Vier Menschen überlebten den Absturz. Sie berichteten den Behörden und Reportern die Geschichte der tragischen letzten halben Stunde ihres Unglücksfluges. Vierunddreißig

Minuten lang war das Flugzeug ohne den Heckstabilisator zur Steuerung des Sinkfluges. Das unkontrollierte Sinken des Flugzeuges war für alle an Bord eine Zeit der Panik und des Entsetzens. Während manche vor Angst schrien und andere sich Zeit nahmen, die Rettungsgürtel anzulegen, benutzte ein Japaner mittleren Alters, Hirotsugu Kawaguchi, diese letzten Augenblicke seines Lebens, um einen Brief an seine Familie zu schreiben. Seine Notiz wurde von den Rettungsmannschaften an der Absturzstelle auf seiner Leiche gefunden und gelangte schließlich zu seiner Frau und den drei Kindern.

Hören Sie sich die letzten Worte dieses Mannes an, der seine Familie von tiefstem Herzen liebte. Sie veranschaulichen seinen Wunsch nach einer besonderen Zukunft für seine Frau und Kinder, selbst nun, da sie physisch in diesem Leben getrennt sein würden.

Ich bin sehr traurig, aber ich bin gewiß, daß ich es nicht überstehe. Das Flugzeug rollt herum und verliert rasch an Höhe.

Es gab so etwas wie eine Explosion, die Rauch auslöste. Ysuyoshi – sein ältester Sohn –, ich rechne auf dich. Du und die anderen Kinder, seid gut zueinander und arbeitet fest. Denkt immer daran, eurer Mutter zu helfen ... Keiko – seine Frau –, bitte sorge gut für dich und die Kinder. Wenn ich denke, daß unser Essen gestern abend unsere letzte gemeinsame Mahlzeit war. Ich bin dankbar für das wirklich glückliche Leben, das ich führen durfte ...

Frau und Kinder dieses Mannes haben ihn nicht länger bei sich und können ihn nicht mehr in die Arme nehmen und liebhaben. Hirotsugu Kawaguchi starb beim Aufprall des Flugzeuges. Doch sie besitzen seine letzten Worte, die er an sie richtete, Worte, in denen er seine Hoffnung für ihre Zukunft umriß, Worte, die in den kommenden Jahren in ihrem Leben als positives Echo nachhallen werden.

Im nächsten Kapitel erfahren Sie mehr über Worte – Worte hoher Wertschätzung –, die Menschen in besonderem Maße segnen können. Aber zögern Sie nicht, die Zeit eilt so rasch dahin. Bitte lassen Sie keinen wichtigen Menschen aus Ihrem Leben verschwinden, ohne daß er das zweite Element des Segens, die gesprochenen Worte, vernommen hat.

5. Das dritte Element des Segens: Ausdruck hohen Wertes

Dianes Eltern hatten sich jahrelang erfolglos darum bemüht, Kinder zu bekommen. Vielleicht lag es daran, daß ihre Freude keine Grenzen kannte, als sie erfuhren, daß sie ihr erstes Kind erwarteten. Während Schwangerschaft und Geburt schien alles völlig normal, bis sie die Reaktionen des Arztes bemerkten. Als Diane ihnen zum erstenmal überreicht wurde, sahen sie, daß sich ihr linker Arm unterhalb des Ellbogens überhaupt nicht entwickelt hatte.

Im Kreißsaal gab es viele Tränen, und während ein Test um den anderen durchgeführt wurde, herrschte große Sorge. Ärzte und Spezialisten versuchten, das Ausmaß der körperlichen Schäden zu ermitteln. Dianes Eltern wußten inzwischen nicht, wie sie auf die ängstlichen Fragen von Verwandten und Freunden reagieren sollten.

Zwei Tage später konnten die Ärzte Dianes Eltern einige ermutigende Mitteilungen machen. Bei all ihren Untersuchungen fanden sie keinerlei weitere Anzeichen für medizinische oder physische Probleme. Diane war anscheinend, abgesehen von ihrem linken Arm, ein völlig normaler, gesunder Säugling.

Nachdem die Ärzte gegangen waren, setzten sich Dianes Eltern im Gebet zusammen. Sie dankten Gott, daß ihre Tochter keine anderen ernsthaften Probleme hatte. Aber sie beteten noch um etwas anderes, was für ihre Tochter einen unschätzbaren Wert bedeutete. Diane war in die Arme ihrer Mutter gebettet, und so beteten sie im Krankenzimmer darum, daß ihre Liebe zu Diane sie für jeden möglichen Mangel an körperlichen Fähigkeiten entschädigen sollte. An jenem Morgen beschlossen sie, Diane darin zu ermutigen, all das zu werden, was Gott von ihr wünschte, trotz aller Probleme, die sie selbst und Diane auf diesem Weg zu bewältigen haben würden.

Jahre sind vergangen seit dem Gebet von Dianes Eltern im Krankenzimmer. Diane ist inzwischen neunzehn und besucht eine größere Universität. Doch es ist etwas Besonderes an Diane, was die Aufmerksamkeit von ihrem leeren Ärmel ablenkt, vor allem, wenn man sie eine wunderbare Melodie auf dem Klavier spielen hört – mit nur einer Hand.

Diane mußte sich in den neunzehn Jahren ihres Lebens mit ungeheuren Problemen herumschlagen: Das Starren, Kichern und die taktlosen Fragen ihrer Mitschüler; Ängste und unangenehme Gefühle; Fragen und Sorgen. Auf der anderen Seite empfing Diane in allen Kämpfen des täglichen Lebens, die sich daraus ergaben, daß sie behindert war, eine kostbare und machtvolle Gabe von ihren Eltern –, die Gewißheit einer hohen Wertschätzung und bedingungslosen Zuwendung.

„Meine Eltern versuchten die Tatsache, daß ich anders war als andere, nicht vor mir zu verbergen", erzählte uns Diane. „Sie waren mir gegenüber sehr realistisch. Doch ich wußte immer, und sie sagten mir das auch immer wieder, daß ich 'ihr höchstes Ruhmesblatt' sei. Sie waren meine größten Fans, ob ich nun Softball zu spielen versuchte oder mein Dad mir das Autofahren beibrachte. Sie beteten für mich und dachten an das Beste, auch wenn ich mürrisch war und mit Gott wegen meiner Behinderung haderte. Ohne jede Frage kommt meinen Eltern ein großes Verdienst zu, weil sie mir geholfen haben, das zustandezubringen, was ich nun erreicht habe."

Ganz gewiß gebührt ihnen große Anerkennung dafür, daß sie sich entschieden haben, ihre Tochter trotz ihrer körperlichen Behinderung als ganzen, vollkommenen Menschen zu werten. Dianes Eltern sind Realisten. Sie haben die durchaus echten Probleme nicht versüßt, vor die sich ihre Tochter gestellt sah. Doch neunzehn Jahre lang vermittelten sie ihr den Segen, indem sie Diane mit Worten hoher Wertschätzung und bedingungsloser Zuwendung überschütteten.

Worte von hohem Wert

Was wollen wir mit „hohem Wert" ausdrücken? Wir betrachten dazu das Wort *Wert* und sehen uns an, welche Rolle es beim Segen spielt.

Wie wir in einem früheren Kapitel ausgeführt haben, bedeutet etwas „wertschätzen", ihm große Bedeutung beizumessen. Dies steckt im Kern des Begriffes vom „Segnen". Im Hebräischen ist die ursprüngliche Bedeutung von Segnen „die Knie beugen". Dieses Grundwort wird von einem Menschen gebraucht, der sein Kamel niederknien ließ, damit er aufsteigen konnte (1. Mose 24,11). Im Verhältnis zu Gott nahm das Wort die Bedeutung „mit gebeugten Knien anbeten" an. Sich vor jemandem verbeugen drückt auf bildhafte Weise die Wertschätzung vor diesem Menschen aus. Beachten Sie hier das wichtige

Prinzip: Jedesmal, wenn wir jemanden segnen, messen wir ihm hohen Wert bei. Wir wollen dies an einem Beispiel in meiner (Garys) Familie veranschaulichen.

Ich möchte, daß Gott in meinem Leben von höchstem Wert ist. Er ist mein bester Freund und die Quelle meines Lebens. Wollte ich dies auf einer von 1 bis 10 reichenden Tabelle auftragen, würde ich den Herrn mit „10" bewerten, also dem höchsten Wert. Unmittelbar unter meiner Beziehung zum Herrn käme meine Beziehung zu meiner Frau Norma. Menschlich gesprochen ist sie mein bester Freund, und ich liebe und schätze sie in einer Weise, die direkt unterhalb Gott liegt, etwa bei „9,5". Dann kommen meine Kinder. Jedes von ihnen liebe ich zärtlich, und während weder sie selbst noch Norma sich dessen bewußt sind, daß ich sie auf einer unterschiedlichen Ebene liebe, würde ich sie, gleich hinter Norma, mit „9,4" einstufen. Ich liebe sie keinesfalls weniger, aber in der Wertschätzung kommen sie unmittelbar hinter meiner Beziehung zum Herrn und zu meiner Frau.

Ich muß da nun ehrlich sein. Es gibt durchaus Zeiten, da meine Gefühle zu den Kindern vielleicht auf „6,4" oder sogar „4,2" zurückgehen, — vor allem, wenn wir in unserem engen Wohnmobil campen und es die ganze Woche regnet. Da ich sie jedoch bei „9,4" lieben und wertschätzen möchte, versuche ich ständig, ihren Wert dorthin zu befördern, wo er hingehört. Das gleiche gilt für Norma. Ich möchte sie in keiner Weise kränken oder ihren Wert mindern. Wenn ich ihr wirklich einmal wehtue, beschließe ich daher sofort, ihren Wert gleich unter meine Wertschätzung des Herrn anzuheben. Was hat das alles mit dem Segen zu tun?

Dieses Prinzip ist so wichtig, daß wir es nochmals wiederholen wollen. Wenn wir jemanden segnen, dann entscheiden wir damit, daß er oder sie einen hohen Wert besitzt. Dies drückt der Psalmist im 103. Psalm aus, wenn er sagt: „Lobe den Herrn, meine Seele, und was in mir ist, seinen heiligen Namen!" Wenn wir den Herrn loben, ihn segnen, dann anerkennen wir damit den ihm innewohnenden Wert und messen ihm hohe Wertschätzung bei. Er ist würdig, daß wir „die Knie beugen" vor ihm.

In der Heiligen Schrift werden wir oft aufgefordert, den Herrn zu loben und zu preisen. Doch die Schrift nennt auch viele Beispiele von Menschen, die andere Menschen segnen (5. Mose 33,1.2; Jos. 14,13; 2. Sam. 6,18 und weitere). Dabei wurde der Person, die sie segneten, hoher Wert beigemessen. Sie anerkannten ihn oder sie als einen ganz besonderen Menschen.

Diese Wertschätzung entspricht genau dem, was die alttestamentlichen Patriarchen taten, wenn sie ihren Kindern den Familiensegen erteilten. Sie legten ihnen einen hohen Wert bei. Wir tun das gleiche beim Segnen unserer Kinder, Ehegatten oder Freunde. Jeder Mensch braucht heute den Segen, um sich wirklich geliebt und seiner selbst sicher zu fühlen. Dieser Gedanke von Wertschätzung eines anderen Menschen ist von solcher Bedeutung, daß wir der Ansicht sind, er müsse im Kern jeder gesunden menschlichen Beziehung zu finden sein.

Worte von hoher Wertschätzung in alttestamentlichen Familien

Im Alten Testament ziehen sich schimmernde Fäden von Liebe und Wertschätzung durch das Gewirk des Segens. Wir erkennen das in den Worten, die Isaak zu Jakob sprach: „Siehe, der Geruch meines Sohnes ist wie der Geruch des Feldes, das der Herr gesegnet hat . . . Völker sollen dir dienen, und Stämme sollen dir zu Füßen fallen" (1. Mose 27,27-28).

Würde man heutzutage Kindern sagen, daß sie „wie ein Feld riechen", dann würden sie das wahrscheinlich nicht als Kompliment ansehen! Doch Jakob wußte, was sein Vater meinte. Auch Sie erkennen das noch, wenn Sie daran denken, wie Sie über Land gefahren sind und den Duft von frischgeerntetem Heu oder Weizen aufgenommen haben. Ganz besonders, wenn morgens der Tau auf der Erde liegt, oder nach einem Regenschauer ist der Geruch eines frisch gemähten Feldes so belebend wie eine Gebirgsquelle.

Isaak stellte seinen Sohn auch als eine Persönlichkeit dar, die von anderen, seine eigene Familie eingeschlossen, in hohem Maße Achtung verdiente. Er war sogar jemand, der es verdiente, daß ihm andere Stämme „zu Füßen fallen", so hoch war sein Wert.

In den Vereinigten Staaten stehen Verbeugungen vor Würdenträgern alles andere als hoch im Kurs. So ungefähr die einzigen, die wissen, wie man sich verbeugt, sind Dirigenten und Highschool-Debütantinnen. Die meisten von uns müßten wohl erst stundenlang üben, wenn wir bei einem König oder einer Königin zur Audienz geladen wären. In den Tagen Isaaks bedeutete das Verbeugen einen Ausdruck von Achtung und Ehrerbietung, der in Gegenwart einer bedeutenden Persönlichkeit erwartet wurde.

Der den beiden Bildern des Segens zugrundeliegende Gedanke, mit denen Jakobs Vater zum Ausdruck bringen wollte, daß er ihn für wertvoll, für jemanden von hohem Ansehen hielt, kann uns nicht entgehen. Kinder unserer Zeit brauchen genau dies, sie sollen diese Botschaft von ihren Eltern hören. Diane empfing sie von ihren Eltern, und dies brachte ihr Leben trotz der körperlichen Behinderung zum Blühen und Wachsen.

Bildhafte Worte: Hilfreiche Mittel zur Vermittlung von Wert an andere

Viele Eltern stoßen auf Schwierigkeiten, ihren Kindern zu sagen, daß sie wertvoll sind. Wie wir im letzten Kapitel sahen, kann der richtige Augenblick für eine solch wichtige Botschaft durch die Zwänge eines vollgedrängten Zeitplans verpaßt werden. Manche Eltern raffen sich zum obligatorischen „Ich habe dich lieb" während eines Urlaubs oder am Flugplatz auf; doch es klingt steif und fehl am Platze.

Andere Kinder hören vielleicht gelegentlich ein Wort des Lobes, doch nur, wenn sie eine gute Leistung aufzuweisen haben (wie bei Dans Geschichte im vorigen Kapitel). Wenn Worte der Wertschätzung nur mit der Leistung und dem Verhalten eines Kindes verknüpft werden, verlieren sie viel von ihrer Kraft. An Kindern, die erst eine Leistung erbringen müssen, um einen Segen zu erhalten, nagt die Unsicherheit, ob sie überhaupt gesegnet wurden. Wenn ihre Leistung auch nur geringfügig abfällt, können sie sich immer von neuem die Frage stellen: „Werde ich geliebt dafür, ‚wer ich bin', oder nur dafür, ‚was ich kann'?"

Wir brauchen einen besseren Weg, um eine Botschaft von hohem Wert und Zuwendung zu vermitteln, eine Methode, die wertvollen Eigenschaften und Charakterzüge eines Menschen unabhängig von seiner Leistung und seinem Verhalten bildhaft darzustellen. Im Familiensegen liegt verborgen ein Schlüssel, um solche Empfindungen unseren Kindern, Ehegatten, Freunden oder Gemeindemitgliedern zu vermitteln, der selbst den Schutzwall durchbricht, den Heranwachsende und Kinder gelegentlich um sich errichten. Wir erkennen diesen

Schlüssel in der Weise, wie Wortbilder in der Heiligen Schrift verwendet werden.

Wir benutzen Wortbilder ständig in unserem täglichen Leben, auch wenn es uns nicht bewußt wird. Ich will Ihnen das an einem Beispiel vor Augen führen, an das ich (John) mich lebhaft erinnere. Vor einiger Zeit saß ich mit einem guten Freund in Dallas beim Lunch. Wir aßen in einem malerischen kleinen Kellerlokal, wo man erst eine Treppe hinuntergehen muß, um die Eingangstüre zu erreichen. Von unserem Tisch aus konnten wir die zum Restaurant führende Treppe überblicken. Da geschah nun folgendes.

Während wir auf unsere Mahlzeit warteten, bemerkten wir oben an der Treppe ein ungefähr zweijähriges Mädchen. Es hielt die Hand von jemandem fest, den wir bis jetzt noch nicht ganz sehen konnten. Alles, was wir erblickten, waren zwei riesige Tennisschuhe und eine massige Hand, in der die des kleinen Mädchens lag. Beim Herabsteigen konnten wir immer mehr von dem Riesen erkennen, der seinem Töchterchen die Treppe herunterhalf.

Als sie am Fuß der Treppe angelangt waren und die Tür zum Restaurant öffneten, da erschien ein Profifootballspieler von den Dallas Cowboys. Mit seinen einsneunzig und annähernd zweieinhalb Zentnern füllte dieser Riese von einem Stürmer fast die ganze Tür aus! Während sie an unserem Tisch vorbeigingen – seine Schritte ließen den Boden erzittern und die Teller auf unserem Tisch klappern –, lehnte sich mein Freund zu mir herüber und meinte: „Junge, Junge, das ist vielleicht ein Bulle!"

Die Bezeichnung dieses Mannes als Bulle ist ein Wortbild. Randy White besitzt weder Hörner noch Fell, und während er für ein menschliches Wesen als recht massig gelten kann, bleibt sein Gewicht selbst hinter einem halbwüchsigen Bullen weit zurück. Doch bei dem Wort Bulle – er konnte das natürlich nicht hören – begriff ich sofort, was mein Freund ausdrücken wollte: Ein besonders großer Mensch ging an unserem Tisch vorbei!

Seit langem nennen manche Männer attraktive Frauen eine Mieze, wobei sie ganz gewiß nicht darauf hinweisen wollen, daß sie herumschleichen und auf Mäuse lauern. Eine Halbwüchsige, die ihren Schulfreundinnen auf einer Hausparty vor dem Schlafengehen verrät, ihr neuester Freund sei ein Traum, will damit keineswegs ausdrücken, daß er sich verflüchtigt habe, wenn sie aufwacht – obwohl auch das häufig vorkommt. Jedes dieser „Wortbilder" fängt eine gefühlsmäßige Empfindung ein, die mit der buchstäblichen Bedeutung des Wortes nichts zu tun hat.

Wir wollen nun einen Blick in die Heilige Schrift werfen und den Segen betrachten, mit dem Jakob drei seiner Söhne bedachte. Jeder einzelne ist ein ausgezeichnetes Beispiel dafür, wie das Instrument der Wortbilder für die Vermittlung von hoher Wertschätzung an ein Kind eingesetzt werden kann.

Worte eines weisen Mannes

Juda ist ein junger Löwe ... Wie ein Löwe hat er sich hingestreckt und wie eine Löwin sich gelagert. Wer will ihn aufstören?
Naphtali ist ein schneller Hirsch, er gibt schöne Reden.
Joseph wird wachsen, ... wie ein Baum an der Quelle (1. Mose 49,9.21.22).

Jakob benutzte bei jedem seiner Söhne ein anderes Wortbild, um den Segen zu vermitteln. Wir lesen: „Und das ist's, was ihr Vater zu ihnen geredet hat, als er sie segnete, einen jeden mit einem besonderen Segen" (1. Mose 49,28).

Juda wird als „junger Löwe" charakterisiert. In der Schrift veranschaulichte der Löwe Stärke und war gleichzeitig ein Symbol des Königtums im frühen Nahen Osten. In diesem Wortgemälde wurden Führungsqualitäten und Charakterstärke beschrieben, die Juda eigen waren.

Seinen Sohn Naphtali bezeichnete Jakob als „schnellen Hirsch". Er benutzte Anmut und Schönheit dieses sanften Tieres, um die künstlerischen Fähigkeiten seines Sohnes zu beschreiben, der seine Worte in Schrift und Sprache wohl zu setzen wußte.

Joseph schließlich wurde ein „Baum an der Quelle" genannt. Dieses Wortbild brachte zum Ausdruck, wie Josephs unwandelbares Vertrauen in den Herrn dazu führte, daß er seiner Familie einen Zufluchtsort schuf. Jakobs Wortbild birgt in sich eine ähnliche Botschaft wie einer der ersten Hinweise auf Jesus in Psalm 1,3: „Der ist wie ein Baum, gepflanzt an den Wasserbächen, der seine Frucht bringt zu seiner Zeit, und seine Blätter verwelken nicht. Und was er macht, das gerät wohl."

Jeder von Jakobs Söhnen war ein Einzelwesen, und jeder empfing einen Segen, der den ihm von seinem Vater beigelegten Wert in einem Wortgemälde veranschaulichte, an das er sich immer erinnern konnte.

Ehe wir nun vielleicht voreilig unser Kind oder unseren Ehegatten einen Löwen, schnellen Hirsch oder fruchtbringenden Baum nennen, müssen wir erst noch ein wenig mehr über Wortbilder lernen. Zu diesem Zweck wollen wir uns einem Buch des Alten Testaments zuwenden, das voll ist davon. Wortbilder lassen sich in jeder menschlichen Beziehung verwenden, um Worte hoher Wertschätzung zu vermitteln. Diesem Buch liegt eine Beziehung zwischen einem Ehepaar zugrunde, doch lassen sich die gleichen Grundsätze auch anwenden, wenn wir Kinder segnen. Sehen wir uns einmal an, wie dieses Paar Worte von Liebe, Zuwendung und Lobpreis austauscht. Dabei werden wir vier Schlüssel für die Vermittlung hoher Wertschätzung entdecken.

Wortbilder: Vier Schlüssel zur Vermittlung hoher Wertschätzung

Im Hohenlied Salomos, Gottes Darstellung einer idealen Werbung und Ehe, preist das Liebespaar einander mit Wortbildern mehr als achtzig Mal in acht kurzen Kapiteln. Das ist eine ganze Menge! Doch sie hatten sich so unendlich viel mitzuteilen, wie hoch sie einander und ihre Beziehung schätzten.

Wir wollen bei unserer Untersuchung über die Verwendung dieser beschreibenden Worte beginnen, indem wir einen Blick auf ihre Hochzeitsnacht werfen. Nur selten wird die Hochzeitsnacht eines Paares für die Nachwelt aufgezeichnet, doch diese ist es wert, daß man sich ihrer erinnert. Es ist der liebevolle Bericht einer gottgefälligen Beziehung.

Siebenmal preist Salomo seine Braut (die biblische Zahl der Vollkommenheit). Für ihn war sie makellos schön. Er beginnt seinen Lobpreis mit den Worten: „Siehe, meine Freundin, du bist schön! Siehe, schön bist du! Deine Augen sind wie Taubenaugen hinter deinem Schleier" (Hoheslied 4,1).

Der erste Schlüssel: Verwendung eines alltäglichen Gegenstandes
Was Salomo hier versucht — und was kluge Eltern beim Segnen ihrer Kinder tun —, ist das Einfangen eines Charakterzuges oder einer Kör-

pereigenschaft in einem Gegenstand des täglichen Lebens. In unserem Falle beschreibt er ihre Augen als Taubenaugen. Die sanfte, scheue und zärtliche Natur dieser Geschöpfe war seiner Braut wohlvertraut. Durch den Gebrauch eines bekannten Gegenstandes vermag Salomo weit mehr Bedeutung weiterzugeben als mit Worten allein. Gesprochene Worte sind oft eindimensional, doch ein Wortbild kann mehrdimensional sein. Dazu kommt noch, daß sie jedesmal beim Anblick einer Taube daran erinnert wurde, wie ihr Gemahl sie betrachtete und schätzte.

Schauen wir uns einmal an, wie die Eltern einer jungen Frau ein Objekt des alltäglichen Lebens beim Segnen ihrer Tochter benutzten und wie sich dies in ihrem Leben auswirkte. Obwohl Weihnachten nicht jeden Tag ist, war ihre Wahl eines Objektes doch ihrem Kind vertraut.

Nancy wurde Ende Dezember, kurz vor dem Weihnachtstag, geboren. Als sie heranwuchs, sagten ihre Eltern immer wieder zu ihr: „Vergiß nie, du bist Gottes besonderes Weihnachtsgeschenk für uns, eine kostbare Gabe, weil du für uns etwas ganz Besonderes bist." Um ihre Gefühle zum Ausdruck zu bringen, liegt jedes Jahr an Weihnachten — seit nun fast fünfunddreißig Jahren — ein kleines Päckchen unter dem Christbaum, das von Jesus an Nancys Eltern adressiert ist. Jedes Jahr gebührt Nancy die Ehre, das Päckchen zu öffnen. Drinnen liegt ihr Bild als Baby! Nancy faßte ihre Gedanken darüber, daß sie ein Weihnachtsgeschenk genannt wurde und wie sich dies auf ihr Leben auswirkte, folgendermaßen zusammen:

„Oft gab es Zeiten, da fühlte ich mich in keiner Weise als etwas Besonderes. Ein Anlaß blieb mir vor allem im Gedächtnis. Das war an meinem dreißigsten Geburtstag, und ich schlug mich damit herum, daß ich älter wurde. Als ich den Tiefpunkt erreicht hatte, erhielt ich mit der Post von meinen Eltern ein Päckchen. Darin befand sich eine in Glanzpapier eingewickelte Schachtel, und drinnen lag mein Babyphoto und ein Brief von meinen Eltern. Ich wußte immer, daß ich für sie etwas Besonderes war. Aber an jenem Tag hatte ich es dringend nötig, daß mir dies gesagt wurde. Es war nicht einmal Weihnachten, aber als ich nun wieder las, ich sei ihr spezielles ‚Weihnachtsgeschenk' und für sie etwas Besonderes — selbst an meinem dreißigsten Geburtstag —, wurde mein Herz von Liebe und Wärme erfüllt."

Der zweite Schlüssel: Die gefühlsmäßige Bedeutung des Charakterzuges, der gepriesen wird, muß mit dem gewählten Gegenstand übereinstimmen

Immer wieder gebraucht Salomo Objekte, welche die gefühlsmäßige Bedeutung der Eigenschaft, die er preisen will, anschaulich werden lassen. Uns mögen diese Objekte fremd sein, doch seiner Braut waren sie vertraut. Hören Sie sich zum Beispiel seinen Lobpreis für die Geliebte einige Verse weiter an.

Salomo betrachtet seine Braut und sagt: „Dein Hals ist wie der Turm Davids, mit Brustwehr gebaut, an der tausend Schilde hangen, lauter Schilde der Starken" (Hoheslied 4,4). Versuchte Salomo seine Ehe zu beenden, noch bevor sie begonnen hatte? Gewiß nicht. Wir wollen uns einmal ansehen, welche Bedeutung diese Analogie für eine unsichere, schüchterne Braut in ihrer Hochzeitsnacht haben würde.

Hoch über der Altstadt Jerusalems ragte der Turm Davids auf. Ein Bauer, der vor der Stadt draußen arbeitete, konnte dieses eindrucksvolle Bauwerk sehen, wenn er sich von seiner Arbeit aufrichtete. Weit mehr als die Höhe des Turmes beeindruckte ihn jedoch das, was sich an diesem Turm befand.

In Friedenszeiten hingen dort die Kriegsschilde von Davids „starken Männern". Sie waren Davids tapferste Krieger und die Anführer seiner Truppen. Der Anblick der in der Sonne glänzenden Schilde war für jemanden, der sich außerhalb des Schutzes der Stadtmauern aufhielt, zutiefst beruhigend. Wenn der Bauer hinwiederum aufblickte und sah, daß die Schilde abgenommen waren, dann wußte er, daß es höchste Zeit war, sich in die Stadt und ihre schützenden Mauern zu begeben! Gefahr herrschte im Land.

Der Vergleich Salomos, in dem er den Hals seiner Braut mit dem Turm Davids gleichsetzt, ergibt nun eher einen Sinn. Im Alten Testament bedeutete der Hals eines Menschen seine Erscheinung *und* Haltung. Deshalb nannte der Herr das ungehorsame Israel ein „halsstarriges Volk" (2. Mose 33,5). Für Salomo boten Friede und Sicherheit, wie sie der Turm Davids darstellte, ein kraftvolles Bild, um seine Liebe zu seiner Braut auszudrücken. Er pries damit die Art, wie sie sich hielt, voller Heiterkeit und Sicherheit.

Mit einem Beispiel aus unseren Tagen wollen wir nun bekräftigen, was wir bisher über Wortbilder gelernt haben. Eine Mutter, die wir in der Bedeutung des Segens unterwiesen, erkannte, wie hilfreich und beschützend sich ihre älteste Tochter im Umgang mit den kleineren Geschwistern verhielt. Sie beschloß, über einen schöpferischen Weg nachzudenken, auf dem sie ihrer Tochter Worte von hoher Wertschätzung vermitteln könnte.

Als erstes sah sie sich nach einem Objekt aus dem täglichen Leben um, das die gleichen Eigenschaften aufwies — der erste Schlüssel für die Verwendung von Wortbildern. Dabei fiel ihr Blick auf „Mama Kitty", die Familienkatze, die sich um ihren jüngsten Wurf kümmerte. Mama Kitty säugte und pflegte ihre Katzen mit der ganzen Hingabe einer liebevollen Mutter. Die Sorge dieser Katzenmutter war eine wunderbare Illustration für die gefühlsmäßige Seite von Sorge und Schutz — der zweite Schlüssel für die Verwendung von Wortbildern.

Sie führte ihre Tochter an eine Stelle, wo sie die Katzenmutter mit ihren Jungen sehen konnte, und sagte: „Mein Liebes, ich bin so stolz auf dich. So wie du dich um deinen kleinen Bruder und das Schwesterchen kümmerst, erinnerst du mich an Mama Kitty." Die Tochter strahlte bei diesen Worten ihrer Mutter. Das Mädchen hatte oft beobachtet, wie Mama Kitty ihre Jungen versorgte, und wußte daher genau, was ihre Mutter ausdrücken wollte. Durch den Gebrauch eines alltäglichen Objektes, um ihr Lob zu veranschaulichen, vermittelte diese kluge Mutter weit mehr als ein simples Kompliment. Sie sagte ihr auch in einem lebendigen Bild, welchen Wert sie für ihre Mutter hatte.

Ein dritter Schlüssel: Wortbilder entblößen unsere Abwehr

Salomo erzielte durch die Verwendung von Wortbildern, wie sie Eltern, Ehegatten oder Freunde auch heute noch gebrauchen können, noch einen dritten Gewinn, nämlich die Fähigkeit von Wortbildern, die Abwehr unsicherer oder sich sträubender Menschen zu überwinden und ihnen eine Botschaft hoher Wertschätzung zu übermitteln. Zuerst sehen wir uns an, wie ein Wortbild eine unsichere Person ermutigen kann. Wir können das bei Salomos Braut selbst erkennen, und wenn jemand einen Menschen liebt, der Mühe hat, sich selbst anzunehmen, ist dies eine wertvolle Lektion.

Wie die meisten jungen Frauen, die unerwartet einem kühnen jungen König begegnen, empfand die Sulamitin Unsicherheit wegen ihrer äußeren Erscheinung. Als sie Salomo zum erstenmal trifft, sagt sie: „Seht mich nicht an, daß ich so braun bin; denn die Sonne hat mich so verbrannt" (1,6). Doch nachdem sie nur kurze Zeit in Salomos Nähe weilte, nennt sie sich selbst „eine Blume in Saron und eine Lilie im Tal" (2,1). Welch ein Wandel in der Betrachtung! Wie kam er zustande?

Gegen ihren Willen fanden Salomos Wortgemälde ihren Weg durch die abwehrende Haltung seiner Braut hindurch. Hätte Salomo nur gesagt: „Du bist hübsch", dann hätte ihre Unsicherheit wohl ein Dutzend Gründe gefunden, warum diese schlichte Feststellung nicht wahr sein könne: „Vielleicht sieht er schlecht." — „Ich wette, er war drei Monate auf der Jagd, und ich bin die erste Frau, die ihm über den Weg läuft." — „Vielleicht hat ihm mein Vater etwas gezahlt, daß er das sagt." Die gleichen Gründe werden auch heutigentags von unsicheren Menschen benutzt, um Komplimente abzuwehren. Doch Wortbilder erregen unsere Aufmerksamkeit trotz unserer inneren Abwehr.

Wir hören nachdrücklicher auf ein Lob, wenn es in ein Wortbild verpackt ist. Dies ist einer der Gründe, warum unser Herr Jesus Wortbilder benutzte, um durch die Gleichnisse Lobpreis wie Verdammnis zum Ausdruck zu bringen. Diese ausführlichen Lektionen am Objekt hielten die Aufmerksamkeit seiner Zuhörer wach, auch wenn sie, wie im Falle der Pharisäer, eigentlich nicht hören wollten, was er sagte!

Jesus wußte um die Bedeutung von Wortbildern bei Menschen, die furchtsamen Herzens sind. Er sprach davon, daß er der gute Hirte sei, der über die Herde wacht; der wahre Weinstock, der geistliche Lebenskraft schenkt, und das Brot des Lebens, das geistliche Nahrung spendet. Durch die Verwendung alltäglicher Objekte konnte er die Mauern von Unsicherheit und Mißtrauen durchbrechen, die diese Menschen umgaben, denn Geschichten enthalten zu unserem Herzen einen Schlüssel, der einfachen Worten fehlt.

Woher wissen wir nun, daß Wortbilder wirklich den Weg zu Salomos Braut fanden? Dazu muß man sich nur ansehen, wie sich ihre Haltung im Laufe ihres Ehelebens wandelte.

Während ihrer Liebeswerbung betrachtete sie die Beziehung etwas unsicher und besitzergreifend. Diese Empfindungen treten deutlich zutage in den Worten über ihre Beziehung: *„Mein Freund ist mein, und ich bin sein"* (2,16).

Im weiteren Verlauf ihrer Geschichte nach der Hochzeit —, als sie in seiner Liebe an Sicherheit gewinnt — ist eine subtile, doch kraftvolle

Änderung ihrer Betrachtungsweise zu bemerken. Nachdem sie verheiratet war, sagt sie an die Hofdamen gewandt: *„Mein Freund gehört mir, und ich gehöre ihm"* (6,3). Diese Feststellung zeigt ein wenig mehr Sicherheit, kommt aber leider nicht im Luthertext zum Ausdruck.

Als sich ihre Geschichte dem Ende zuneigt, sagt sie sogar: *„Meinem Freund gehöre ich, und nach mir steht sein Verlangen"* (7,11). Diese abschließende Aussage enthüllt weit mehr Sicherheit als ihre Meinung über die Beziehung kurz vor der Hochzeitsnacht. Warum? Der Hauptgrund liegt in der Weise, wie Wortbilder von Lobpreis und hoher Wertschätzung dem Herzen einer unsicheren Frau Sicherheit bescherten. Mehr als fünfzigmal drückte Salomo seine hohe Wertschätzung für seine Braut mit dem Gebrauch von Wortbildern aus. Eltern und selbst Freunde können davon auch heute beim Lob einer unsicheren Person wirksam Gebrauch machen.

Wie schon oben erwähnt, können Wortbilder auch bei Menschen eingesetzt werden, die vielleicht nicht unsicher, aber abweisend sind gegenüber dem, was wir ihnen sagen möchten. Wir wollen Ihnen veranschaulichen, wie ein Wortbild die innere Abwehr eines Ehepaares überwand, dessen Ehe von Streit erfüllt war und das seine Beziehung buchstäblich zum Besseren wandelte.

Ich (Gary) hatte ein junges Paar zur Beratung, das über lange Zeit hin heftige Auseinandersetzungen führte. Das Verhältnis zwischen Bill und Barb war inzwischen so gespannt, daß die beiden sogar eine Trennung erwogen. Beim Betreten des Sprechzimmers waren sie ärgerlich und abweisend. Sie saßen mit gekreuzten Armen da und blickten geradeaus, als wollten sie zum Ausdruck bringen: „Nun versuch's mal, mich umzustimmen. Ich hab' diese Ehe satt bis obenhin."

Bill war ein robuster Mann, der sich gern im Freien aufhielt. Mit seiner Familie war er aus der Stadt fortgezogen, um seinem geliebten Jagd- und Angelsport möglichst nahe zu sein. Die fünfunddreißig Meilen, die er täglich zur Arbeit fahren mußte, machten ihm nichts aus, solange er in der Wildnis draußen wohnen konnte. Zuerst hatte ihn seine Frau gerne auf seinen Wanderungen begleitet, doch bei zwei kleinen Kindern ging er nun allein zum Campen.

Barb war ein zierliches Stadtmädchen mit einer Vorliebe für gesellschaftlichen Verkehr. Nach dem Wegzug aus der Stadt hatte sie eine Stunde Weg bis zu ihrer nächsten Freundin. Ihre einzige Gesellschaft den Tag über waren zwei Krabbelkinder. Barb liebte ihre Kinder innig, doch die Isolierung von all ihren Freunden und ein Ehemann, der in jeder freien Minute zum Angeln oder Jagen ging, hatten sie verbittert und mit Groll erfüllt.

Nachdem ich mir über eine Stunde lang die gegenseitigen Ausführungen über die Unvernunft des anderen mitangehört hatte, legte ich ihnen dieses Wortbild dar, das ihnen die Augen für eine völlig neue Betrachtungsweise des anderen öffnete.

„Ich möchte Ihnen beiden zum Abschluß unseres Zusammenseins ein Wortbild erzählen, das mir beim Zuhören in den Sinn gekommen ist. Sie, Bill, könnte ich mir als Bild an der Wand vorstellen, mit einem mächtigen Rothirsch mit weit ausladendem Geweih. Stolz stehen Sie neben einem Gebirgsfluß mit Ihrer Hirschkuh und den neugeborenen Kitzen im Hintergrund und blicken über den Wald hinweg. Der rechteckige Rahmen um das Bild ist schwer, aus altem Holz gefertigt.

Sie, Barb, sehe ich als Bild einer zarten, wunderschönen Wildblume in leuchtenden Farben, mit feinen Pinselstrichen hingehaucht. Ihr Bild hat eine mattierte Oberfläche, und der Rahmen um das Oval ist schmal, glänzend weiß bemalt, ein prächtiger Anblick.

Sie beide sind wunderschöne Bilder, obwohl Sie so verschieden aussehen, doch Sie nehmen die Schönheit im Bild des anderen nicht wahr. Tatsächlich versuchen Sie dauernd, das Bild zu übermalen, damit es mehr wie Ihr eigenes aussieht. Ich möchte, daß Sie in dieser Woche nach der Schönheit Ausschau halten, die in jedem ihrer Bilder liegt, einfach so in Ihrer beider Art. Nächste Woche werden wir uns wieder zusammensetzen und darüber sprechen."

Kaum zu glauben, welchen Unterschied eine Woche bewirken kann. Der Gebrauch dieses einen Wortbildes vermittelte dem Ehepaar ganze Bände. Anstatt weiter zu versuchen, das Bild des anderen nach dem eigenen zu verändern, begannen sie wirklich, die Schönheit im Leben des anderen zu suchen, und entdeckten dabei von neuem die Anziehungskraft, die sie beide zu Anfang einmal zusammengeführt hatte. Anstatt sich gegenseitig im Zorn herabzusetzen, fingen sie an, im Umgang miteinander mehr Geduld aufzubringen und dadurch die Einzigartigkeit des anderen zu erkennen.

Die Verwendung eines Wortbildes kann uns helfen, Sperren zu überwinden, gleichgültig ob wir es mit abweisenden Menschen zu tun haben oder mit unsicheren, und ihnen den Ausdruck hohen Wertes zu vermitteln.

Der vierte Schlüssel: Wortbilder verweisen auf das Potential eines Menschen

Ein vierter Grund für den Gebrauch von Wortbildern ist die Verdeutlichung der unentwickelten Charakterzüge eines Menschen. Jesus tat dies, als er Simons Namen in Petrus umänderte (im Griechischen wörtlich „Fels"). Petrus handelte ganz gewiß nicht wie ein Fels der Stärke und Stabilität, als er Jesus den Weg zum Kreuz auszureden versuchte, als er im Garten Gethsemane einschlief oder als er Jesus dreimal verleugnete. Doch Jesus kannte das Herz des Petrus, und nach der Auferstehung wurde Petrus zu dem Fels, als der er bezeichnet wurde. In einem Beispiel aus unseren Tagen sahen wir, wie sich dies bei einer jungen Dame in unserer Gemeinde zutrug.

Vor einigen Jahren ließ sich der Mann dieser jungen Frau von ihr scheiden, um eine unmoralische Beziehung zu unterhalten. Sie blieb mit zwei kleinen Kindern unter drei Jahren zurück, ohne verwertbare Fähigkeiten oder Arbeitserfahrung, und mußte einen Kampf um den anderen bestehen. Heute, nach sechs Jahren, hat sie eine gutbezahlte Stellung, die ihr noch Zeit für die Kinder läßt und die Mittel für die finanziellen Grundbedürfnisse bietet. Als wir sie fragten, was in diesen ersten, schwierigen Jahren ihre größte Quelle der Hilfe war, sagte sie uns:

„Der Herr war sicherlich die größte Quelle der Hilfe, als Jack uns verließ, aber vom menschlichen Gesichtspunkt aus möchte ich auf meinen Vater verweisen. Jedesmal, wenn ich die Schule hinschmeißen oder sonstwie aufgeben wollte, sagte er zu mir: ‚Du schaffst es, Jenny. Du bist mein Fels von Gibraltar. Ich weiß, daß du's schaffst.' Damals fühlte ich mich ganz und gar nicht wie ein Fels. Meine ganze Welt schien einzustürzen. Aber es half mir eine Menge, daß er mich in dieser Weise bezeichnete. Er schenkte mir die Hoffnung, daß ich's vielleicht noch durchstehen würde." Wir können anderen die gleiche Hoffnung geben, wenn wir ihre Fähigkeiten beschreiben, Fähigkeiten, die sie womöglich selbst gar nicht anerkennen oder die ihnen vielleicht nicht einmal bewußt sind.

Zusammenfassend können wir feststellen, daß wir vier Schlüssel zur Verwendung von Wortbildern für die Vermittlung von Worten hoher Wertschätzung herausgefunden haben:

- *Verwendung eines alltäglichen Gegenstandes*
- *Die gefühlsmäßige Bedeutung des Charakterzuges, der gepriesen wird, muß mit dem gewählten Gegenstand übereinstimmen*
- *Wortbilder entblößen unsere Abwehr*
- *Wortbilder können das Potential eines Menschen ans Licht fördern.*

Eine bekannte Redensart besagt, daß *ein* Bild mehr wert ist als tausend Wörter. Wenn wir ein Wortbild mit einer Botschaft hoher Wertschätzung verbinden, multiplizieren wir unsere Botschaft um das Tausendfache.

Im nächsten Kapitel werden wir uns mit dem vierten Hauptelement des Segens befassen. Aufs engste verknüpft mit Worten hoher Wertschätzung ist eine Botschaft, die für die gesegnete Person eine ganz besondere Zukunft in sich birgt.

6. Das vierte Element des Segens: Darstellung einer besonderen Zukunft

„Wie kann jemand, der so nichtssagend und häßlich ist wie du, nur so ein hübsches Kind haben?" meinte Marks Mutter grinsend, als sie ihren Enkelsohn auf den Armen wiegte. Die meisten Beobachter hätten den Eindruck gehabt, diese Worte sollten als schlechter Scherz beiseite gewischt werden. Doch Mark trieben sie Tränen in die Augen.

„Hör auf!" erklärte er nachdrücklich. „Was anderes habe ich von dir nie zu hören bekommen. Ich habe Jahre gebraucht, bis ich geglaubt habe, daß ich weder nichtssagend noch häßlich bin. Was denkst du denn, warum ich so lange nicht mehr heimgekommen bin? Ich will das nie wieder von dir hören."

Marks Mutter saß in sprachloser Verblüffung da. Tränen stiegen ihr in die Augen. Schließlich hatte sie ihre Worte wirklich scherzhaft gemeint. Aber zum erstenmal hatte eins ihrer Kinder den Mut, ihr entgegenzutreten. Über Jahre hinweg hatte diese Mutter, ohne sich über die Auswirkung ihrer Worte im klaren zu sein, ihre Kinder damit aufgezogen, dumm, dick oder häßlich zu sein. Letzten Endes war sie selbst von *ihrer* Mutter erbarmungslos aufgezogen worden, als sie heranwuchs ...

Welche Zukunft malen unsere Worte aus?

Bei Vorhersagen über ihre Zukunft nehmen Kinder alles wörtlich, vor allem, wenn sie diese Worte von ihren Eltern hören, den vom weltlichen Gesichtspunkt aus wichtigsten Menschen in ihrem Leben. Daher ist die Vermittlung einer besonderen Zukunft für ein Kind ein besonders wichtiger Teil des Segens. Wenn ein Mensch tief drinnen fühlt, daß die Zukunft voller Hoffnung ist und daß man sich darauf freuen kann, dann kann das die Haltung dieses Menschen zum Leben in hohem Maße beeinflussen. So statten wir unsere Kinder, Ehegatten oder Freunde mit einem hellen Licht für den Lebensweg aus.

Haben Sie je in einer finsteren Nacht im Wald gezeltet? Wenn ja, dann erinnern Sie sich wahrscheinlich, wie es ist, wenn man vom Lagerfeuer weg in die Nacht hineingeht. Nach wenigen Schritten scheint es, als habe die Nacht Sie verschluckt. Dreht man sich um und geht wieder zum Feuer zurück, dann ist dies weit beruhigender als das Herumtasten in der Dunkelheit.

Worte, die eine besondere Zukunft umreißen, sind wie ein Lagerfeuer in einer finsteren Nacht. Sie können einen Menschen zur Wärme echter Sorge und erfüllter Gaben hinführen. Anstatt ein Kind ins Dunkle hineinstolpern zu lassen, leuchten sie auf einem Pfad, der von Hoffnung und Sinn gesäumt ist.

Kinder lenken ihre Schritte auf den für sie dargestellten positiven Weg, wenn sie etwa folgende Sätze hören dürfen: „Gott hat dir ein so mitfühlendes Herz gegeben. Ich wäre nicht überrascht, wenn du eines Tages, wenn du älter wirst, vielen Menschen helfen würdest." Oder: „Du kannst ausgezeichnet helfen. Wenn du groß wirst und einmal heiratest, wirst du für deine Frau – oder deinen Mann – und deine Familie sicherlich eine große Hilfe sein." Auf der anderen Seite trifft auch das Gegenteil zu.

Wenn Kinder nur Worte vernehmen, die Probleme in ihren Beziehungen oder persönliche Unzulänglichkeiten voraussagen, dann kann dies durchaus dazu führen, daß sie einen schmerzvollen Weg einschlagen, wie er ihnen vorgezeichnet wurde. Das kann Ergebnis von Aussagen folgender Art sein: „Du solltest eher darauf hoffen, daß du einmal jemanden findest, der sich um dich kümmert, wenn du älter bist. Du bist so unverantwortlich, daß du nie selbständig etwas zustandebringst", oder „Warum machst du dir die Mühe, soviel zu lernen? Irgendwann heiratest du ja doch und gibst dann die Schule auf." Wenden wir uns noch einmal der Familie von Mark zu und sehen wir uns an, was dort geschah.

Jahrelang hatte Marks Mutter ihren Kindern immer wieder ein negatives Bild von ihrer Zukunft dargestellt. „Niemand wird sich mit einem solchen Dickwanst wie dir einmal verabreden wollen!" meinte sie mit lautem Gelächter – ihre Tochter krümmte sich innerlich. „Du kannst Geometrie genauso gut aufstecken. Das ist etwas für kluge Köpfe", pflegte sie zu bemerken – und ihr jüngster Sohn warf den Bleistift hin und gab es auf, sich weiter um das Verständnis des vor ihm liegenden mathematischen Problems zu bemühen; gleichzeitig haßte er sich selbst, weil er aufgab.

Aus der Sicht der Mutter waren das spielerisch hingeworfene Worte. Den Kindern aber raubten sie unglücklicherweise einen wichtigen Teil des Segens, den Ausblick auf eine besondere Zukunft, nach dem jedes Kind ein dringendes Bedürfnis hat.

In Marks Familie höhlte die Aussicht, der Zukunft als nichtssagend, häßlich oder unansehnlich entgegenzugehen — selbst wenn solche Bemerkungen scherzhaft geäußert wurden —, das Selbstbewußtsein der Kinder aus. Der jüngste Sohn verließ die Schule, nachdem er in der vorletzten Klasse durchgefallen war. Schließlich war er ja „nie intelligent" gewesen. Marks ältere Schwester vernachlässigte ihr Äußeres so sehr, daß keiner der Jungen an einer Verabredung mit ihr ein Interesse zeigte. Nun ja, sie wußte ohnehin, daß sie „häßlich" war.

Mark reagierte genau umgekehrt auf das ihm vorgezeichnete negative Zukunftsbild. Er wurde der „Superstreber" der Familie. Sein ganzer Lebensstil gründete sich auf extreme Arbeitssuche in seinem Drang nach Erfolg — alles nur in dem Versuch, seiner Mutter zu beweisen, daß ihre Voraussagen falsch gewesen waren.

Rechnet man die unglaublichen Kosten zusammenn, die den Kindern dieser Familie aufgebürdet wurden, dann wird klar, welch verheerende Wirkung die Darstellung einer negativen Zukunft haben kann. Sie erkennen aber auch, warum beim Segen in der Heiligen Schrift so großer Wert auf die Skizzierung einer besonderen Zukunft für jedes Kind gelegt wird.

Darstellung einer besonderen Zukunft in den Familien der Patriarchen

Im Alten Testament skizzierte das vierte Element des Segens eine besondere Zukunft für die Kinder. Wir erkennen das beim Lesen der Worte, die Isaak zu Jakob sprach.

> Gott gebe dir vom Tau des Himmels
> und von der Fettigkeit der Erde
> und Korn und Wein die Fülle.
> Völker sollen dir dienen,
> und Stämme sollen dir zu Füßen fallen.
> Sei ein Herr über deine Brüder,
> und deiner Mutter Söhne sollen dir zu Füßen fallen.
> Verflucht sei, wer dir flucht;
> gesegnet sei, wer dich segnet! (1. Mose 27,28-29)

Als Isaak diese Worte aussprach, lag der Segen für seinen Sohn noch weitgehend in der Zukunft. Jakob war nicht umringt von Menschen, die sich vor ihm verbeugen wollten, und er besaß weder Land noch Herden, die der Herr hätte segnen können. Doch die Darstellung einer sich erfüllenden Zukunft war ein machtvolles Geschenk. Das Bild gab ihm die Sicherheit, zu wissen, daß er etwas zu erwarten hatte.

Eine Generation später empfing Jakobs Sohn Juda einen Segen, der ihm eine besondere Zukunft vorstellte. Jakob segnete ihn mit diesen Worten: „Juda, du bist's! Dich werden deine Brüder preisen. Deine Hand wird deinen Feinden auf dem Nacken sein, vor dir werden deines Vaters Söhne sich verneigen" (1. Mose 49,8).

Wie er ihn von seinem Vater empfangen hatte, so gab Jakob diesen Teil des Segen weiter. Dieser Segen sprach von einer besonderen Zukunft, die erst in Jahren Wirklichkeit würde, doch sie bot Juda mit jedem Jahr, das sich entfaltete, eine besondere Hoffnung.

Wie wir schon in Kapitel zwei bemerkten, waren die Worte dieses Patriarchen von prophetischer Natur, die heute nicht mehr Teil des Segens ist. Wir als Eltern können die Zukunft unserer Kinder nicht mit biblischer Genauigkeit voraussagen, aber wir können ihnen Hoffnung bieten und eine Richtung weisen, zu der auch die Veranschaulichung sinnvoller Ziele gehört. Unsere Kinder können damit beginnen, auf diese Ziele hin zu leben und damit in einer unsicheren Welt zusätzliche Sicherheit zu erlangen; persönliche Ziele dieser Art werden noch immer in vielen jüdischen Familien dargestellt.

In orthodoxen jüdischen Familien und Gottesdiensten ist der Wunsch nach einer besonderen Zukunft für jedes Kind ständig vorhanden. In der Synagoge sagt der Rabbi häufig zu kleinen Buben:

Möge dieses kleine Kind zum Manne heranwachsen. So wie er in den Bund eingetreten ist, möge er in das Studium der Thora eintreten, in das Hochzeitsgemach und in ein Leben guter Taten.

In orthodoxen jüdischen Familien ist das Segnen der Kinder auch mit Worten verflochten, die eine besondere Zukunft darstellen. Wir sahen diesen Segen mit einer besonderen Zukunft in einem jüdischen Heim, als wir dort einmal zum Thanksgiving eingeladen waren. Bei unserem Eintreffen waren beinahe vierzig Leute versammelt, die ein üppiges Mahl vorbereiteten oder darauf warteten. Mit Großeltern, Eltern und ihren Kindern hatten sich drei Generationen zu diesem speziellen Anlaß zusammengefunden.

Als das Essen zubereitet war, versammelte das Familienoberhaupt – in diesem Falle war es der Großvater – die ganze Familie um sich, bevor aufgetragen wurde. Er ließ alle Männer und ihre Söhne auf der einen Seite des Wohnzimmers stehen, die Frauen und ihre Töchter auf der anderen Seite. Dann ging er herum, legte jedem einzelnen die Hand auf den Kopf und sagte zu jedem der Männer: „Möge Gott dich in reichem Maße segnen, und möge er dich machen wie Ephraim und Manasse", und zu jeder der Frauen: „Möge Gott dich in reichem Maße segnen, und mögest du wachsen, um wie Rebekka und Sara zu werden."

Vom ältesten Kind bis zum jüngsten Enkel wies diese Zeit des Segens eine besondere Zukunft für jeden einzelnen im Raum. Der Segen, weit entfernt von einem bedeutungslosen Ritual, umhüllte jeden mit dem heißen Wunsch nach einem erfüllten Leben in den kommenden Jahren.

Förderung der besten Eigenschaften bei den gesegneten Menschen

Die Darstellung einer besonderen Zukunft für ein Kind, einen Ehegatten oder Freund kann dazu beitragen, das Beste in seinem Leben zutage zu fördern. Sie gibt ihnen eine positive Richtung, in die sie streben können, und erfüllt sie mit Hoffnung. Wir können das in unserer eigenen Beziehung zum Herrn sehen. Hören Sie, in welch wunderbaren Worten der Prophet Jeremia uns der besonderen Zukunft versichert, die wir in unserer Beziehung zu Gott haben: „Denn ich weiß wohl, was ich für Gedanken über euch habe, spricht der Herr: Gedanken des Friedens und nicht des Leides, daß ich euch gebe das Ende, des ihr wartet" (29,11).

Auch Jesus gab sich große Mühe, seinen schwankenden Jüngern die Gewißheit zu geben, daß sie mit ihm eine besondere Zukunft hatten. Während ihres letzten gemeinsamen Passahmahles verkündete er ihnen, daß ihre Zukunft mit seinem Tode keineswegs zu Ende war. Bei Johannes 14,2-3 lesen wir:

Im Hause meines Vaters sind viele Wohnungen — wenn's nicht
so wäre, hätte ich's euch gesagt —, denn ich gehe ja hin, um die
Stätte für euch bereitzumachen. Wenn ich nun hingehe und die
Stätte für euch bereitmache, will ich wiederkommen und euch
zu mir nehmen, damit ihr seid, wo ich bin.

Immer wieder gibt Gott uns in seinem Wort ein Bild unserer besonderen Zukunft mit ihm. Sein geschriebenes Wort ist allerdings nicht der einzige Weg, auf dem er uns diese Botschaft übermittelt. In der gesamten Natur finden wir physische Bilder geistlicher Wahrheiten, Bilder, die uns illustrieren, wie wichtig es ist, geliebten Menschen eine besondere Zukunft zu weisen.

Wer einmal beobachtet hat, wie eine Raupe sich verpuppt und als Schmetterling aus dem Kokon schlüpft, der kennt ein solches Bild. Die Raupe rangiert wahrscheinlich nicht unter den „zehn schönsten Geschöpfen" der Welt. Doch sie hat die Fähigkeit, sich in einen wunderschönen Schmetterling zu verwandeln, der die Liste anführt. Was hat dies mit dem Segen zu tun? Worte, die eine besondere Zukunft für ein Kind, einen Ehegatten oder Freund darstellen, können im Leben der Betroffenen als Auslöser für eine Umwandlung wirken.

Worte haben tatsächlich eine solche Umwandlungskraft. Der Apostel Paulus dachte jedenfalls so.

Der eigentliche Ausdruck für die Umwandlung einer Raupe in einen Schmetterling ist das griechische Wort *metamorphosis*. Paulus benutzte dieses griechische Wort im Römerbrief, das wir mit „umgewandelt, geändert" übersetzen. Als Paulus an die Gemeinde in Rom schrieb, war er sich durchaus darüber im klaren, daß die Welt eine ungeheure Macht hatte, diese Heiligen zu einem gottlosen Bild umzuformen. Um dem entgegenzuwirken, fordert er die jungen Gläubigen auf: „Ändert euch durch Erneuerung eures Sinnes, damit ihr prüfen könnt, was Gottes Wille ist, nämlich das Gute und Wohlgefällige und Vollkommene" (Röm. 12,2).

Was bedeutet dies, „sich ändern durch Erneuerung des Sinnes"? Ein hervorragender Kommentator des Neuen Testamentes erläutert den Begriff folgendermaßen: „Da die Menschen durch die Aktion des Geistes verändert werden, wie wichtig ist es daher, das Denkorgan zu erneuern!" Das heißt mit anderen Worten, daß gottgefällige Gedanken und Denkmuster die Fähigkeit besitzen, uns in Gott wohlgefällige

Frauen und Männer umzuwandeln, damit wir nicht in die unvollkommene Form der Welt gepreßt werden. Wir wollen einmal sehen, wie dies im Zusammenhang mit dem Segen funktioniert.

Kinder sind mit den Fähigkeiten ausgestattet, all das zu sein, was Gott für sie geplant hat. Es ist, als lege der Herr sie eines Tages auf unsere Türschwelle, und wir als Eltern sind zu Verwaltern ihrer Gaben bestellt. In den Jahren, welche die Kinder in unserer Familie zubringen, können sich die Worte, die wir zu ihnen sprechen, wie ein Kokon um sie herumlegen. Was wir sagen, formt und entwickelt ihre Gedanken und Denkmuster. Liebevolle Worte, die in eine besondere Zukunft weisen, helfen den Kindern, sich in positiver Weise zu wandeln und zu entwickeln. Im vorangegangenen Kapitel sahen wir, wie dieses Bild der Zukunft der jungen Diane half.

Trotz ihrer körperlichen Behinderung gaben Dianes Eltern ihrer Tochter seelischen Rückhalt und Worte einer besonderen Zukunft, die vor ihr lag. Als sie „aus dem Kokon des Elternhauses schlüpfte" und in die Welt hinausging, strahlte ihre Liebe zu dem Herrn und zu anderen Menschen so hell wie die Farben buntleuchtender Schmetterlingsflügel.

In anderen Familien können die Worte, die im Laufe der Entwicklung die Kinder einhüllen, Wachstum und positive Veränderung eher einschnüren und behindern als fördern. Diese Behinderung war in Barrys Familie vorhanden.

„Du bist ein Dummkopf und wirst immer einer bleiben." Barrys Vater sagte diese Worte zu ihm auf dem Weg zur Abschlußprüfung am College — einer Feierlichkeit, an der sein Vater nicht einmal teilnahm. Es war weder das erste- noch das letztemal, daß Barry diese Äußerung von seinem Vater hören mußte. Bis zum Tode seines Vaters waren das in der Tat die einzigen Kommentare, die Barry im Hinblick auf seine Zukunft empfing.

Als Barry bei uns zur Beratung erschien, hatte er gerade eine bedeutende Stellung in einer großen Versicherungsgesellschaft verloren. Auf den ersten Blick war das kaum zu glauben. Barry war außergewöhnlich intelligent und begabt. Er war ein hervorragender Redner und besaß das Charisma, das viele erfolgreiche Geschäftsleute auszeichnete. Doch in weniger als einem Jahr, nachdem er in dieser Gesellschaft eine wichtige Position übernommen hatte, richtete er selbst alles zugrunde.

Barry bewies alle nur mögliche Motivation bei der Weise, wie er auf die Erlangung dieser Position hinarbeitete. Doch kaum war er eingestellt, da schien sich die ganze Motivation zu verflüchtigen. Er zeigte sich verantwortungslos bei der Behandlung von Projekten und Menschen, und innerhalb von sechs Monaten stand er auf der Straße.

Welcher Faktor wirkte nun in Barrys Leben wie ein Anker, der ihn davon abhielt, die ihm von Gott geschenkten Gaben voll zu entwickeln? Vier Worte waren es: „Du bist ein Dummkopf." Selbst acht Jahre nach dem Tode seines Vaters gingen sie Barry immer von neuem durch den Sinn und hüllten ihn ein wie ein Kokon, aus dem er als unsicherer und besiegter Mensch ohne Verantwortungsbewußtsein zum Vorschein kam. Barry war auf der Suche nach der Zuwendung, die in dem ihm vorenthaltenen Segen zum Ausdruck kommt.

Ein physikalisches Gesetz besagt, daß ein Gewässer nie über das Niveau seiner Quelle ansteigen kann. Ein ähnliches Prinzip läßt sich auf Barry und viele andere in gleicher Lage anwenden. Wenn ein Vater oder eine Mutter einem Kind vor Augen hält, daß sein Wert im Leben gering ist, dann wird dieses Kind es schwer haben, sich über diese Worte hinaus zu erheben. In einer eingehenden Untersuchung über Väter und ihre Töchter wurde ermittelt, daß die Errungenschaften dieser Frauen im Leben in direktem Verhältnis dazu standen, in welchem Maße sie von ihren Vätern angenommen worden waren. Wer seine Kinder wirklich segnen will, der gewährt ihnen auch den Spielraum zum Wachsen, indem er ihre Fähigkeiten fördert und ihnen eine besondere Zukunft weist.

Wir wollen uns ein weiteres wichtiges Bild aus der Natur ansehen, das wiedergibt, was beim Segnen unserer Kinder mit einer besonderen Zukunft geschieht. Es handelt sich dabei um einen Vorgang, der sich in jeder Zelle unseres Körpers abspielt.

Stellen Sie sich eine typische Körperzelle vor, indem Sie an einen Kreis denken. An der Außenseite dieses Kreises befinden sich eine Anzahl von Rezeptoren. Wir könnten diese Rezeptoren als kleine Quadrate darstellen, die beinahe wie Zähne an einem Rad aussehen. Zum leichteren Verständnis wollen wir uns die Rezeptoren als winzige rechteckige Menschen vorstellen.

Um die Zelle herum treiben das Hormon „Harry" und das Enzym „Ethyl". Sie möchten gerne diesen kleinen Rezeptoren die Hände schütteln, beziehungsweise sie aktivieren. Tatsächlich besitzt eine große Zahl dieser Hormone und Enzyme die Fähigkeit, einen Rezeptor zu erfassen, daß heißt sich anzulagern, doch einige haben die besondere Fähigkeit, die Aktivität einer Zelle zu stimulieren. Wir können uns dies recht gut an dem Beispiel vorstellen, daß jemand auf Sie zutritt und Ihnen so heftig die Hand schüttelt, daß Ihr ganzer Körper vibriert! Diese Stimulierung wird „positive Kooperationsfähigkeit" genannt. Sie bringt nicht nur diesen einen Rezeptor zum Vibrieren – und damit zu intensiverer Arbeit –, sondern regt auch alle anderen Rezeptoren ringsum dazu an, stärker zu vibrieren und intensiver zu arbeiten!

Andere Hormone und Enzyme wirken in negativer Weise, wenn sie bei einem Rezeptor „die Hände schütteln" – man nennt dies „negative Kooperationsfähigkeit". Hat Ihnen schon einmal jemand derart die Hand gequetscht, daß Sie vor Schmerz regelrecht zusammengezuckt sind? Das geschieht so ungefähr, wenn sich diese Hormone und Enzyme an einen Rezeptor anlagern. Sie bringen aber nicht nur diesen Rezeptor zum Stillstand und zur Einstellung seiner Arbeit, sondern auch alle anderen.

Worte, die eine besondere Zukunft für ein Kind weisen, wirken wie positive Hormone, die sich an ein Kind anlagern. Sie stimulieren tatsächlich alle möglichen positiven Gefühle und Entscheidungen eines Kindes, die sein Wachstum und seine Entwicklung fördern. Worte einer besonderen Zukunft können ein Kind dazu bringen, an einer speziellen Begabung zu arbeiten, sich die Übernahme eines Amts in der Schule zuzutrauen, vielleicht sogar anderen Kindern ihren Glauben nahezubringen. Aber genau wie die negativen Hormone die Zellaktivität zusammenbrechen lassen, kann ein kritisches, negatives Zukunftsbild das gesunde Wachstum eines Kindes abwürgen. Das seelische, körperliche und selbst spirituelle Wachstum eines Kindes kann wegen des erstickenden Effekts eines negativen Bildes seiner Zukunft zum Erliegen kommen.

Wie Worte einer besonderen Zukunft in die Tat umgesetzt werden

Schluß nun mit den Bildern von Schmetterlingen oder Hände schüttelnden Körperzellen! Wir *wissen* jetzt, wie wichtig es für unsere Kinder ist, wenn wir ihnen Worte mit auf den Weg geben, die ihnen eine besondere Zukunft weisen. Um jedoch sicherzugehen, daß wir das Prinzip nicht nur verstehen, sondern auch wissen, wie man es in der Familie in die Tat umsetzt, werden wir uns zwei praktische Wege ansehen, wie unsere Botschaft zu denen gelangt, die gesegnet werden sollen. Dazu gehen wir zwei Schritte zurück, damit gewährleistet ist, daß unsere früheren Aktionen nicht unsere Worte über die Zukunft untergraben.

Beständigkeit in der Vergangenheit

Unbeständigkeit in der zurückliegenden Zeit kann dazu führen, daß ein Mensch nicht bereit ist, unseren Worten über die Zukunft Glauben zu schenken. Wenn wir es ernst damit meinen, unseren Kindern eine Botschaft für eine besondere Zukunft zu bescheren, müssen wir dem uns vom Herrn gegebenen Beispiel folgen. Seine Beständigkeit in der Vergangenheit wirkt wie ein fester Grund, auf dem Worte einer besonderen Zukunft festen Halt finden.

In der ganzen Heiligen Schrift bildet seine Beständigkeit in der Erfüllung seines Wortes in der Vergangenheit die Grundlage für den Glauben an Gottes Wort. In Psalm 105,5 lesen wir: „Gedenket seiner Wunderwerke, die er getan hat, seiner Zeichen und der Urteile seines Mundes." Und in Psalm 33,9 schreibt der Psalmist: „Denn wenn er spricht, so geschieht's; und wenn er gebietet, so steht's da."

Weil Gott sich in der Vergangenheit als zuverlässig erwiesen hat, besitzen seine Worte einer besonderen Zukunft für uns Glaubwürdigkeit in der Gegenwart. Der gleiche Grundsatz gilt für unseren Wunsch, denen, die wir segnen wollen, eine besondere Zukunft zu weisen. Unsere Glaubwürdigkeit in der Vergangenheit hat einen unmittelbaren Einfluß darauf, wie unsere Worte in der Gegenwart aufgenommen werden. So war dies beispielsweise bei Ted der Fall.

Ted war Vertriebsdirektor einer landesweiten Handelskette. Die Aufgaben seiner Position brachten es mit sich, daß er jeweils eine Woche in der Stadt, die nächste Woche unterwegs war. In einem durchschnittlichen Jahr — mit gelegentlicher aufeinanderfolgender Abwesenheit, Vertriebskonferenzen und Haupturlaub — war Ted einunddreißig Wochen von zu Hause fort. Sein Arbeitsplan fraß die Glaubwürdigkeit seiner Worte für eine besondere Zukunft seiner Kinder fort.

Ted hatte daheim zwei Kinder, die mit großer Liebe an ihrem

Daddy hingen. Die ganze Woche hindurch bedrängten sie ihre Mutter mit der Frage: „Kommt Daddy heute heim?" Wenn Daddy dann wirklich heimkam, war er vom „Jet-Tag" und von seinem aufreibenden Arbeitspensum so müde, daß er nicht mehr die Energie aufbrachte, mit seinen Kindern eine sinnvolle Zeit zu verbringen.

Ted bemühte sich sehr, seinen Kindern eine besondere Zukunft „auszumalen". Das einzige Problem war, daß er selbst in seiner eigenen Welt das nie befolgte. Er hatte die große Tierliebe seiner Tochter bemerkt und sagte gelegentlich zu ihr: „Samantha, wir werden dir ein Pferd besorgen, damit du reiten und es selbst versorgen kannst. Vielleicht kannst du eines Tages sogar Tierärztin werden." Sein Sohn war für sein Alter äußerst sportlich, und zu ihm sagte er: „Bobby, du hast wirklich das Zeug für einen Baseballspieler. Laß mir ein bißchen Zeit zum Ausruhen, dann gehen wir in den Park hinüber, und ich werde dir ein paar Bodenbälle beibringen." Doch dann vergingen einige Tage, und für Ted war es wieder Zeit zur Abreise. Irgendwie blieb nie genug Zeit, die ganzen Fragen zu regeln, etwa was für ein Pony Samantha bekommen und in welchem Stall es untergebracht werden sollte, und es kam auch kein freier Nachmittag für ein paar Bodenbälle mit Bobby, dem potentiellen Zwischenstürmer.

Nach neun Jahren Außendienst erkannte Ted endlich, daß er seine Reisetätigkeit drastisch reduzieren müsse, wenn er jemals Ehe und Familienleben sichern wollte.

Ted nahm sogar eine Einkommensverminderung in Kauf, um in eine Stellung zu wechseln, bei der er nicht mehr von zu Hause fort mußte. Eines der ersten Dinge, die er unternahm, war, seine Tochter mit einem Pony zu überraschen — nur hatte Samantha jetzt nach neun Jahren kein Interesse mehr für Pferde. Genauso wenig hatte Bobby noch Interesse daran, mit seinem Vater ein Profibaseballspiel zu besuchen. Teds Kinder hatten so lange seine Versprechungen über eine besondere Zukunft mitangehört, daß seine Worte gerade noch soviel Gewicht besaßen wie die Luft, die er zum Sprechen dieser Worte benötigte. Sie hatten ihre eigenen Freunde, die Beziehung zu ihrer Mutter, völlig neue Interessen und den tiefsitzenden Eindruck, daß jedwede Zukunft, die sie haben würden, ihren Vater nicht mit einschloß.

Diese Geschichte fand allerdings noch ein gutes Ende. Ted liebte Frau und Kinder wirklich und gab sich größte Mühe, bei seiner Familie wieder verlorenen Boden zurückzugewinnen. Als die Wochen zu Monaten wurden, fing Ted an, sich einen Bonus für eingehaltene Verpflichtungen zu schaffen. Es dauerte fast zwei Jahre, doch endlich hatte sich Ted bei seinen Kindern eine „Vergangenheit" aufgebaut, die ihnen die Garantie gab, daß er wirklich das Beste für ihre Zukunft wollte. Interessanterweise begann Samantha sogar wieder ein gewisses Interesse an Tieren zu zeigen, und Bob grub seinen Baseballhandschuh aus den Tiefen des Schrankes aus.

Vielleicht haben auch Sie sich in der Vergangenheit gegenüber denen, die Sie segnen wollen, nicht gerade als beständig erwiesen. Heute ist wirklich der erste Tag für Ihr ganzes übriges Leben, und Sie können damit beginnen, die Art von „Vergangenheit" aufzubauen, die Worte einer besonderen Zukunft brauchen, um durch eingehaltene Verpflichtungen heute von Ihren Kindern angenommen zu werden. Vergessen Sie nicht, daß Beständigkeit in Ihren Beziehungen nicht durch „wertvolle", aber unzuverlässige Zeiten wettgemacht werden kann. Wir brauchen eine Akte täglicher Entscheidungen, die unser Engagement für unsere Kinder, Ehegatten oder jeden, den wir segnen wollen, unter Beweis stellen. Nur dann werden unsere Worte über eine besondere Zukunft wirklich Beachtung finden.

Verpflichtung in der Gegenwart

Wie schon oben erwähnt, müssen wir in der Gegenwart unsere Verpflichtung beweisen, wenn unsere Worte über eine besondere Zukunft Wurzel schlagen und wachsen sollen. Der Gedanke der Verpflichtung ist von solcher Bedeutung, daß wir das ganze nächste Kapitel darauf verwenden wollen. Verpflichtung ist das fünfte Element des Segens. Ein Aspekt gegenwärtiger Verpflichtung hat jedoch unmittelbar mit unserer Untersuchung über die Darstellung einer besonderen Zukunft zu tun. Bei diesem Aspekt handelt es sich um die Gewißheit unserer Kinder, ob wir lange genug bei ihnen sind, um zu sehen, wie unsere Voraussagen sich erfüllen. Ich (Gary) erlebte das eines Abends während des Essens bei einer Äußerung meiner Tochter, die in die Grundschule ging.

Wir saßen alle um den Tisch und genossen die Mahlzeit, die meine Frau Norma zubereitet hatte. Wir sprachen über unseren Tagesablauf und führten eine lebhafte Unterhaltung, als Kari sich wie aus heiterem Himmel an ihre Mutter wandte und folgende Frage stellte: „Mom, könntest du dir je vorstellen, daß du dich von Dad scheiden lassen würdest?" In dem Augenblick, als die Frage im Raum stand, war alles still, und Norma verschluckte sich beinahe. „Kari!" sagte sie entsetzt, „du weißt, daß ich mich niemals von deinem Dad scheiden lassen würde." Sie verstummte und überlegte eine Weile, und dann setzte sie mit einem Augenzwinkern hinzu: „Totschlag schon eher, aber Scheidung niemals!"

Nachdem wir aufgehört hatten zu lachen, stellten wir fest, warum Kari ihre Frage vorgebracht hatte. Das Schuljahr hatte erst zwei Monate gedauert, und bereits bei zwei Schulkameraden hatten die Eltern die Scheidung eingereicht. Was Kari an jenem Abend fragte, war nichts anderes, als was jedes Kind wissen will — gleichgültig, ob es diese Frage seinen Eltern offen stellt oder nur still in seinem Herzen bewegt: „Wirst du in der Zukunft einmal da sein, wenn ich erwachsen werde, oder wird einer von euch mich dann verlassen?"

Vor kurzem hatte ich (John) ein junges Ehepaar zur Beratung, das sich unablässig stritt. Ich hatte darum gebeten, daß die gesamte Familie erscheine, damit ich ein besseres Bild von dem gewinnen konnte, was zwischen diesen Menschen vorging. Das bedeutete, daß an der Sitzung auch ein elfjähriger Junge und ein sechsjähriges Mädchen teilnahmen. Ich begann die Sitzung, indem ich meine erste Frage an diese junge Dame richtete. Kinder sind ja so grundehrlich, selbst wenn ihre Eltern zögern, allzu sehr ins Detail zu gehen.

„Was stört dich denn am meisten an der Streiterei deiner Eltern?" fragte ich. Den größten Schmerz und die tiefste Unsicherheit bereiteten ihr nicht die Lautstärke der Auseinandersetzung oder die Worte, die sie sich gegenseitig an den Kopf warfen. Ihr tiefster Kummer war, wie sich aus der verblüffenden Antwort ergab: „Jedesmal, wenn mein Dad auf meine Mom wütend ist, zieht er den Ehering herunter und wirft ihn fort."

Kinder haben eine unglaublich scharfe Wahrnehmungsgabe, und dieses Mädchen war keine Ausnahme. Während ihr Vater sagte, es sei „keine große Sache", war seine Gewohnheit, den Ehering abzuziehen und ihn irgendwo im Haus hinzuschmeißen, eine laute und deutliche Botschaft. Jedesmal, wenn er den Ehering „wegwarf", empfand dieses kleine Mädchen, daß seine Zukunft mit den Eltern zusammen — die größte Quelle der Sicherheit, die ein Kind besitzt — mit diesem Ring dahinging.

Worte einer besonderen Zukunft für ein Kind können in Asche zerfallen, wenn der Mann oder die Frau sich aus einer Beziehung entfernt. In einem späteren Kapitel werden wir sehen, wie schwierig es für manche Kinder ist, sich gesegnet zu fühlen, wenn sie ein Elternteil durch Scheidung oder Tod verloren haben – und auch, wie ein einzelner Elternteil dazu beitragen kann, dies zu korrigieren. Für die Verheirateten unter Ihnen besteht ein wichtiger Teil der Darstellung einer besonderen Zukunft für Ihre Kinder darin, Ihre gegenwärtige Verpflichtung gegenüber Ihrem Ehepartner stark und unversehrt zu bewahren.

Ein richtungsweisendes Licht

Gott sei Dank haben viele Menschen erkannt, wie wichtig es ist, ihren Kindern, Ehegatten oder Freunden eine besondere Zukunft vorzuzeichnen. Sie wissen, wie man Worte des Segens als Hilfe für andere benutzt, damit sie die Fülle der Gaben erlangen, die Gott für sie bereithält. Selbst wenn ein solcher Mensch sich „mit dem Lernen schwertut".

Marcia kämpfte sich mühsam durch ihre ersten Schuljahre. Wenn ihre Klassenkameraden für eine Schulaufgabe eine halbe Stunde brauchten, dann war Marcia eine Stunde später mit Sicherheit erst halb durch. Ihre Eltern erhielten sogar die bestürzende Mitteilung des Lehrers, daß Marcia in die Gruppe der „Lernbehinderten" versetzt werden solle.

Doch selbst diese Mitteilung hielt Marcias Eltern nicht davon ab, ihr eine besondere Zukunft zu weisen. Sie wußten zwar, daß sie sich in der Schule schwertat, aber gleichzeitig wußten sie auch, daß ihre Tochter eine Menge positiver Eigenschaften hatte.

Ihre Eltern bedrängten Marcia nicht, sich zu beeilen oder schneller zu lesen, sondern lobten sie für ihre methodische Arbeit und daß sie bis zum Schluß an einer Aufgabe blieb. Sie bemerkten auch, daß Marcia offensichtlich die Gabe besaß, ihre jüngeren Schwestern und die Nachbarskinder mit Worten zu ermutigen und ihnen Dinge auf eine Weise zu erklären, die sie verstanden. Sie sprachen ihr Mut zu, diese Talente zu fördern, und ließen sie im Kindergottesdienst mitmachen, wo sie den Kleinen mit ihren Gaben dienen konnte.

Eines Morgens erklärte Marcia ihren Eltern nach dem Kindergottesdienst, daß sie später einmal Lehrerin werden wolle. Sie hätten darauf mit einem Lachen und der Bemerkung „Und was willst du nächste Woche werden?" oder etwas frommer „Nun Marcia, sei doch bitte realistisch" reagieren können — vor allem, nachdem eben die Zwischenzeugnisse verteilt worden waren und Marcia immer noch das Schlußlicht ihrer Klasse bildete. Doch Marcias Eltern blickten über die schlechten Noten hinaus und erkannten die ihr von Gott verliehenen Talente.

Anstatt sie auszulachen, hoben sie diese Gaben hervor und ermutigten sie. Sie sagten ihr, wenn sie bereit sei, auf diesem Wunsch zu beharren, könnte sie eines Tages Lehrerin werden. Dies war das Bild einer Zukunft, von der nur wenige „Lernbehinderte" sich träumen ließen und die ihnen wohl nur in den wenigsten Fällen von ihren Eltern vorgezeichnet würde.

Marcia kämpfte sich Jahr um Jahr durch die Schule. Ihre Eltern mußten in der Grundschule für Nachhilfeunterricht bezahlen und in der High School speziellen Leseunterricht finanzieren. Als Marcia beschloß, das College zu besuchen, brauchte sie sechseinhalb Jahre bis zur Abschlußprüfung für ein Vierjahresprogramm, da sie nicht den vollen Umfang der Vorlesungen auf einmal bewältigen konnte. Doch trotz alledem machte Marcia eines schönen Samstagnachmittags im Mai ihr Abschlußexamen mit dem Grad der Lehrbefugnis für Elementarschulen.

Während für viele ihrer Kollegen der Abschluß nur den Beginn der Stellungssuche bedeutete, hatte Marcia bereits eine Arbeit. Sie hatte ihre Lehrtätigkeit als Studentin an einer Elementarschule in einem ausgezeichneten Schuldistrikt so hervorragend gemacht, daß der Rektor sie gebeten hatte, im nächsten Jahr wiederzukommen und eine Lehrtätigkeit in einer ersten Klasse zu übernehmen.

An diesem besonderen Tag des Abschlusses gebührte drei Menschen die Ehre. Marcia verdiente gewiß großes Lob dafür, daß sie sich Tag für Tag abgemüht hatte, um ihr Ziel, Grundschullehrerin zu sein, zu erreichen. Ein hohes Lob verdienen aber auch ihre Eltern, weil sie ihr Mut machten, ihren Traum in die Wirklichkeit umzusetzen. Noch weit mehr Beifall ist ihnen zu zollen, weil sie den Traum ihrer Tochter dadurch förderten, daß sie ihr eine besondere Zukunft wiesen — selbst wenn die Schulreports jahrelang Marcia als „lernbehindert" abstempelten.

Spenden Sie Ihren Kindern, Ehegatten oder nahen Freunden einen Segen, der ihnen eine besondere Zukunft weist? Haben Ihre Eltern sich Zeit und Mühe genommen, Sie mit der Hoffnung auf ein strahlendes Morgen auszustatten, als Sie heranwuchsen? Wo immer der Segen erteilt oder empfangen wird, werden auch Worte einer besonderen Zukunft gesprochen, Worte, die das vierte Element des Segens bilden.

7. Das fünfte Element des Segens: Eine aktive Verpflichtung

Die meisten Kinder haben zumindest *ein* Fach in der Schule, das sie besonders fürchten. Ob es nun Geschichte, Englisch, Geographie oder wie in meinem (Garys) Fall Mathematik ist, diese Unterrichtsstunde ist die schlimmste ihres ganzen Schultages.

Mathematik war immer das Fach, vor dem ich am meisten Angst hatte. In der Grundschule war es mein schlechtestes Fach, und das blieb auch so in den beiden ersten Klassen der High School. Als ich in meinem letzten Schuljahr Mathematik wiederholen mußte, war ich nach nur einem Monat gewiß, daß ich in diesem Fach durchfallen würde. Mein einziger Trost bestand darin, daß mehr als die Hälfte der Klasse zusammen mit mir durchfallen würde. Unser Lehrer erinnerte uns ständig an diese Tatsache, indem er unsere Stühle nach unserem augenblicklichen Notenstand anordnete.

Eines Montagmorgens, als wir ins Klassenzimmer schlurften, hatte sich alles verändert. Am Lehrerpult saß ein Aushilfslehrer. Das allein war schon eine gute Nachricht! Als wir dann noch erfuhren, daß unser regulärer Lehrer in einen anderen Distrikt versetzt worden war, fühlten wir uns wie die Bewohner von Paris im Zweiten Weltkrieg gleich nach der Befreiung! Als einziges Problem blieb noch, daß die Hälfte von uns in diesem Fach versagte. Ein neuer Lehrer mochte eine gewisse Erleichterung bringen, überlegte ich, aber ich hatte immer noch das Empfinden, daß ich in Mathematik unter dem Durchschnitt lag.

Eine Äußerung dieses Lehrers an jenem Morgen veränderte buchstäblich mein Leben. In der Tat motivierte sie mich dermaßen, daß ich schließlich im College Mathematik im Nebenfach belegte! Damals kam mir das nicht zum Bewußtsein, doch dieser Lehrer segnete mich und die anderen Mitschüler. Sein Segen bestand darin, daß er uns ein klares Bild einer aktiven Verpflichtung vor Augen führte — das fünfte Element des Segens.

An jenem Morgen stand unser neuer Lehrer vor der Klasse und erklärte uns: „Wenn jemand in dieser Klasse versagt, dann habe ich versagt." Er ging an jenem Morgen eine Verpflichtung ein, alles überhaupt Mögliche zu tun, damit wir dieses Fach lernten und Freude daran hätten, soweit dies in unseren Möglichkeiten lag. Er engagierte sich voll und ganz in dem Bestreben, daß jeder von uns das Fach schaffte, ganz gleich, ob er dazu nach dem Unterricht noch dablieb und uns Nachhilfe gab oder an einem Wochenende eine zusätzliche Stunde einlegte. Beinahe jeden Samstag half er einigen von uns bei den Hausaufgaben und spielte anschließend noch zur Auflockerung ein bißchen Volleyball mit uns.

Man kann sich lebhaft vorstellen, welche Wende sich in dieser Klasse vollzog. Das Fach, vor dem wir uns zuvor gefürchtet hatten, wurde nun ein Unterrichtsgegenstand, auf den wir uns richtig freuten. Noch besser war aber, was sich am Ende des Schuljahres vollzog. Als unser Lehrer am letzten Schultag unsere Zeugnisse verteilte, da hatten alle bestanden! Ich bekam sogar meine erste A in Mathe! Das hätten Sie miterleben müssen. Wir sprangen auf und fielen uns gegenseitig in die Arme. Und das alles, weil *ein* Mann sich für eine Horde sich abstrampelnder Schüler engagierte.

In der Schule des Lebens brauchen Kinder ganz verzweifelt nötig Eltern, die auf die gleiche Art ihnen gegenüber eine Verpflichtung eingehen. Auf den Gebieten, wo sie schwach sind, müssen sie ermutigt und aufgerichtet werden. Sie müssen in den Arm genommen und für ihre Stärken gelobt werden. Wenn sie sich wehgetan haben, brauchen sie jemanden, der ihnen Sicherheit gibt und ihnen wieder auf die Füße hilft. Schlummernde Talente müssen ans Licht gefördert und entwickelt werden – selbst wenn wir dafür unsere Wochenenden opfern müssen. Diese Handlungen und Haltungen gehören zur Erteilung des Segens.

In den letzten vier Kapiteln haben wir die ersten vier Elemente des Segens betrachtet:
- *Bedeutsame Berührung*
- *Gesprochene Worte*
- *Ausdruck hohen Wertes*
- *Darstellung einer besonderen Zukunft*

Diese vier Elemente bilden die Bausteine des Segens. Doch der Mörtel, der sie zusammenhält, ist eine aktive Verpflichtung – das fünfte Element des Segens.

Zwei Wege für den Ausdruck einer aktiven Verpflichtung

Was meinen wir nun mit „aktiver Verpflichtung" und warum ist sie ein so wichtiger Teil des Segens? Verpflichtung ist deshalb wichtig, weil Worte des Segens allein nicht ausreichen, wie wir in früheren Kapiteln sahen. Sie müssen gestützt werden durch die Verpflichtung eines Menschen, für die Verwirklichung des Segens einzutreten. Diesen Grundsatz will uns der Apostel Jakobus in seinem Brief verständlich machen. Wir lesen dort:

> Wenn ein Bruder oder eine Schwester nichts anzuziehen und nicht genug zu essen hat und jemand unter euch sagt zu ihnen: Geht hin in Frieden, wärmt euch und sättigt euch!, ohne daß ihr ihnen gebt, was sie nötig haben — was hilft ihnen das? (Jak. 2,16-16).

Die Antwort auf seine Frage ist klar: Solche Worte sind ungefähr so nützlich wie die lautstarken Versprechungen eines fragwürdigen Politikers am Vorabend der Wahl. Kinder aller Altersgruppen brauchen die „tägliche Nahrung und Kleidung" der Liebe und Zuwendung, die ihnen der Segen geben kann. Doch wie in dem Vers, den wir gerade gelesen haben, genügen bloße Worte nicht.

Wir müssen handeln, wenn wir den Segen erteilen. Wenn wir die Segensworte aussprechen, aber die Elemente des Segens dann in unserer Familie nicht in die Praxis umsetzen, bleiben unsere Kinder in ihrem Bedürfnis nach Liebe und Zuwendung unterernährt und schlecht gekleidet.

Der Segen der Heiligen Schrift steht in krassem Gegensatz zum Daherreden leerer Worte unseren Lieben gegenüber. Er zeichnet zwei Wege vor, wie wir sicherstellen können, unseren Kindern, Ehegatten oder anderen gegenüber eine aktive Verpflichtung zu haben. Diese Schritte beginnen damit, daß wir den Herrn um die Bestätigung des Segens bitten.

Der erste Schritt: Befehlen Sie die Person, die gesegnet werden soll, dem Herrn an

Wenn Sie sich den Segen im Alten Testament ansehen, dann fällt die Art und Weise auf, in der die Patriarchen ihre Kinder dem Herrn anbefahlen. Bei der Segnung Jakobs durch Isaak lesen wir: „*Gott* gebe dir vom Tau des Himmels und von der Fettigkeit der Erde" (1. Mose 27,28, Hervorhebung vom Verfasser). Als Jakob viele Jahre später seine Söhne und Enkel segnete, begann er mit den Worten: „Der *Gott,* der mein Hirte gewesen ist mein Leben lang bis auf diesen Tag ... der segne die Knaben" (1. Mose 48,15-16, Hervorhebung vom Verfasser). Ein Grund, warum sie Gott um Bekräftigung des Segens für ihre Kinder baten, lag darin, daß sie sich seiner Verpflichtung für sie gewiß waren. Bei Isaak und Jakob können wir das deutlich erkennen.

In 1. Mose 26 mußte sich Isaak mit echten Problemen auseinandersetzen. Als Bewohner der Wüste wußte er, daß sein kostbarstes Gut die Brunnen waren, die er nach frischem Wasser gegraben hatte. Zweimal war Isaak von Brunnen vertrieben worden, die sein Vater angelegt hatte. Schließlich mußte er einen dritten Brunnen graben, um Wasser für seine Herden und seine Familie heranzuschaffen. Als sollte Isaak Gewißheit über seine Zukunft im Lande erhalten, lesen wir: „Und der Herr erschien ihm in derselben Nacht und sprach: Ich bin der Gott deines Vaters Abraham. Fürchte dich nicht, denn ich bin mit dir und will dich segnen und deine Nachkommen mehren" (1. Mose 26,24).

Isaak war von zwei Brunnen vertrieben worden, die ihm rechtmäßig gehörten. Als er nun vernahm, wie sein himmlischer Vater ihm seine Verpflichtung erklärte, mußte dies für ihn wie ein Schluck kühles Wasser an einem heißen Sommertag gewesen sein.

Gott wiederholte seine Worte der Verpflichtung in einer schwierigen Zeit von Jakobs Leben. Als er vor dem Zorn seines Bruders Esau floh, machte er eines Abends in der Wüste draußen sein Nachtlager. Dort sprach Gott zu ihm und sagte:

> *Ich bin der Herr, der Gott deines Vaters Abraham, und Isaaks Gott. ... Und siehe, ich bin mit dir und will dich behüten, wo du hinziehst, und will dich wieder herbringen in dies Land. Denn ich will dich nicht verlassen, bis ich alles tue, was ich dir zugesagt habe (1. Mose 28,13-15).*

Isaak und Jakob waren sich ihrer Beziehung zu Gott sicher. Eine natürliche Erweiterung dieser Gewißheit war ihre Bitte an den Herrn, ihre Kinder durch sie zu segnen. Wir können etwas Derartiges heutzutage häufig in Kirchen sehen.

Wir sehen das auch bei einer „Kinderweihe" in der Kirche. Oft legt der Pfarrer einem Kind seine Hände auf und segnet dieses Kind, ein Ausdruck für den Wunsch der Eltern und der ganzen Gemeinde, Gott um den Segen für dieses Kind zu bitten.

Kluge Eltern nehmen sich das zum Vorbild, wenn sie ihren Kindern den Segen geben. Wenn sie sagen: „Möge der Herr dich segnen", dann erkennen und anerkennen sie als erstes, daß alle Kraft, die sie haben, um einen Segen zu erteilen, von dem allmächtigen Gott kommt. Ja selbst der Atem des Lebens, der sie Worte des Segens sprechen läßt, kommt von ihm.

Wir alle neigen zur Unbeständigkeit und straucheln gelegentlich, wenn wir die Elemente des Segens für unsere Kinder praktizieren sollen. Gott dagegen bleibt unwandelbar in seiner Fähigkeit, uns die Kraft zu schenken, daß wir unseren Ehegatten und unsere Kinder so zu lieben vermögen, wie es sein soll.

Ein zweiter wichtiger Grund, unsere Kinder dem Herrn anzubefehlen, wenn wir sie segnen, liegt darin, daß sie auf diese Weise erfahren, der Herr selbst kümmere sich um ihr Leben und Wohlergehen. Wenn wir unterstreichen, daß der Herr an ihrem Segen Interesse nimmt, ist das, als mache man sie mit jemandem bekannt, der ihr bester Freund werden kann, der ihnen persönlich Mut gibt und zu dem sie ihr ganzes Leben hindurch kommen können.

Wenn der Herr in unsere Segensworte mit aufgenommen wird, vermittelt dies einem Kind ein Gefühl der Sicherheit, das wir als schwache Menschenwesen nicht schenken können. Wir erkannten dies in der Art und Weise, wie die Kinder einer Familie nach dem unerwarteten Tod ihres Vaters reagierten.

Karen und Nichole besuchten noch die Grundschule, als ihr Vater starb. Er war erst einundvierzig, als er einem schweren Herzanfall erlag. Die Kinder hatten nicht länger seine Arme, um sie zu trösten, und seine aufmunternden Worte, um sie zu segnen. Aber sie hatten ein bestimmtes Wissen davon, daß ihr Papa nun beim Herrn war und daß Jesus ihren Segen bestätigen werde. Woher diese Gewißheit? Weil kluge Eltern ihnen immer wieder diese Tatsache versichert hatten. Hören Sie die Worte seiner Witwe Lisa, die aus den Worten ihres Mannes ebenfalls Trost empfing.

„Bevor Ray starb, pflegte er uns alle vor dem Abendessen um sich zu versammeln. Wir standen in einem kleinen Kreis beisammen und hielten uns an den Händen. Dann betete Papa und dankte dem Herrn für den Tag und für das Essen. Er beendete jedes Gebet damit, daß er mir die Hand drückte und sagte: ‚Herr Jesus, ich danke dir, daß du Karens und Nicholes und Lisas und mein Hirte bist. Ich danke dir, daß du uns niemals verlassen wirst. Amen.' Dieses letzte Jahr ohne Ray war hart, doch es half mir sehr, daß ich die Kinder daran erinnern konnte, daß Jesus immer noch ihr Hirte ist genauso wie der Hirte ihres Vaters."

Kinder brauchen die Gewißheit und Sicherheit, die daraus entspringt, daß wir sie und ihren Segen dem Herrn anbefehlen. Das bedeutet nicht, daß wir am Segen nicht teilhaben, vielmehr bedeutet es Erkenntnis und Anerkenntnis der Tatsache, daß wir nur durch Gottes Kraft und Willen die Fähigkeit haben, unsere Kinder wirklich zu segnen.

Der zweite Schritt: Wir verpflichten unser Leben zum Wohl der Gesegneten

Wie beginnen wir damit, uns zum Besten unserer Kinder zu verpflichten? Erst einmal erfordert es, wie wir im ganzen Buch hindurch bemerkt haben, ein Engagement an Zeit, Energie und Mitteln. Jakob jedoch hielt bei der Segnung seiner Kinder noch einen anderen wichtigen Grundsatz ein. Er anerkannte, daß jedes seiner Kinder einzigartig war.

In 1. Mose 48 und 49 verkündete Jakob — der nun Israel genannt wurde — einen Segen für jeden seiner zwölf Söhne und zwei seiner Enkelkinder. Nachdem er für jedes Kind einen Segen ausgesprochen hatte, lesen wir: „Das ist's, was ihr Vater zu ihnen geredet hat, als er sie segnete, *einen jeden* mit einem besonderen Segen" (1. Mose 49,28, Hervorhebung vom Verfasser).

Im Hebräischen lautet der Schluß des Verses so: „Er segnet sie, einen jeden mit seinem eigenen Segen." Die Elemente des Segens bleiben zwar die gleichen, doch wie sie beim Segnen eines Kindes angewandt werden, unterliegt der individuellen Gestaltung. Eine Tochter will vielleicht ein dutzendmal umarmt und geküßt werden, bevor sie abends zu Bett geht, während ihre Schwester mit zweimal zufrieden ist. Ein Sohn mag sich schon sicher fühlen, wenn er ein einziges Mal aufmunternde Worte hört, während sein Bruder das „Du schaffst das" immer wieder hören will, wenn er irgendeine Tätigkeit in Angriff nimmt.

Kluge Eltern erkennen, daß jedes Kind seine eigenen, einmaligen Bedürfnisse hat. Das Buch der Sprüche führt uns dies vor Augen.

Besonders vertraut ist uns der Vers: „Gewöhne einen Knaben an seinen Weg, so läßt er auch nicht davon, wenn er alt wird" (Spr. 22,6). Ein anderer hilfreicher Weg zur Betrachtung dieses Verses wäre folgende Übersetzung: „Gewöhne ein Kind nach seiner Neigung ..." Bei der Gewöhnung (oder Segnung) eines Kindes müssen wir an jedem Kind ein persönliches Interesse nehmen. Je besser wir unsere Kinder und ihre einzigartigen Bedürfnisse kennen, desto besser können wir ihnen einen eigenen, einzigartigen Segen zuteil werden lassen.

Bitte beachten Sie die nächste Aussage mit größter Aufmerksamkeit: Körperliche Nähe ist nicht gleichbedeutend mit persönlichem Kennen. Wir können Jahre mit unserem Ehegatten und unseren Kindern unter dem gleichen Dach zubringen und doch nach wie vor intime Fremdlinge sein. Viele Menschen glauben Interessen und Meinungen eines anderen zu „kennen", weil sie früher einmal aktives Interesse an dessen Leben hatten. Gedanken, Träume und Wünsche eines Menschen können sich jedoch im Laufe der Jahre verändern. Die Ärzte erzählen uns, daß jede einzelne Zelle unseres Körpers innerhalb einiger Jahre abstirbt und durch neue Zellen ersetzt wird. Wir verändern uns körperlich und seelisch unablässig.

In unseren Familien kann es geschehen, daß wir einander im Hinblick auf körperliche Nähe sehr nahe sind und uns doch im Hinblick auf das Verständnis der echten Wünsche, Bedürfnisse, Ziele, Hoffnungen und Ängste tiefe Gräben trennen. Wir können allerdings hiergegen angehen, indem wir uns Zeit nehmen, um die einzigartigen Aspekte derer zu begreifen, die wir segnen wollen.

Zum Segnen unserer Kinder gehört auch das Verständnis für ihre einzigartige Veranlagung. Darüber hinaus bedeutet es die Bereitschaft, das zu tun, was für diesen Menschen das beste ist — selbst wenn das heißt, ihn zu korrigieren, wenn er sich irrt.

Zum Segnen der Kinder gehört auch die Zucht

Wir möchten Ihnen einen weiteren Weg zeigen, wie wir uns aktiv der echten Interessen unserer Kinder annehmen können. Es mag den Anschein haben, als sei dies das genaue Gegenteil des „Segnens", doch in Wirklichkeit segnen wir unsere Kinder, wenn wir ihnen die angemessene Zucht zuteil werden lassen. Das wird uns deutlich, wenn wir auf den individuellen Segen zurückblicken, den Jakob jedem seiner Kinder erteilte.

1. Mose 49 berichtet von einem Segen für jeden Sohn. In Vers 28 wird uns dies ganz klar gesagt: „Jakob segnete sie, einen jeden mit einem besonderen Segen." Doch der Segen, den Ruben, der Erstgeborene, empfing, wirkt auf den ersten Blick eher wie ein Fluch als ein Segen. Jakob befaßte sich mit jedem Sohn einzeln, und in Rubens Fall schloß sein Segen neben dem Lob auch die Maßregelung mit ein:

Ruben, mein erster Sohn bist du,
meine Kraft und der Erstling meiner Stärke,
der Oberste in der Würde und der Oberste in der Macht.
Weil du aufwalltest wie Wasser, sollst du nicht
der Oberste sein;
denn du bist auf deines Vaters Lager gestiegen,
daselbst hast du mein Bett entweiht,
das du bestiegst (1. Mose 49,3-4).

Wenn wir uns diese Verse näher ansehen, dann hat Jakob hier Worte des Lobes und Worte der Strafe sorgfältig gegeneinander abgewogen. Ruben besaß mehrere positive Eigenschaften, die sein Vater lobend hervorhob (Kraft, Stärke, Würde und Macht). Doch er wies in seinem Leben auch einen flagranten Mangel an Disziplin auf. Seine ungezügelten Leidenschaften führten ihn ins Bett einer der Konkubinen seines Vaters. Deshalb wurde er nun wegen seiner Handlungen gemaßregelt.

Es sollte uns nicht überraschen, daß Segen und Zucht Hand in Hand gehen. Wenn wir für jemanden echte Liebe empfinden, dann werden wir nicht zulassen, daß dieser Mensch sich in Sünde verirrt oder sonstwie geschädigt wird, ohne daß wir versuchen, ihn wieder auf den rechten Weg zurückzuführen. Diese Lektion will uns der Verfasser des Hebräerbriefes erläutern, wenn er schreibt: „Mein Sohn, mißachte die Züchtigung des Herrn nicht . . . denn wen der Herr liebhat, den erzieht er mit Strenge" (Hebr. 12,5-6).

Gott handelt mit uns als mit Kindern und ignoriert nicht einfach unser falsches Betragen. Bei den Kindern anderer Leute kümmern sich viele irdische Eltern nicht im geringsten um ihre Handlungen. Gott jedoch kümmert sich sehr wohl um unser Verhalten, genau wie liebende Eltern dies bei einem Kind tun, von dem sie eine besonders hohe Wertschätzung haben.

Die Handlungen unserer Söhne und Töchter sind auch für uns wichtig, wenn wir Menschen sein wollen, die ihnen wirklichen Segen geben. Wir sollen uns nicht scheuen, liebevolle Zucht anzuwenden, wenn dies angebracht und zu ihrem besten ist.

Am Anfang mag dies für beide Seiten schmerzlich sein, doch wenn man bereit ist, dieses Risiko auf sich zu nehmen, kann das dazu beitragen, die besten Eigenschaften im Leben dieses anderen ans Licht zu bringen, indem er auf einen Weg des Friedens und der Rechtschaffenheit geführt wird (Hebr. 12,11). Zucht ist ein wichtiger Weg, wie wir uns aktiv zum besten eines Menschen annehmen können.

Wir haben uns bereits zwei Wege angesehen, wie wir eine aktive Verpflichtung zum Segen anderer an den Tag legen können. Wir können sie dem Herrn anbefehlen und wir können ihr bestes suchen. Ein dritter Weg, um eine aktive Verpflichtung zu zeigen, besteht darin, etwas über den Menschen zu lernen, den wir segnen wollen. Ich (John) habe diesen Aspekt mein ganzes Leben hindurch vor mir gesehen.

Der zweite Schritt: Etwas über den Menschen lernen, den wir segnen wollen

Auf einem bescheidenen Besitz im südlichen Arizona lebt eine vierundsechzigjährige Frau. Sieben größere Operationen wegen rheumatischer Arthritis haben sie ein wenig ruhiger werden lassen, doch sie ist immer noch emsig, aktiv, und ein Besuch bei ihr bereitet viel Spaß.

Wenn Sie eines Tages bei ihr vorbeischauen würden, dann könnten Sie in ihrem Heim etwas sehen, was Ihnen das „Lernen über seine Kinder" vor Augen führen könnte. Ihnen würde es vielleicht nicht sofort auffallen, aber mir fällt es sofort ins Auge wie ein Neonlicht. Dabei ist es nichts anderes als ein nichtssagendes Bücherregal, doch für mich und meine beiden Brüder strahlt es eine ganz besondere Bedeutung aus.

Eine Reihe des Bücherregals ist angefüllt mit Büchern über Theologie und Psychologie, eine zweite weist medizinische Fachzeitschriften und Bücher über Genetik auf. Die dritte Reihe scheint noch abwegiger für eine vierundsechzigjährige, von Arthritis geplagte Frau. Die ganze

Reihe wird eingenommen von früheren Ausgaben des „Heavy Equipment Digest" und Büchern mit Anleitungen über das Fahren von schwerem Gerät.

Diese scheinbar unzusammenhängende Auswahl von Büchern und Zeitschriften könnte den Eindruck vermitteln, diese Frau sei etwas exzentrisch und lese alles, was ihr in die Finger kommt, ja man könnte sogar einen Anflug von Schizophrenie vermuten, der sie veranlassen mochte, sprunghaft von einem Gegenstand zum anderen zu wechseln. Keine dieser Erklärungen käme der Wahrheit auch nur im entferntesten nahe. Diese Büchersammlung ist in Wirklichkeit eine wunderbare Illustration des aktiven Engagements unserer Mutter beim Segnen ihrer Kinder.

Im Laufe der Jahre bat mich meine Mutter während meiner Studien in Seminaren und bei meiner Doktorarbeit um zahlreiche populäre Bücher und Fachliteratur über Theologie und Psychologie, die sie dann las. Sie stehen in ihrem Bücherregal, weil sie sich für meine Interessen interessierte.

Mein Zwillingsbruder Jeff ist Mediziner, der sich speziell der genetischen Forschung im Kampf gegen den Krebs widmet. Sie hat Bücher über medizinische und genetische Themen gelesen — oder zu lesen versucht —, weil sie sein Interessengebiet verstehen wollte.

Ich nahm an einer Talkshow teil, in der über mein Buch für Eltern „The key to your child's heart" (Der Schlüssel zum Herzen Ihres Kindes) diskutiert wurde. Da meine Kinder mir wirklich beim Verfassen des Buches geholfen hatten, veranlaßte ich, daß mein Sohn Greg an der Show mitwirkte, um seine Perspektive über die Kommunikation zwischen Eltern und Kindern darzulegen. Ich lernte eine ganze Menge über meinen Sohn und über Kinder im allgemeinen, während ich seine Antwort auf eine Frage mit anhörte.

Der Moderator fragte Greg, was er Eltern speziell dringend nahelegen würde, um sich mit ihren Kindern zu unterhalten. Ohne zu zögern, sagte Greg: „Glauben Sie es ja nicht, wenn Ihr Sohn oder Ihre Tochter Ihnen erzählt, sie wollten nicht reden. Manchmal sage ich das zu meinem Dad oder meiner Mom, wenn sie mich fragen, wie es mir geht, aber ich meine das eigentlich gar nicht. In Wirklichkeit hoffe ich, daß sie nicht ablassen und mir helfen, darüber zu sprechen."

Vor allem dann, wenn wir früher in den Beziehungen zu unseren Kindern Auseinandersetzungen hatten oder ihnen nicht besonders nahestanden, müssen wir sie mit liebevoller Beharrlichkeit zum Gespräch ermuntern. Das bedeutet nicht, daß man sie bedrängen oder ihnen die Worte herausquetschen soll. Wir sollten konsequent mit ihnen Zeiten wahrnehmen, in denen sich eine bedeutsame Kommunikation entwickeln kann.

In unserem Buch für Eltern sprechen wir über einen zweiten Schritt zum Kennenlernen derer, die man segnen möchte — die Bedeutung gemeinsamer Aktivitäten. Dies führt uns nicht nur enger zusammen; gemeinsame Aktivitäten bieten auch eine Fülle von Gelegenheiten, etwas über unsere Kinder zu lernen.

Vor kurzem gingen mein jüngerer Sohn Mike und ich zusammen auf die Jagd. Mit Buchterminen im Nacken und einem dichtgedrängten Reiseplan war ich nicht allzu scharf darauf, eine Woche lang steile Berghänge hinauf- und herunterzuklettern. Aber ich wußte, daß diese gemeinsame Zeit mit meinem Sohn phantastisch sein würde.

Wenn man im Flugzeug nebeneinander sitzt, durch die Wälder streift, am Lagerfeuer kauert, — das sind die „unbewachten" Augenblicke, in denen sich ein bedeutsames Gespräch entwickeln kann. Ohne krampfhaft Gespräch zu „machen", unterhielten wir uns im Laufe der Woche über einige seiner Träume, die Situation mit seiner Freundin und so weiter und so fort. In mancher Beziehung hatte ich das Empfinden, als hätte ich meinen Sohn ganz neu kennengelernt.

„Aber ich weiß nicht, was ich sie über sich selbst fragen soll oder wie ich das Gespräch beginnen kann!" Für diejenigen Eltern, die etwas über ihre Kinder erfahren möchten, aber einige Fragen brauchen, um eine Unterhaltung in Gang zu bringen, führen wir nachstehend einige Punkte auf, die Sie in einem jener ungezwungenen Augenblicke in einem Schnellimbiß, beim Ballspiel oder einfach beim Spazierengehen als Ausgangspunkt für Fragen nehmen können. Ein dritter wichtiger Weg, um etwas über seine Kinder zu lernen, kann darin bestehen, daß Sie die Initiative für Fragen ergreifen.

Weiß ich bei meinen Kindern über folgende Punkte Bescheid?

1. *Welches sind die Hauptthemen ihrer Tagträume?*
2. *Woran hätten sie besonderen Spaß, wenn sie an ihre Jahre als junge Erwachsene (zwischen zwanzig und dreißig) denken?*

3. Welche Persönlichkeit unter allen, die sie in der Bibel betrachtet haben, möchten sie am liebsten sein und warum?
4. Welche Taten für die Menschheit wünscht Gott ihrer eigenen Ansicht nach von ihnen?
5. Welcher Typ von Freund oder Freundin übt die größte Anziehungskraft auf sie aus?
6. Was ist der beste Teil ihres Schulalltags und welches der schlechteste?

Wir wollen uns diese Fragen im einzelnen näher anschauen, die uns dabei helfen können, etwas über unsere Kinder zu lernen. Wir können ihnen noch viel mehr Fragen stellen und sollten das auch tun, um mehr über sie zu erfahren und sie als das zu schätzen, was sie wirklich sind.

Ein vierter Weg, den wir einschlagen können, um mehr über die zu lernen, die wir segnen wollen, besteht darin, daß wir ihnen mit höchster Aufmerksamkeit zuhören. In der Tat segnen wir unsere Kinder durch die seelische Anwesenheit, wenn sie mit uns sprechen, und wir uns nicht durch andere Dinge ablenken lassen.

Viele von uns haben irgendwann einmal ein Gespräch mit den Kindern geführt, während wir mit den Abendnachrichten oder der Zeitung befaßt waren. „Ah, aha", und „Das hört sich gut an, Liebes", während wir den Kopf in die Zeitung stecken, vermitteln unseren Kindern nicht gerade den Eindruck von Zuwendung und es hilft auch uns nicht, das zu erfahren, was sie uns mitteilen möchten.

Das Buch der Sprüche zeigt uns einen Weg, wie wir uns dazu ermahnen können, unseren Kindern, Ehegatten oder anderen aktiv zuzuhören: „Ein freundliches Antlitz erfreut das Herz" (Spr. 15,30).

Die meisten unter uns haben schon erlebt, daß beim Betreten eines Zimmers die Augen eines Menschen „aufleuchteten", als er uns erblickte. Dieser Funke teilt uns mit, daß die Person sich wirklich für uns und das, was wir zu sagen haben, interessiert. Auf der Grundlage genau dieses Bibelverses wurde eine aufschlußreiche Forschungsstudie durchgeführt.

Dabei wurden einer Anzahl von Studenten Photos von Frauen im Studentenalter überreicht, die alle ungefähr gleich attraktiv waren. Jeder Student wurde dann ersucht, die Bilder von „am attraktivsten" bis zu „am wenigstens attraktiv" zu ordnen.

Die jungen Männer wußten jedoch nicht, daß fünf der jungen

Frauen kurz vor der Aufnahme Augentropfen erhalten hatten. Die Lösung erweiterte die Pupillen, der gleiche Vorgang, der auf natürliche Weise eintritt, wenn wir uns wirklich freuen, jemanden zu sehen! Das Ergebnis der Studie fiel genau so aus, wie wir es erwarten konnten. Die Mädchen mit den „leuchtenden Augen" wurden klar als die attraktivsten auf den Bildern gewertet!

Leuchten unsere Augen auf, wenn wir den Menschen zuhören, die wir segnen wollen? Unsere Kinder oder unser Ehegatte werden es bemerken, ob das der Fall ist oder nicht. Wir können beschließen, die Zeitung hinzulegen oder den Fernseher abzustellen, um mit unseren Lieben zu sprechen, wenn wir aktives Interesse an ihren Interessen nehmen. Aktives Zuhören ist ein wichtiger Anteil, wenn man geliebten Menschen Zuwendung und Segen vermittelt.

Wer unter Ihnen selbst Kinder hat, muß erkennen, daß sie ungemein komplizierte Menschenwesen sind. Das trifft aber auch auf unsere Frauen und Männer zu. Wollten wir heute damit beginnen, all ihre Wünsche, Ansichten, Ziele und Träume zu erfassen, dann brauchten wir für die Vollendung dieser Aufgabe unser ganzes Leben lang. Das ist genau die richtige Zeitspanne, die erforderlich ist zur Vollendung des Kurses „Wie man etwas über geliebte Menschen lernt", ein Kurs, den Männer und Frauen belegen, wenn es ihnen damit Ernst ist, sich gegenseitig in ihrem Leben den angemessenen Segen zu schenken. Für die Einschreibung braucht man nichts weiter als den Entschluß, sich anderen aktiv zu verpflichten, und ein Paar „leuchtende Augen".

Ein Schlüssel zu andauernder Verpflichtung

Viele besitzen ganze Reihen von Notizbüchern, die sie in zahlreichen Seminaren für Eheleute und Eltern aufgeschrieben haben, und Notizen aus Predigten des Pfarrers. Wir geraten bezeichnenderweise in Aufregung über einen bestimmten Grundsatz, den wir gelesen oder auf einem Tonband gehört haben; das kann in unserem Leben einen nachhaltigen Eindruck erwecken. Lassen Sie aber einige Wochen darüber hinweggehen, dann landet das Buch oder Tonband meist auf einem staubigen Regal bei anderen inspirierenden Materialien.

Bei der Unterweisung in der Segnung ihrer Kinder haben wir dramatische Veränderungen im Leben von Eltern erfahren. Viele Menschen setzen sich zum erstenmal mit der Frage auseinander, ob sie selbst den Segen empfingen und was sie von sich aus dazu beitragen, ihren Kindern den Segen zuteil werden zu lassen. Wir hoffen, daß Sie bereits das Heim Ihrer Eltern und Ihr eigenes in einem neuen, herausfordernden Licht gesehen haben. Doch wie jeder andere Ruf zu einer Verpflichtung wird auch die innere Stimme, die uns zum Segnen unserer Kinder aufruft, im Laufe der Zeit immer schwächer vernommen,

Wie können wir nun ein Schema zur Verpflichtung aufstellen, das jedes Element des Segens dauerhaft in unseren Familien verankert? Das Beste, was wir dazu kennen, ist in einem einzigen Wort zu finden — Verantwortlichkeit.

Aus einem Grund, den wir bisher nicht voll begriffen haben, gedeiht echte Verpflichtung zur Vermittlung des Segens an unseren Lieben am besten in kleinen Gruppen. Wenn drei oder vier Paare sich Woche für Woche die Zeit nehmen, um ein Buch oder eine Tonbandserie durchzuarbeiten, dann können sich bleibende Veränderungen einstellen.

Stellen Sie sich vor, daß uns jemand fragt, was wir in dieser Woche im Sinne einer bedeutsamen Berührung unseres Ehegatten oder unserer Kinder taten, welche ermutigenden Worte wir sprachen, die einem Sohn oder einer Tochter hohen Wert beimaßen, oder uns sogar nach dem Maßstab „eins-zu-zehn" fragt, wie hoch in dieser Woche unsere Verpflichtung zum Segen unserer Familie war?

Stellen Sie sich noch besser einen Ort vor, wo Sie Ihre Kämpfe eingestehen und von den Erkenntnissen (und Fehlern) anderer Menschen lernen können. Klingt diese Beschreibung nicht nach Herausforderung und Inspiration? Das kann während der Bibelstunde in Ihrer Gemeinde oder an einem Wochenabend bei Ihnen zu Hause geschehen. Dazu ist nichts weiter notwendig als der Mut, ehrliche Fragen zu stellen, und ein liebender Geist, um anderen die Wahrheit Gottes und Ihre eigenen persönlichen Einsichten mitzuteilen. Und noch etwas brauchen Sie: nämlich den Mut, den Telefonhörer in die Hand zu nehmen und drei oder vier andere Leute anzurufen.

Selbst wenn Sie nicht einer kleinen Gruppe angehören, können Sie auf der Stelle einhalten und Ihren Ehegatten beziehungsweise Ihre Gattin oder einen nahen Freund danach fragen, in welchem Maße Sie eine Quelle des Segens für sie sind. Wenn Ihre Kinder alt genug sind, können Sie auch sie nach ihrem Eindruck fragen, wie Sie ihnen den Segen vermitteln. Kinder sind im allgemeinen ehrlich Ihnen gegenüber, und Sie können von ihnen eine wertvolle Lektion lernen — falls

Sie sich die Zeit nehmen und ihnen zuhören. Auf der nächsten Seite bringen wir einen Auswertungsbogen, den Sie photokopieren und bei Ihren Kindern, Ehegatten oder auch in einer Gruppe verwenden können. Er kann Ihnen helfen, den Beginn des Prozesses der Verantwortung in Gang zu bringen.

Wir wissen, daß Fragenstellen, mehr noch die Bereitschaft, sie zu beantworten, von manchen Menschen als bedrohlich empfunden wird. Trotzdem sind kleine Gruppen oder Gespräche von einem zum anderen ein ungemein wichtiger Weg zur Bewertung, wo wir im Augenblick stehen. Diese Treffen geben uns auch einen zusätzlichen Anreiz, an einem Sektor zu arbeiten, mit dem wir ringen. Auf sich allein gestellt würden die meisten von uns dazu neigen, diese wichtigen Sektoren zu vergessen oder zu umgehen. Treue Freunde können uns dabei helfen, den Dingen ins Auge zu sehen und dabei innerlich zu wachsen. Ihre Liebe und seelische Unterstützung kann unsere Sorge teilen und unsere Freude verdoppeln.

Verantwortlichkeit kann uns darin unterweisen, wie wir für unsere Lieben ein noch besseres Gefäß des Segens werden. Sie kann uns auch dazu anregen, eine dauerhafte Verpflichtung zu entwickeln, wenn wir danach streben, den Segen zu vermitteln.

Ein letzter Blick auf die Kosten der Verpflichtung

Ohne jeden Zweifel ist Verpflichtung mit Kosten verbunden. Wenn es Ihnen ernst damit ist, sich zur Segnung Ihrer Lieben zu verpflichten, dann erwarten Sie, dafür einen Preis bezahlen zu müssen, — nicht unbedingt in finanziellen Begriffen, denn ein Gatte und selbst kleine Kinder sind viel zu klug, um für längere Zeit mit Geschenken abgefunden zu werden. Denken Sie dabei eher an Begriffe wie Zeit, Energie und Anstrengungen, die Sie investieren müssen, wenn der Segen im Leben der anderen Wirklichkeit werden soll. Ist das den Preis wert? In den Sprüchen Salomos wird uns eindeutig vor Augen geführt, daß dies der Fall ist.

Persönlicher Bewertungsbogen

Wie stehe ich in einer zehn Punkte umfassenden Bewertung bei der Vermittlung des Segens an meine Lieben da?
Markieren Sie Ihre Antwort mit einem Kreis.

1. Lasse ich ihnen die bedeutsame Berührung zuteil werden?

1	2	3	4	5	6	7	8	9	10
SELTEN									HÄUFIG

2. Spreche ich Worte des Segens aus?

1	2	3	4	5	6	7	8	9	10
SELTEN									OFT

3. Lege ich den Menschen, die ich segne, hohe Wertschätzung bei?

1	2	3	4	5	6	7	8	9	10
GERINGE WERTSCHÄTZUNG					HOHE WERTSCHÄTZUNG				

4. Weise ich ihnen eine besondere Zukunft für ihr Leben?

1	2	3	4	5	6	7	8	9	10
SELTEN									OFT

5. Insgesamt gesehen ist der Stand meiner Verpflichtung für die Erfüllung meiner Segensworte:

1	2	3	4	5	6	7	8	9	10
SEHR NIEDRIG								SEHR HOCH	

Im letzten Kapitel der Sprüche ist eine Frau beschrieben, die ihre Familie auf vielfältige Weise segnet. Sie ist fleißig und liebevoll, sieht der Zukunft positiv entgegen und kümmert sich sehr um ihren Mann und ihre Kinder. Von gleicher Bedeutung sind ihre Worte an die Familie, die voll Weisheit und Freundlichkeit sind.

Ist sie einfach zufällig von Geburt aus so? Bestimmt nicht. Jede dieser Eigenschaften verlangte ihren Preis zur Entfaltung. Beim Behandeln dieser Textstelle wird häufig übersehen, wie oft diese Frau in aller Frühe aufstand, um ihre Familie mit Worten und Werken zu segnen. Sie wandte die gleiche Energie auf, die Eltern heute am Wochenende aus den Betten treibt, um mit den Kindern zum Campen zu gehen, oder Ehegatten noch lange aufbleiben läßt, um Mann oder Frau bei der Vollendung einer angefangenen Sache zu helfen.

Lohnte sich der Aufwand wirklich? Bei dieser Frau bestimmt. Lesen Sie, was ihre Familie über sie und ihre Entscheidung, sich ihnen voll und ganz zu verpflichten, zu sagen hatte: „Ihre Söhne stehen auf und preisen sie, ihr Mann lobt sie: Es sind wohl viele tüchtige Frauen, du aber übertriffst sie alle" (Spr. 31,28-29).

Es erfordert harte Arbeit, eingehüllt in den Begriff „aktives Engagement", um anderen den Segen zuteil werden zu lassen. Es erfordert Zeit für die bedeutsame Berührung, um die Kinder in den Arm zu nehmen, wenn sie aus der Schule heimkommen oder bevor sie schlafen gehen. Es erfordert Mut, die Worte der Liebe, die uns auf der Zunge liegen, in eine gesprochene Botschaft für den Ehegatten umzuformen. Es erfordert Weisheit und Kühnheit, „unsere Knie zu beugen" und damit denen, die wir lieben, unsere hohe Wertschätzung auszudrükken. Er erfordert schöpferische Vorstellung, für sie eine von Hoffnung erfüllte Zukunft darzustellen, in der Gott das Beste in ihrem Leben ist. Doch all diese Anstrengung lohnt die Mühe.

Eines Tages, vielleicht erst viele Jahre später, kehrt dieser Segen zurück. Ihre Kinder werden sich erheben und Sie segnen. Viel mehr noch — die Freude, wenn Sie das Leben eines anderen Menschen, zu dessen Bestem Sie sich verpflichtet hatten, blühen und gedeihen sehen, ist für sich selbst schon ein Segen. Lassen Sie sich das von einem Ehepaar sagen, das sich früh im Leben seines einzigen Sohnes die Zeit nahm, ihn zu segnen. Als er erwachsen wurde, konnte er seinen Eltern Worte des Segens zuteil werden lassen — auf eine höchst ungewöhnliche Weise.

„Bubs" Roussel war an jenem berüchtigten Sonntag morgen im Jahre 1941, als Pearl Harbor bombardiert wurde, erst siebzehn. Später an diesem Tag erzählte er seinen Eltern die erschreckende Nachricht von dem japanischen Angriff.

Nicht lange danach wurde er eingezogen und diente schließlich beim Army Air Corps (heute Air Force genannt). Nach einer Spezialausbildung in Nachrichtentechnik in Kansas wurde er Funker auf einer B-29. Bubs, der jüngste der Besatzung, mußte wie viele junge Männer seines Alters schnell erwachsen werden. Innerhalb weniger Monate wurde er auf der Insel Saipan im Westpazifik stationiert.

Von diesem winzigen Inselchen aus flogen die B-29 ihre Bombenangriffe auf Japan. Diese Tätigkeit war gefährlich, ja tödlich. Am Morgen des 13. Dezember 1944 donnerten achtzehn Bomber über den Pazifik, um einen Angriff auf Fabriken in Nagoya in Japan zu fliegen. Vier der Maschinen, die an jenem Morgen von Saipan gestartet waren, kehrten nie mehr zurück, unter ihnen Bubs' Maschine.

Das Kriegsministerium ließ den Angehörigen die offizielle Mitteilung zukommen, daß ihr Sohn im Kampf gefallen sei. Die Familienmitglieder jedes Angehörigen von Bubs' Besatzung erhielten mit dem Telegramm eine kleine weiße Flagge, rot eingefaßt und mit Blau und Gold verziert. In der Mitte der Flagge befand sich ein kleiner goldener Stern, Symbol für einen im Kampf gefallenen Sohn.

Bubs' Eltern bekamen noch etwas anderes. Beinahe einen Monat nach dem Absturz seines Flugzeuges empfingen sie einen Brief, den Bubs vor seinem letzten Einsatz auf sein Kissen gelegt hatte.

Meine Lieben,
ich lasse diesen Brief zurück mit der Anweisung, ihn an euch abzuschicken, falls mir etwas zustößt. Ich schicke euch meine Liebe und meinen Segen. Mein Leben ist ein erfülltes Leben. Ich werde geliebt, wie dies nur wenigen Menschen je zuteil wurde. Ich liebe euch mit den besten Kräften, die in mir sind. Es ist für mich nicht schwer, da ich weiß, daß ihr an mich glaubt, mir vertraut und im Guten wie im Bösen hinter mir steht. Dieses Wissen macht mich stark.

Wären unsere Kinder imstande, uns einen solchen Brief zu schreiben? In Familien, die eine Quelle des Segens sind, können sie es, Familien wie die, in der Bubs aufwuchs. Die Worte mögen anders lauten, doch das Empfinden, das sich darin ausdrückt, wäre das gleiche. Wenn wir unsere Kinder segnen, ist das wie das Aussäen einer fruchtbaren Saat. In künftigen Jahren werden auch sie sich erheben und uns segnen.

Für jeden, der dieses Buch liest, beten wir, daß er ein Mensch des Segens werde. Der Preis ist eine echte Verpflichtung, doch die Belohnung kann ein Leben lang anhalten und noch darüber hinaus.

Fünf Kapitel hindurch haben wir Familien betrachtet, die ihren Kindern diesen Segen zuteil werden lassen. Bedauerlicherweise erhalten nicht alle Kinder einen Segen, den sie ihren Eltern zurückgeben könnten. Wir wollen uns die Familien ansehen, die uns bei der Beratung am häufigsten vor Augen kommen, Familien, die den Segen vorenthalten, und die Folgen für ihre Kinder und spätere Generationen.

8. Familien, die den Segen verweigern: Teil 1

Nur wenige Menschen nehmen an sich selbst wahr, daß sie mit dem Fehlen des Segens ihrer Familie ringen, doch die Menschen ihrer Umgebung merken es wohl. Vor denen, die uns gut kennen, läßt sich nur wenig verbergen, gleichgültig, ob es sich um ein unterschwelliges Gefühl der Unsicherheit oder, deutlicher zutage tretend, eine zornige, feindselige Einstellung handelt.

Bei unseren ganzen bisherigen Betrachtungen über den Segen haben wir festgestellt, daß das Leben innerhalb der Familie über Jahre hinweg in uns tiefgreifende Zeichen hinterläßt. In den meisten Fällen ist das ein positives Merkmal, das von einer Familie ausgeht, die sich eingehend um uns kümmert. Doch manche Menschen mühen sich in Familien ab, in denen nie ein Segen vermittelt wurde. Oft fehlt den Eltern, die den Segen vorenthalten, Wissen oder Fähigkeit, den Segen weiterzugeben. Doch in manchen Familien gibt es schwerwiegende Probleme, die bleibende Narben hervorrufen können. Diese Familien können bewirken, daß ein Mensch das Zeichen seiner Familie wie ein Kainszeichen an sich trägt.

Solche Menschen brauchen unter Umständen Jahre, um sich von ihrer Vergangenheit zu befreien. Sie führt dazu, daß sie nie die Freiheit genießen, in der Gegenwart die Verpflichtung einer Beziehung einzugehen. Wenn schmerzhafte Verhaltensmuster aus der Vergangenheit nicht zerbrochen werden, dann wiederholen sie sich mit großer Wahrscheinlichkeit in der nächsten Generation.

Unseligerweise bewahrheitet sich hier die furchtbare Wahrheit aus 2. Mose 20,5, wo von Familien gesprochen wird, in denen Gott „die Missetat der Väter heimsucht bis ins dritte oder vierte Glied".

In einem späteren Kapitel werden wir uns damit befassen, wie diese schmerzhaften Verhaltensmuster aus der Vergangenheit zerbrochen werden können. Wir entdecken dabei auch Gottes geistlichen Familiensegen, der den Menschen Heilung schenken kann, die den Segen ihrer Eltern entbehren müssen. In den nächsten beiden Kapiteln wollen wir Sie jedoch mit den fünf am häufigsten vorkommenden Familienstrukturen bekannt machen, in denen der Segen vorenthalten wird, auf die wir bei der Beratung stoßen.

Wir sind uns darüber im klaren, daß es mehr als nur diese Familien geben kann. Doch bei der Beratung von Paaren und Einzelpersonen im ganzen Land traten diese fünf Muster immer wieder zutage. Wir möchten Ihnen auch sieben charakteristische Merkmale der Menschen, mit denen wir in unserer Beratung zu tun haben, vor Augen führen, Menschen, die sich niemals damit abfinden konnten, ohne Segen leben zu müssen. Diese Merkmale helfen uns beim Erkennen und besseren Verstehen von Menschen, die ohne den Segen der Familie aufwuchsen.

Bevor wir unseren Rundgang bei diesen Familien und den allgemeinen Merkmalen beginnen, möchten wir eines klarstellen. Wir wollen unter keinen Umständen dieses Kapitel zur Waffe werden lassen, um einzelne Väter oder Mütter in Mißkredit zu bringen. Es darf auch nicht zum Vorwand benutzt werden, um alle gegenwärtigen Probleme der Vergangenheit anzulasten. Genau das Gegenteil trifft zu. Wir hoffen, wenn wir ehrlich und wahrhaftig über diese Familien und Verhaltensmuster sprechen, daß uns dies dazu führt, unseren eigenen Eltern Ehre zu erweisen — vielleicht zum erstenmal — und die Verantwortung für unser heutiges Verhalten zu ergreifen.

Indem wir ein besseres Verständnis jener Familien gewinnen, die den Segen vorenthalten, und der von ihnen erzeugten charakteristischen Merkmale, verstehen wir vielleicht auch den Hintergrund unserer eigenen Eltern besser. Sie wurden in starkem Maße durch das Aufwachsen bei ihren Eltern beeinflußt, und diese Erfahrung spiegelt sich bei uns wieder. Ein Blick auf die Art von Familie, in der unsere Eltern heranwuchsen, kann uns oft Antworten auf schwierige Fragen über unsere Eltern vermitteln, die uns womöglich jahrelang beschäftigt haben.

Unser Ziel auf den folgenden Seiten ist es, Mitgefühl zu wecken und nicht furchtbare Eltern mit Kritik zu überhäufen. Die meisten furchtbaren Eltern sind Menschen, die ihre Kinder wirklich lieben (auch wenn sie nicht wissen, wie sie das zeigen sollen) und ihr bestes versucht haben mit den Erkenntnissen, die sie besaßen. Selbst bei denen, wo dies nicht zutrifft, können wir immer noch zu dem Beschluß kommen, ihnen Gerechtigkeit widerfahren zu lassen und zu vergeben, so wie uns Gott in Christus vergibt. Zur Bestärkung dieses Bestrebens werden wir auf den folgenden Seiten die Geschichten von Menschen vortragen, die sich durch das Fehlen eines Segens durchgearbeitet haben —

durch Anwendung der Informationen, die wir in einem späteren Kapitel zugänglich machen.

Gottes Wort schenkt Hilfe und Hoffnung mit dem Fehlen des Familiensegens fertigzuwerden, eine Hoffnung, die gewiß nicht daraus entspringt, daß wir unsere Eltern verachten oder den Kopf in den Sand stecken und die Vergangenheit ignorieren. Doch bevor wir uns nach einem Heilmittel umsehen, müssen wir erst einmal die bestehenden Probleme begreifen. Nur dann erlangen wir die Freiheit, in der Gegenwart voranzuschreiten und Hilfe dafür zu bekommen, daß wir eine schmerzvolle Vergangenheit nicht wiederholen.

Mit dieser wichtigen Warnung vor Augen wollen wir uns die erste von den Familien ansehen, die gemeinhin den Segen verweigern. In unserem ersten Beispiel wird *ein* Kind mit Segen überschüttet, die anderen gehen leer aus.

Die erste Familie: Flut oder Dürre

Im Frühling ist das Gebiet um Seattle besonders prächtig und von üppigem Grün. Fast jeden Tag wälzen Wolken heran und feuchten das Land mit erfrischenden Regenschauern an. Läßt man jedoch die Stadt hinter sich und fährt nur wenige Stunden nach Osten über die Berge hinweg, die sich in einer gewissen Entfernung von der Küste erstrecken, dann bietet sich ein völlig anderes Bild. Diese Gebirgskette hält die Niederschläge höchst wirksam ab, so daß nur wenige Wolken hinübergelangen. Das Land an der Ostseite der Berge ist tatsächlich eine Art Halbwüste.

Eine ähnliche Erscheinung können wir heute in vielen Familien beobachten. *Ein* Kind wird, aus einer ganzen Reihe von Gründen, durch seine Eltern mit Segen überschüttet. In der Folge wächst und gedeiht dieses Kind nach außen hin.

Unglücklicherweise sitzen „gleich östlich" von ihm oder ihr am Tisch ein oder mehrere Geschwister, deren Leben einem ausgedörrten Erdboden gleicht. Auf den Boden ihres Lebens fielen so spärlich Segenstropfen, daß sich seelische Risse bilden. Genau dieser Vorgang spielte sich in der Familie eines der Patriarchen des Alten Testaments ab.

Wir kennen den Patriarchen Jakob bereits und wissen, daß er am Ende seines Lebens jedem Sohn einen besonderen Segen erteilte. Doch die Heilige Schrift zeichnet das Leben realistisch und nicht nach Hollywood-Manier, und es ist nun einmal Tatsache, daß Jakob, als seine Kinder jung waren, nur einen einzigen Sohn mit Segen überhäufte. In 1. Mose 37,3-4 lesen wir darüber:

Israel aber hatte Josef lieber als alle seine Söhne, weil er der Sohn seines Alters war, und machte ihm einen bunten Rock. Als nun seine Brüder sahen, daß ihn ihr Vater lieber hatte als alle seine Brüder, wurden sie ihm feind und konnten ihm kein freundliches Wort sagen (1. Mose 37,3-4).

Dieser hübsche bunte Rock mochte dem einen Sohn besondere Zuwendung anzeigen, doch er weckte den Haß von elf anderen Brüdern. Jeder wußte zu der Zeit, daß er ferne vom Segen lebte. Diese Wut erreichte ein solches Ausmaß, daß Josefs Brüder ihn um ein Haar dem Tode überantworteten (1. Mose 37,18-22).

Zorn, Ressentiments und Unsicherheit treten häufig bei Kindern auf, die ohne Segen aufwachsen, vor allen Dingen dann, wenn dieser Segen so nahe und doch so fern war. Wie bei einem Durstigen, der nur in der Ferne den fallenden Regen sieht, können in einem Kind, dem der Segen vorenthalten wird, Mutlosigkeit und Niedergeschlagenheit aufsteigen. Im Leben solcher Menschen können seelische Risse und Schmerzen zu dauerhaftem Groll oder Zorn führen.

Normalerweise nehmen wir an, daß nur Josefs Brüder oder Menschen in ähnlicher Situation all den Problemen dieser Art von Familie gegenüberstehen, doch das entspricht nicht der Wahrheit. Sowohl Kinder, die den Segen vermissen müssen, als auch Kinder, die damit überschüttet werden, können vor schwerwiegenden Problemen stehen. Wir sehen das regelmäßig bei dem einen Kind, das in der Familie den Segen erhielt, sich jedoch deshalb schuldig fühlt und abwehrend verhält.

Normalerweise findet man diese Empfindung bei Berufsathleten. Wegen ihrer überragenden körperlichen Fähigkeiten werden sie oft mit einem besonderen Lob bedacht, weit über das Maß hinaus, das ihren anderen Brüdern und Schwestern zuteil wird. Wir sprachen mit einem Athleten, der diese besondere Aufmerksamkeit als Fluch, nicht als Segen empfand! Verzweifelt wünschte er sich eine enge Beziehung mit seinen Brüdern, doch die übergroße Aufmerksamkeit, die ihm seine Eltern zuwandten, hielt seine Brüder auf Distanz und führte dazu, daß er sich mit Einsamkeit herumquälte und sich innerlich niedergeschlagen fühlte.

Bitte verstehen Sie uns nicht falsch. Jedes Kind braucht von Zeit zu Zeit ein besonderes Lob oder eine ganz spezielle Anerkennung. Doch wenn die Elemente des Segens ausschließlich einem einzigen Kind zufließen, dann können sich bei jedem Kind in der Familie schwerwiegende Probleme einstellen. Fragen Sie nur mal Joyce nach ihrem Bruder Jim.

Joyce wurde von ihrem Vater nicht nur mit Segen überschüttet, sondern geradezu überflutet! Ihr Vater wandte ihr soviel Aufmerksamkeit zu, daß er nur selten einmal Worte des Segens an ihre Mutter und ihren älteren Bruder Jim richtete.

Die Eltern von Joyce und Jim hatten in ihrer Ehe schon eine ganze Zeitlang Streit gehabt. Als ihre Mutter mit Joyce schwanger wurde, war dies in der Tat ihr letzter, verzweifelter Versuch, die Ehe zusammenzuhalten.

Zuerst schien sich auch alles gut zu entwickeln. Die Ehe war besser als seit langem. Doch als die Kinder älter wurden und sich erneut Probleme in der Ehe einschlichen, wandte Joyces Vater in einer Art Flucht seine ganze Aufmerksamkeit seiner Tochter zu. In kürzester Zeit baute sich zwischen Joyce und ihrem Vater eine Bindung auf, die fast exklusive Formen annahm.

Joyces Vater erstickte seine Tochter geradezu mit Zuneigung und Aufmerksamkeit. Seine Frau und sein Sohn, die einsam waren, erkannten dies nur allzu deutlich. Im Laufe der Jahre wurde Joyce der beste Freund ihres Vaters, seine Vertraute und Gefährtin, die ihm Mut zusprach, und die ganze Zeit hindurch litt die übrige Familie unter Vernachlässigung.

Wie reagierte Jim darauf? Er reagierte genauso wie viele andere Kinder, die mit ansehen müssen, wie ein Geschwisterteil die ganze Aufmerksamkeit der Eltern empfängt. Wie Josefs Brüder wurde er zornig auf seine Schwester, weil sie ihm den Vater entwendet hatte, und unternahm beinahe alles, um seine Aufmerksamkeit zurückzugewinnen. Leider bedeutete dies für gewöhnlich, daß er sich „in Szene setzte" oder sogar irgend etwas im Haus zerschlug. An diesem Punkt erregte er nachhaltig die Aufmerksamkeit des Vaters, doch anstelle der Zärtlichkeit, die er suchte, wurde er nur heftig gescholten. So brachten

Jims Aktionen ihm den Vater nicht näher, sondern trieben ihn noch näher zu seiner Schwester.

Jim schlug sich noch mit einem anderen Problem herum, das er mit vielen Menschen, die zu uns kommen und denen der Segen fehlt, gemeinsam hat. In ihm nagte ein Gefühl der Unsicherheit, ob er als Mensch wirklich einen Wert habe und es wert sei, geliebt zu werden. Sein Vater konnte sich doch nicht irren, überlegte Jim, also mußte das Problem bei ihm selbst liegen. Dieses Gefühl beeinflußte Jim zutiefst und wirkte sich noch auf Jahre hinaus auf sein Denken aus.

Tragischerweise führte das Ausbleiben des Segens seines Vaters Jim dazu, diesen Mangel mit der Tatsache gleichzusetzen, daß er ein Junge war. Ein wachsendes Gefühl sexueller Verwirrung setzte seiner Qual über die Ablehnung durch seinen Vater die Krone auf. Er war so zornig auf seine Schwester, weil sie den Segen erlangte, und auf seine Mutter, weil sie nichts zur Abhilfe unternahm, daß alle Frauen zum Gegenstand seiner Abneigung wurden.

Zu jener Zeit war ihm das nicht bewußt, doch seine tiefe Sehnsucht nach dem fehlenden Segen seines Vaters machte ihn zu einem waidwunden Wild und ließ ihn zur leichten Beute für die Avancen eines älteren homosexuellen Mannes werden. Sieben Jahre lang versuchte Jim, den durch den vorenthaltenen Segen entstandenen Mangel durch homosexuelle Beziehungen zu ersetzen, doch dies führte letzten Endes nur zu innerer Qual und seelischer Zerstörung anstelle der freien Entscheidung, die er sich erhofft hatte.

Was geschah nun mit Joyce? Gewiß erlebte sie nicht diese Art von Problemen. Schließlich hatte sie ja von ihrem Vater etwas empfangen, was nach Segen aussah.

Während alle Elemente des Segens über Joyce ausgegossen wurden, war ihr Segen in Wirklichkeit ein Betrug und kein echter Segen. Ihr Vater schenkte ihr seinen Segen nur, um *seine* Bedürfnisse zu stillen und nicht die ihren. Sie wurde dadurch in solchem Maße davon abhängig, daß ihr Vater alle ihre Bedürfnisse erfüllte, daß sie seelisch seine Sklavin wurde.

Als Joyce heranwuchs und die Zeit kam, das Elternhaus zu verlassen und zu heiraten, konnte sie diesen Gedanken überhaupt nicht fassen. Ihr Vater hatte sie so sehr mit Aufmerksamkeit erstickt, daß junge Männer ihres Alters beim Vergleich völlig verblaßten. Ihr Vater benahm sich sogar wie ein eifersüchtiger Rivale und legte seinen Finger auf jeden winzigen Fehler, den er bei den jungen Männern entdecken konnte, mit denen Joyce ausging. Anstatt sie darauf vorzubereiten, die Familie auf gesunde Weise zu „verlassen" und einem anderen Manne „anzuhangen", schnürte er sie gefühlsmäßig so ein, daß sie ihre Bindung nicht auf einen anderen Mann zu übertragen vermochte. Selbst mit Ende zwanzig war sie seelisch ein Teenager, „noch nicht ganz bereit", eine reife Beziehung zu einem anderen Mann einzugehen.

Joyce hatte es nie gelernt, mit anderen zu teilen und Kompromisse zu schließen, und so waren alle Beziehungen mit Männern „enttäuschend" und kurzlebig. Schließlich heiratete Joyce mit Anfang dreißig, doch erst, nachdem ihr Vater den Bräutigam ausgesucht hatte.

Als Joyce zum erstenmal zu uns zur Beratung kam, da geschah es, um über ihren Mann Klage zu führen. Ihr fehlte völlig das Verständnis und die Bereitschaft für die „Dinge, die er von ihr erwartete" – Dinge wie die, daß sie ihm ein wenig Aufmerksamkeit schenkte, um auf *seine* Bedürfnisse einzugehen, oder einverstanden war, nur noch zweimal in der Woche ihren Vater zum Mittagessen zu treffen.

Die Probleme, mit denen sich Jim und Joyce als Erwachsene auseinandersetzen mußten, begannen, als sie jung waren. Jim litt unter dem Fehlen des Segens, während Joyce darum rang, nicht davon überschwemmt zu werden. Der erste Schritt zur Befreiung von dieser ersten Familie, die den Segen verweigern kann, bestand darin, sich diesen Tatsachen zu stellen, – einer Familie, wo der Segen nur auf die eine Seite des Gebirges fällt.

Die zweite Familie: Segen gerade außerhalb der Reichweite

Craig wirkte in der psychiatrischen Abteilung, wo ich (John) Pflichtassistent war, eigenartig fehl am Platze. Er war groß, von athletischer Statur und sah gut aus. In seiner Studentenkleidung machte er den Eindruck, als gehöre er zurück an seine Universität und nicht in die Klinik, allerdings nur, bis man seine Handgelenke erblickte, die von dicken Verbänden umwickelt waren.

Craig war wegen Selbstmordversuchs in die Klinik eingeliefert worden. Wäre sein Zimmergenosse nicht unerwartet in den Schlafraum zurückgekommen und hätte ihn entdeckt, dann wäre Craigs Versuch erfolgreich gewesen. Was hatte diesem jungen Mann soviel Qual bereitet, daß er glaubte, er könne der Zukunft nicht länger entgegensehen? Er wuchs in einer Familie auf, wo der Segen stets gerade außerhalb der Reichweite blieb.

Craigs Vater war Erdölingenieur und wurde auf seinem Gebiet als Kapazität betrachtet. Er verlangte herausragende Leistungen von sich selbst und nichts Geringeres auch von seiner Familie. Infolge seiner kritischen Haltung und der unglaublich hohen Erwartungen, die er an seinen Sohn stellte, wurde sein Segen wie das mechanische Kaninchen bei einem Hunderennen – langsam genug, um den Jagdeifer anzuspornen, aber doch so schnell, daß er nie zu fassen war.

Nichts, was Craig je zustande brachte, entsprach ganz den Normen seines Vaters. Dies galt ganz besonders hinsichtlich von Craigs akademischen Leistungen. In der Schule hatte sich Craig gut gehalten. Er erhielt sogar ein Teilstipendium für eine gute Ingenieurfachschule. Die einzige Bemerkung seines Vaters zu dieser Errungenschaft war, es sei „kein volles Stipendium", und es gebe „bessere Schulen außerhalb des Staates, von denen er nichts gehört habe". Was Craig schließlich zu dem Versuch trieb, sich das Leben zu nehmen, war, daß er zum erstenmal eine schlechtere Note in einem Kurs erhalten sollte.

Craig sehnte sich so sehr nach dem Segen seines Vaters, daß er mit großem Eifer studiert hatte, um ein ausgezeichneter Student zu sein, genau wie sein Vater. Als er seine erste schlechte Note erhielt, bedeutete es für ihn weit mehr als nur den Verlust eines perfekten Zeugnisses. Es bedeutete, daß er jede Aussicht auf den Segen seines Vaters verlor. Dieses „Versagen" raubte Craig in einem solchen Maße jeden Mut, daß es ihm nicht mehr wert schien, sich der Zukunft zu stellen.

Wenn der Segen gerade nicht mehr zu erreichen ist, können für ein Kind riesige Probleme entstehen. Zwar geraten die meisten Menschen nicht bis an den Punkt, wo sie versuchen, sich das Leben zu nehmen wie Craig, doch fast jedes Kind, das in einer Familie dieses Typs aufwächst, wird in eine aussichtslose Hetzjagd nach dem Segen seiner Eltern gelockt.

Robin war ein Beispiel für eine Frau, die ihr Leben damit zubrachte, hinter der Liebe und Zuwendung ihrer Eltern herzurennen.

Robins Eltern waren beide sehr anspruchsvoll. Ihr Vater war ein erfolgreicher Geschäftsmann, und ihre Mutter spielte eine große Rolle in Gesellschaftskreisen. „Erfolg" war ein Motto ihrer Familie und hatte mit jeder Zeitschrift zu tun, die abonniert wurde. Sie verlangten hervorragende Leistungen von Robin und spendeten Lob oder Umarmung nur bei spektakulären Errungenschaften. Diese Eltern erkannten nicht, daß durch die Platzierung des Segens auf der obersten Stufe ihre Tochter in einer entsetzlichen „Doppelbindung" aufwuchs.

Ihrem Vater zu Gefallen hatte Robin am College im Hauptfach Marketing studiert, genau wie er. Sie absolvierte ihre Studien recht gut und bekam eine Stellung, die mit Ansehen und der Aussicht auf weiteres Vorwärtskommen verbunden war. Robin machte viele Überstunden, und ihr Vater war von ihren Leistungen recht angetan.

Bald darauf verliebte sich Robin und heiratete einen Juniorpartner der Firma. Nach einigen Jahren wurden dem Ehepaar Kinder geboren. Die beiden Jungen wurden umgehend der Augapfel ihrer Großmutter. Robins Mutter erwartete von ihr, daß sie sich um die Kinder in der gleichen Weise annahm, wie sie das einst getan hatte – wobei sie vergaß, daß sie in ihrer Ehe niemals berufstätig gewesen war. Ständig lag sie Robin damit in den Ohren.

Nicht lange, und Robin wurde erbarmungslos in zwei Richtungen gezerrt. Um den Segen ihres Vaters zu erlangen, versuchte sie bei ihrer Arbeit das gleiche Tempo beizubehalten, das ihr in der Vergangenheit sein Lob beschert hatte. Doch damals hatte sie keine zwei kleinen Kinder, die noch nicht zur Schule gingen. Um den Segen ihrer Mutter zu erlangen, versuchte Robin, eine „Übermutter" zu sein und alles mit ihren Kindern zu unternehmen, was eine nicht berufstätige Mutter tat. Nach mehreren Jahren eines mörderischen Terminplans wurde der Druck zu stark. Sie zerbrach innerlich wie eine Glasscheibe, die zu heftigem Druck ausgesetzt wird.

Wir leben in einer Zivilisation, die auf ein so rasches Tempo getrimmt ist, daß man sich leicht in einen Zusammenbruch treiben läßt. Unglücklicherweise sind gerade Menschen, denen der Segen vorenthalten wurde, oft besonders anfällig für diese Art hektischer Betriebsamkeit. Um elterliche Zuwendung zu erlangen, werden sie zu „Workaholics", sie verfallen der Arbeitssucht.

Arbeitssüchtige auf der Suche nach dem Segen findet man in der christlichen Gemeinschaft, und keineswegs nur bei denen, die in den Kirchenbänken sitzen. Viele Geistliche werden heute dazu getrieben, immer mehr zu tun, um anderen zu dienen. Was sie in Wirklichkeit antreibt, kann ein Versuch sein, von anderen eine Zuwendung zu erfahren, die sie von ihren Eltern nicht bekamen.

Pastor Rick war das, was viele als Modellpfarrer betrachten. Es war ihm gelungen, während seines Studiums den Predigtpreis zu gewinnen. Seine pastorale Tätigkeit begann er in einer kleinen Gemeinde, die in fünfzehn Jahren nicht gewachsen war. Innerhalb von zwei Jahren hatte er den Gottesdienstbesuch verdreifacht und war in eine andere Gemeinde übergewechselt. Dieser Aufwärtsbewegung in der Wachstumsleiter der Gemeinde folgte großer Erfolg, und er wurde weiter ins christliche Rampenlicht geschoben. Nach vier Jahren an seiner zweiten Kirche, wo er Tag und Nacht arbeitete, um der Gemeinde zu dienen, wurde ihm die Stelle des ersten Pfarrers einer „Riesengemeinde" mit einem Mitgliederstand von mehreren Tausend angeboten. Für einen Pfarrer seines Bekenntnisses stand er damit ganz oben auf der Erfolgsleiter.

Gleichgültig, wohin Pastor Rick ging, immer mehr Leute sagten ihm, wie großartig er sei. Und bei diesen Erklärungen fühlte er sich immer leerer. Fernsehauftritte und Konferenzschaltungen konnten seine wirklichen Bedürfnisse jedoch nicht stillen. Auf dem Höhepunkt seiner Tätigkeit erlitt er im Alter von sechsundvierzig Jahren einen Nervenzusammenbruch und mußte seine Gemeinde verlassen.

Ein wesentlicher Grund für dieses Geschehnis lag darin, daß die Menschenmengen niemals den Mangel an Zuwendung ausfüllen konnten, die dieser Mann von seiten seiner Eltern vermissen mußte. Seine Eltern waren nicht christlich eingestellt, und nichts von dem, was er zustandebrachte, rang ihnen ein Wort des Segens ab. Er hatte sich immer härter darum bemüht, der perfekte Geistliche zu sein, hatte versucht, seinen Eltern zu beweisen, daß er des Segens wert war; doch ihr Segen erreichte ihn nie. Sein Drang, das Fehlen dieses Segens durch das Lob anderer auszugleichen, zerbrach ihn seelisch und zerstörte sein Leben.

Dieser Mann mußte sich ernsthaft mit den unterschwelligen Kräften auseinandersetzen, die ihn formten. Glücklicherweise tat er das auch. Nachdem er vier Monate lang sein Leben einer ehrlichen Betrachtung unterzogen und sich die Zeit genommen hatte, von neuem mit dem Gott bekannt zu werden, der sagt: „Mein Joch ist sanft, und meine Last ist leicht", konnte er mit einer völlig neuen Einstellung in sein Amt zurückkehren. Da er nicht länger getrieben wurde, sein Bedürfnis nach persönlicher Zuwendung durch andere Menschen zu stillen, war er zum erstenmal in all den Jahren seines Wirkens wirklich frei für den

Dienst an seiner Gemeinde. Endlich konnte er sich an der Zuwendung Gottes erfreuen, einfach weil er atmete und nicht, weil er versuchte, die tausenderlei Nöte um sich herum zu befriedigen. Die Folge war, daß sein Wirken, seine Frau und seine Familie aufblühten.

Durch die Anwendung der gleichen Grundsätze, die wir in einem späteren Kapitel entdecken werden, fand dieser Pfarrer heraus, wie er auch ohne Segen seiner Eltern ein erfülltes Leben führen konnte. Er lernte, vom Überfluß des göttlichen Segenskelches zu trinken und nicht aus dem leeren Becher seiner Eltern. Doch es gelang ihm erst durch eine ernsthafte Auseinandersetzung mit seiner Vergangenheit, zu der auch das Aufwachsen in einer Familie gehörte, in welcher der Segen nie zu erreichen war.

Die dritte Familie: Segen im Tausch gegen Last

In manchen Familien wird einem Kind zwar der Segen zuteil, aber zu einem schrecklichen Preis. Lesen Sie die Worte einer Frau, die einen Brief an einen bekannten Kolumnisten schrieb. Ihre Worte sprechen von den unglaublichen Kosten, die für sie damit verbunden waren, wenigstens einen kleinen Teil des Segens zu erlangen:

> Seit ich ein kleines Mädchen war, weckte meine Mutter Schuldgefühle in mir, wenn ich nicht tat, was sie wollte. Dutzende Male sagte sie zu mir: „Es wird dir noch leid tun, wenn ich erst in meinem Sarg liege." Ich war nie ein böses Kind. Immer tat ich, was sie von mir verlangte ...
>
> Meine Eltern sind beide zweiundachtzig. In absehbarer Zeit wird meine Mutter sterben, und die Angst, was dann mit mir geschieht, erfüllt mich mit Entsetzen.

Die arme Frau hat für ihren Segen einen ungeheuren Preis bezahlt – praktisch ihr Leben, und das für einen Segen, von dem sie nicht einmal sicher ist, daß sie ihn überhaupt empfangen hat. Haben Sie ihre Worte noch im Ohr? „Ich war nie ein böses Kind. Immer tat ich, was sie von mir verlangte." Trotz all ihrer Anstrengungen empfing sie eine Last statt eines Segens.

In dieser dritten Art von Familien, in denen der Segen verweigert wird, geschieht eine furchtbare Transaktion. Durch Schuldgefühle oder Angst wird ein Kind dazu verleitet, alle seine Rechte auf eigene Ziele und Wünsche aufzugeben. Im Gegenzug erhält das Kind einen

Segen, der nur solange anhält, bis der nächste eigensüchtige Wunsch der Eltern nach Erfüllung verlangt. So war es im Falle von Nicole, einer Frau, die ein schreckliches Geheimnis mit sich herumschleppen mußte, um ihren Segen zu behalten. Ihre Eltern ließen sich scheiden, als Nicole erst neun Jahre alt war. Nach einer stürmischen Romanze heiratete ihre Mutter innerhalb von weniger als sechs Monaten von neuem, und ein Stiefvater zog ins Haus. Als Nicoles Mutter eines Abends fort war, kam ihr Stiefvater ins Zimmer. Was nach seinen Worten ein „Spiel" werden sollte, wurde für Nicole zu einem Abend voll Scham und Entsetzen. Wie Tausende von Mädchen ihres Alters, wurde sie das Opfer sexuellen Mißbrauchs.

Am nächsten Morgen nahm ihr Stiefvater sie beiseite und sagte ihr, falls sie jemals zu irgend jemandem über das Vorgefallene spräche, werde er sich von ihrer Mutter scheiden lassen, sie selbst lahm und krumm schlagen und sie und ihre Mutter „auf der Straße verhungern lassen". Wenn sie jedoch den Mund halte, werde er sie akzeptieren und zu ihr und ihrer Mutter nett sein.

Die Angst vor dem, was mit ihrer Mutter passieren könnte, zusammen mit ihren eigenen Schamgefühlen verschloß ihr die Lippen. Da Nicole ihrer Mutter gegenüber niemals etwas von dem erwähnte, was sich zugetragen hatte, hielt ihr Stiefvater seinen Teil des Handels ein. Er führte sein Leben und seine Ehe weiter, als sei nichts geschehen. Nach jenem einen Abend benahm er sich ihr gegenüber sogar anständig.

Mit ihrem Schweigen erkaufte sich Nicole die Gunst ihres Stiefvaters zu einem furchtbaren Preis. Die ganzen Jahre hindurch wurde sie in ihrer eigenen Familie seelisch als Geisel gehalten. Irrtümlich glaubte sie, mit ihrem Stillhalten würde sie den Segen ihres Stiefvaters für sich und ihre Mutter einhandeln. Erst später erkannte sie, daß ein Mann wie ihr Stiefvater nur einen Fluch geben konnte.

Als wir Nicole zum erstenmal begegneten, war sie verheiratet und Mutter von drei Kindern. Seit Jahren lebte sie bereits in einem anderen Staat und sah ihre Mutter und den Stiefvater nur selten. Um die Gemeinschaft ihrer Eltern zu erhalten, hatte sie einen schrecklichen Preis bezahlt. Sie war nicht imstande, ihre tiefsten Qualen und Schmerzen laut zu äußern, doch ihre peinvollen Erinnerungen schrien ihr Tag und Nacht zu, dieses Unrecht zu beseitigen. Erst als sie zusammenbrach und das Geheimnis ihrem liebevollen Mann anvertraute, erlangte sie Freiheit von dieser Last der Vergangenheit.

Eltern, welche die Elemente des Segens für ihr Kind mit so starken Banden verknüpfen, fügen ihm schweren Schaden zu. Sie benutzen eins der stärksten Bedürfnisse des menschlichen Herzens, um ein Kind in das Netz ihres eigenen egoistischen Verlangens zu locken.

Nicole und andere in gleicher Lage können einen wirklichen Segen empfangen. Nicole erkannte dies zuerst in der geduldigen, liebevollen Haltung ihres Mannes, und sie glaubte daran, als sie zum ersten Male die Liebe ihres himmlischen Vaters entdeckte, die mit keinen Fesseln belastet war.

Wenn wir eine schwere Last zu tragen haben, um den Segen unserer Eltern zu erlangen, oder wenn wir dies von unseren Kindern erwarten, dann müssen wir uns darüber im klaren sein, daß wir nur einen vorgetäuschten Segen erhalten oder geben. Der Segen, wie er uns im Alten Testament begegnet, wurde um keinen solchen furchtbaren Preis erkauft. Er war eine Gabe, die geschenkt wurde, und nicht etwas, was man sich verdienen mußte. Wie die Liebe Gottes, ist auch er ein Akt unverdienter Gunst und bedingungsloser Zuwendung, und er wird einem Menschen von hoher Wertschätzung gespendet.

Trotz der Probleme mit ihrem Elternhaus konnten Joyce, Jim, Craig, Robin, Pastor Rick und sogar Nicole mit dem Vorenthalten des Segens fertig werden. Sie entdeckten, wie wir das in einem späteren Kapitel noch tun werden, daß es für jeden, der in ähnlicher Situation aufwuchs, Hoffnung und Hilfe gibt. Wir müssen jedoch noch zwei weitere Formen von Familien aufsuchen, in denen der Segen verweigert wird. Dann werden wir uns der Hilfe zuwenden, die diese Menschen für sich entdeckten. Auf unserem ersten Halt kommen wir zu einer Familie, die von dem Banner geprägt ist: „Hier lebt eine unnachgiebige Tradition."

9. Familien, die den Segen verweigern: Teil 2

Jim war völlig durcheinander und verzweifelt. Mit neunzehn war er von seinem Vater aus dem Elternhaus gewiesen worden und wußte nicht, wo er sich hinwenden sollte. Was war geschehen? Hatte er sich offen aufgelehnt? Hatte er gestohlen oder gelogen?

Für Jims Vater war die Sache noch schlimmer. Jim sollte eine Rolle erfüllen, die von seiner Familie erwartet wurde, und Jim hatte beschlossen, daß er in diese Form nicht hineinpaßte. In einem Elternhaus, wo das Motto „Hier lebt eine unbeugsame Tradition" hochgehalten wird, ist dies eine unverzeihliche Sünde. In solchen Familien wird der Segen nur vermittelt, wenn diese Traditionen gewahrt werden.

Jims Vater war Geistlicher. Sein Großvater war Geistlicher, ja sogar sein Urgroßvater! Drei Generationen von Smiths hatten früh in ihrem Leben die Berufung zum Pfarramt vernommen und ohne zu fragen darauf reagiert. Nun war die vierte Generation an der Reihe. Jims älterer Bruder hatte sich für das Pfarramt entschieden und besuchte dasselbe Seminar, in dem auch schon sein Vater studiert hatte. Bei Jim jedoch war das Schema drauf und dran, zu zerbrechen.

Jim hatte schon früh in seinem Leben zu Christus als seinem Herrn und Heiland gefunden, und seine Liebe zum Herrn war im Laufe der Jahre noch gewachsen. Er besuchte ein christliches College in seiner Heimatstadt und ging mit der Tochter eines Pfarrers. Bis zu diesem Punkt hatte Jim den für einen Smith vorgeschriebenen Plan erfüllt. Das Seminar lag gewiß gleich bei der Hand und anschließend eine kleine Pfarrei, um die Tradition seiner Familie fortzuführen.

Da traf Jim eine Entscheidung, die seine Eltern im höchsten Maße aufbrachte. Als er im College sein Hauptfach wählen mußte, gab er dem Fach Marketing den Vorzug vor Missionswissenschaft.

Jims Vater war tief gekränkt. Drei Generationen von Smiths als Geistliche und beide Söhne in Seminar- oder Vorseminarausbildung war eine so gute Illustration in Predigten und bei Konferenzen gewesen. Nun lief er Gefahr, das Anrecht zu verlieren, sich mit seiner Familie zu brüsten. Und das alles wegen eines aufmüpfigen Sohnes, der das Unzweifelhafte in Zweifel zu ziehen wagte, und das machte ein Smith einfach nicht.

Zuerst geriet seine Freundin in Verdacht, Jim von seiner Berufung wegzulocken, doch dies erwies sich als falsch. Seine engsten Freunde waren alle Christen, und es ließen sich wenig Anhaltspunkte dafür beibringen, daß aus dieser Richtung eine Verschwörung vom Zaun gebrochen worden war. Nein, das Ganze war Jims ureigenster Entschluß. Eines Abends nach dem Nachtessen wechselten er und sein Vater in einer erregten Sitzung zornige Worte. Als Jim nicht eingestehen wollte, daß es die Sünde in seinem Leben war, die ihn in die Irre geführt habe, griff der Vater zur „Disziplin" gegenüber seinem fehlgeleiteten Sohn. Er befahl Jim, sich solange von seiner Familie zu trennen, bis er seine Irrwege bereue.

Klingt Ihnen das unglaublich? Jeden Tag müssen Söhne und Töchter eine solche Trennung erdulden, die eine starre Familientradition brechen. Wir erlebten das bei einem Sohn, der sich weigerte, die Garage seines Vaters zu übernehmen, und bei einer Tochter, die nicht in die richtige Gesellschaftsschicht hineinheiratete. Ein andermal geschah dies bei einem Sohn, der es wagte, die Republikaner zu wählen, und bei einer Tochter, die der Aufforderung, dem Schwesternkreis ihrer Mutter beizutreten, nicht nachkam.

In jedem der oben erwähnten Beispiele fühlten sich die Eltern in irgendwelchen Erwartungen betrogen, die sie an ihre Kinder hatten. Als Konsequenz verweigerten sie zur Strafe ihren Segen für dieses Kind oder nahmen ihn zurück.

Dieses vierte Elternhaus, das den Segen verweigert, bringt wie auch die anderen, die wir bisher gesehen haben, Probleme für jedes einzelne Kind der Familie mit sich. Dieser Typ von Familie kann einen Bruder dazu zwingen, die Partei der Eltern gegen einen anderen Bruder zu ergreifen, oder eine Schwester dazu nötigen, sich spät abends aus dem Haus zu schleichen, um eine andere Schwester zu besuchen. Irrenden Söhnen und Töchtern kann jeder Feiertag und jedes Familienfest vergällt werden, wenn sich im Augenblick ihres Eintritts eine Eisschicht ausbreitet.

Wir müssen uns darüber im klaren sein, welche Art von Eltern wir uns betrachten, die solche Aktionen fördern. Wir sprechen nicht von Eltern, die sich über einen Sohn oder eine Tochter Sorgen machen, welche auf wirkliche Abwege geraten sind, Eltern, die sich aus diesem Grunde gezwungen sehen, eine gewisse Distanz zu dem betreffenden Kind herzustellen — Eltern wie Eddie und Belle.

Eddies und Belles ältester Sohn, Don, war Alkoholiker. Er hatte mit dem Trinken in Vietnam begonnen, als er Zuflucht zur Flasche nahm, um die Grauen des Krieges zu ersticken. Nach seiner Rückkehr trank er weiter, um vor den Kämpfen um einen Wiedereintritt in das Zivilleben zu flüchten.

Don lernte eine junge Dame kennen, die er nach kaum vier Monaten heiratete. Innerhalb eines Jahres schenkte sie ihrem ersten Kind das Leben.

Don, der nicht imstande war, über die Jahre hinweg einer ordentlichen Berufstätigkeit nachzugehen, und mehr trank als je zuvor, ließ seine Frustration immer mehr an Frau und Kindern aus. Die Situation verschlimmerte sich bis zu einem Punkt, an dem seine Frau gezwungen war, eine Einweisungsverfügung zu erwirken, um sich und die Kinder zu schützen.

Dons zerstörerisches Verhalten brach seinen Eltern das Herz. Tag für Tag beteten sie für ihn und versuchten, ihm mit Rat und Tat zur Seite zu stehen und Mut zu machen. Unzählige Male hatten sie für ihn Finanzbürgschaften übernommen, und bei zwei Anlässen hatten sie sogar eine Kaution gestellt, um ihn aus der Haft zu holen.

In all diesen Kämpfen hatten Dons Eltern ihm nie den Segen vorenthalten. Sie hießen sein Verhalten nicht gut und sagten ihm das auch, doch er war ihr Sohn, und sie liebten ihn zutiefst. Doch als er anfing, seine Familie physisch zu mißhandeln, trafen sie den schmerzlichen Entschluß, ihm finanzielle Unterstützung zu verweigern, wenn er sich keiner Entwöhnungskur unterziehe.

Eddie und Belle teilten ihrem Sohn diesen Beschluß in aller Liebe mit, doch er explodierte vor Wut. Er warf ihnen jedes nur erdenkliche Schimpfwort ins Gesicht und erklärte, sie hätten ihn betrogen. Er drohte, sich dafür zu rächen, und stürmte davon.

Dons Eltern hörten nicht auf, ihren Sohn zu lieben. Doch eben weil sie ihn weit mehr liebten als ihr Verhältnis zu ihm und sein Bestes wollten, waren sie bereit, ihm die Stirn zu bieten und das Risiko auf sich zu nehmen, ihn für eine Zeitlang zu verlieren. Sie verweigerten ihrem Sohn einen bestimmten Aspekt des Segens um der destruktiven Probleme willen, mit denen er es zu tun hatte. Sowohl im Angesicht der Bibel wie ihrer menschlichen Beziehung standen sie auf festem Grund, als sie ihrem Sohn diesen Teil des Segens vorenthielten.

Solche Eltern firmieren nicht unter dem Banner „Starre Familientradition". Dazu weist ihre ausdauernde Liebe viel Reife, persönliche Rechtschaffenheit und Mut auf. Die Art von Elternhaus, die wir meinen, gilt für Leute wie Jerry und Helen, die ihrer Tochter jedes bißchen Segen verweigern aus Gründen, die ungefähr so solide sind wie Treibsand.

Brenda war eine charmante, intelligente junge Dame, die mit großer Liebe an ihren Eltern hing. Sie hatten sie ebenfalls lieb und besaßen auch die materiellen Mittel, diesem Gefühl auf greifbare Weise Ausdruck zu verleihen — neue Kleider, neue Autos, die besten Schulen. All dies gehörte ihr, bis sie Brent kennenlernte und sich in ihn verliebte.

Brent besuchte die gleiche vornehme Schule wie Brenda. Allerdings bezahlte Brent seinen Schulbesuch selbst. Er wies hervorragende Leistungen auf und sah einer glänzenden Zukunft entgegen.

Brent und Brenda begegneten sich am ersten Schultag im Gemeindehaus, wo Brent sich mit Kochen und Saubermachen sein Essen verdiente. Brenda und Brent glaubten beide an Christus und stellten fest, daß sie viele gemeinsame Interessen hatten. Ihre Beziehung begann als enge Freundschaft, doch bis zum Ende des Schuljahres hatte sich zwischen beiden eine tiefe Liebe entwickelt.

Beide waren sicher, daß sich ihre heftigen Gefühle nach einem Sommer ohne Verabredungen wieder legen würden, doch nach Dutzenden von Briefen hin und her und Telefonrechnungen in einer Höhe, daß die Telefongesellschaft hätte zwei weitere Stockwerke anbauen können, wußten sie, daß das kein Strohfeuer war, sondern die wahre Liebe. Als der Dezember des nächsten Jahres gekommen war, sprachen sie von Verlobung, und es wurde Zeit, daß Brent sich bei Brendas Eltern vorstellte.

Brents Mutter wohnte in der Nähe des Colleges, und Brenda hatte sie schon unzählige Male getroffen. Zwischen den beiden Frauen hatte sich eine herzliche Zuneigung entwickelt. Brents Vater war bei einem Autounfall ums Leben gekommen, als Brent noch ein Junge war, und seine Mutter hatte durch ihre Arbeit in einer Schulkantine den Lebensunterhalt für beide verdient. Brenda fühlte sich bei Brents Mutter zu Hause, und sie war sich ganz sicher, daß ihre Eltern Brent mit offenen Armen aufnehmen würden. Nichts lag der Wahrheit ferner.

Brenda war so verliebt, daß sie nicht bemerkt hatte, wie sich die Haltung ihrer Eltern gegenüber ihrer Beziehung verhärtete. Sie hatten die Sache nicht durch ein Verbot noch fördern wollen und gehofft, wenn sie Parties veranstalteten und ihre Tochter mit in den Club nahmen, wo all die „netten Jungs" waren, würde sie die Beziehung von sich aus abbrechen. Das wenige, was sie von Brents Herkunft gehört hatten, war mehr als genug. Nie und unter keinen Umständen würde er ihr Haus betreten, geschweige denn ihr Schwiegersohn werden. Für ihre Eltern stand viel zu viel auf dem Spiel, wenn es um den gesellschaftlichen Status ihrer Tochter und ihren eigenen ging.

Brenda war völlig am Boden zerstört, als sie diese Botschaft erfuhr. Brent saß bei ihr im Zimmer, als sie ihre Eltern anrief. Sie und Brent waren so aufgeregt gewesen, ihnen „die Neuigkeit beizubringen", daß er mit ihr heimgehen und um ihre Hand anhalten wollte. Doch in wenigen Minuten waren die Hoffnungen des Paares zerstoben. Brenda konnte ihn *nicht* mit nach Hause bringen, und sie sollte ihn nicht mehr treffen, sonst würde sie die finanziellen Unterstützungen ihrer Eltern für die Schule verlieren.

Brent und Brenda versuchten, die Scherben ihres zerstörten Traumes aufzuklauben. Brenda fuhr nach Hause, um zu sehen, ob sie ihre Eltern umstimmen könne, doch davon war keine Rede. Sie wiederholten lediglich ihre entschiedene Warnung, daß viel zu viel für sie auf dem Spiel stand, um das alles wegzuwerfen wegen eines Mannes, der sie oder ihre Familie „nicht verdiente".

Brent und Brenda suchten Rat bei ihrem Pfarrer und nahen Freunden und wandten sich sogar an den Gemeindepfarrer ihrer Eltern, um ihn um Rat zu fragen. Doch reichten weder Himmel noch Erde aus, um das Ultimatum ihrer Eltern auch nur um ein Zoll zu verrücken.

Brenda erklärte ihren Eltern, daß sie glaube, Gott habe Brent und sie zusammengeführt. Wie jeder andere im Club, gingen auch Brendas Eltern zur Kirche, doch der Gott, den sie kannten, würde einen solchen gesellschaftlichen Außenseiter niemals gutheißen. Reichte es doch schon, daß er arm war, aber er war auch ein Yankee, um allem die Krone aufzusetzen. In ihrer Vorstellung konnte der Segen Gottes und ihr eigener niemals auf einem solchen Menschen ruhen.

Um Brendas Eltern entgegenzukommen, verschoben die beiden jungen Leute ihre Verlobung und Heirat um anderthalb Jahre. Doch jeder Versuch Brents, ihren Eltern gegenüberzutreten und die Angelegenheit mit ihnen zu besprechen, wurde bereits im Keim erstickt.

Brenda, die nur noch ein Semester vor sich hatte, mußte die schwerste Entscheidung ihres Lebens treffen, eine Entscheidung, für die sie auch jetzt nach sieben Jahren noch zu zahlen hat. Sie und Brent wurden in einem feierlichen Gottesdienst in einer kleinen Universitäts-kapelle getraut. Als Vertretung der Eltern war nur Brents Mutter anwesend. Brenda übernahm eine Teilzeitarbeit im Buchladen der Schule, um die Mittel für ihr letztes Semester und die Abschlußprü-fung aufzubringen.

Brendas Eltern besuchten Brenda und Brent zweimal in den vergan-genen sieben Jahren, jedesmal, um für einige Tage ein neugeborenes Enkelkind zu sehen. Doch ihre erbitterte Ablehnung ließ nie nach. Mit der Verweigerung ihres Segens für Brendas Heirat – selbst sieben Jahre nach der Eheschließung – hatten sie einen fragwürdigen Sieg errun-gen. Sie verloren die Schlacht, als es darum ging, wen ihre Tochter hei-ratete, doch den Krieg gewinnen sie jeden einsamen Tag und jeden betrübten Feiertag, den Brenda ohne ihre Liebe und Unterstützung verleben muß.

Man könnte erst einmal darüber debattieren, ob Brent und Brenda überhaupt hätten heiraten sollen, vor allem ohne den Segen ihrer Eltern. Doch selbst sieben Jahre nach der Verheiratung weiterhin ver-bittert, voller Groll und nicht bereit zu sein, Verbindung zu ihrer Tochter oder ihrem Gatten aufzunehmen, zeigt einzig und allein den Wunsch zu strafen, nicht das Beharren auf Grundsätze.

Eine der größten Gaben, die Eltern einem Kind mitgeben können, ist zweifellos ihr Segen, wenn dieses Kind heiratet. Wenn Eltern diesen Segen verweigern, weil ihre Kinder sie um eine „hochkirchliche" Trauung gebracht haben oder weil sie einen Griechen statt eines Tsche-chen, einen Deutschen statt eines Italieners heiraten, in eine andere Kirche überwechseln, dann führen sie einen Schlag unter die Gürtelli-nie.

Wir sprechen hier nicht von Eltern, die sich darum grämen, daß ihr gläubiger Sohn unbedingt eine ungläubige Frau heiraten will oder daß ihre bisher ledige Tochter sich eventuell einen gerade zum fünftenmal geschiedenen Mann zum Ehegatten aussuchen könnte. Selbst in sol-chen Situationen können Eltern ihrem Kind noch Liebe erweisen, anstatt dessen Handlungen zu mißbilligen.

Unser Thema sind Elternhäuser mit dem Motto „Hier leben starre Traditionen" ohne Rücksicht auf Recht oder Unrecht – nur die Tradi-tion zählt. Sie wissen ganz genau, welche Auswirkung ihre strafende Entscheidung hat, den Segen zu verweigern – und genau deshalb stehen sie zu ihr. Ihr Stolz ist verletzt worden, und nun verletzen sie ihre Kinder dafür. Im Laufe der Jahre kann die Haltung solcher Eltern sich sogar noch verhärten. Sie sind nicht bereit, auch nur einen Zoll nachzugeben, als ob sie damit eine Meile preisgeben würden. Sie können dasitzen und sich eine Predigt um die andere über das Vergeben anhören, ohne auch nur einmal mißzuverstehen, was der Pfarrer sagt, und sich dennoch weiterhin weigern, das Bild ihrer Tochter oder ihres Sohnes wieder auf den Kaminsims zu stellen.

In diesen Elternhäusern wird der Segen erteilt, wenn man alle Erwartungen erfüllt. Schlägt man jedoch einen anderen Weg ein, dann muß man darauf gefaßt sein, die beschützende Zuwendung zu verlieren. Dies ist die vierte Art von Familie, die den Segen verweigert, und sie vermag ein Kind seelisch an einen Ort zu bannen, wo ewig Winter und niemals Frühling herrscht.

Die fünfte Familie: Der Segen wird nur teilweise vergeben

Bei dieser letzten Familie empfängt ein Kind zwar den Segen, allerdings nur zum Teil. Es gibt verschiedene Möglichkeiten, wie dies geschehen kann; in jedem Fall bleibt das Gefühl zurück, nur halb gesegnet zu sein. Wir werden uns drei alltägliche Situationen ansehen, in denen ein Teil des Segens vorenthalten wird: Scheidung, böswilliges Verlassen und Adoption.

Wenn Eltern sich scheiden lassen

In den vorangegangenen Kapiteln haben wir die Auswirkungen besprochen, die eine „seelische Scheidung" auf ein Kind haben kann. Diese Situation tritt dann ein, wenn ein Elternteil einem Kind oder Ehegatten den Segen vorenthält, das Ehepaar jedoch beisammen bleibt. Gleichermaßen schwierig ist es für Kinder, sich zurechtzufinden, wenn sich die Eltern tatsächlich scheiden lassen, gleichgültig, wie alt die Kinder bei Vollzug der Scheidung sind.

Beim typischen Szenario rund um eine Scheidung erhält die Frau das Sorgerecht für die Kinder, und der Vater zieht aus. Untersuchungen zeigen, daß im ersten Jahr nach einer Scheidung viele Väter ihre Kinder nach einem festgelegten Plan sehen. Tatsächlich tritt recht häufig das sogenannte „Sugardaddy-Syndrom" ein.

Darunter ist zu verstehen, daß der Vater die Kinder mit Geschenken und Aufmerksamkeiten von der Scheidung weg geradezu überhäuft. Die Kinder können sich dann in der Folge stärker zu ihm hingezogen fühlen als die ganzen Jahre zuvor. Die einzige, die in dieser Zeit mit Schwierigkeiten zu kämpfen hat, ist die Mutter, die sehen muß, wie sie über die Runden kommt und sich gegen die Konkurrenz der üppigen Geschenke und Ausflüge für die Kinder, die sie sich nicht leisten kann, zur Wehr setzen muß.

Leider hält die Aufmerksamkeit nicht lange an, und nach einem Jahr etwa läßt der Kontakt zwischen Vater und Kind bezeichnenderweise allmählich nach. Nach Verlauf von drei Jahren sehen viele Väter ihre Tochter oder ihren Sohn nur noch einmal im Monat oder seltener. Viele dieser Kinder bekommen beim Heranwachsen nur einen Teil des Segens. Der Segen ihrer Mutter ist beständig, ebenso die dauernde Sehnsucht nach dem fehlenden Segen ihres Vaters. Wenn die Flut der anfänglichen Aufmerksamkeit ihres Vater allmählich versickert, stellen sich oftmals Wut, Unsicherheit und Fehlverhalten ein.

Der Segen, den ein Vater seinem Kind schenkt, ist genauso wichtig wie der Segen der Mutter. Fehlt er, dann entsteht im Leben des Kindes ein Vakuum, das nach Ausfüllung verlangt.

Wir möchten einen Punkt hervorheben, der für den zu Hause verbliebenen Elternteil von Wichtigkeit ist, dem Elternteil, der dem Kind ständig den Segen schenkt. Dieser Punkt ist auch bedeutungsvoll für Eltern von Kindern, die verlassen oder adoptiert wurden. Kinder sehnen sich ganz natürlich nach dem Segen des abwesenden Elternteils, unabhängig von der Situation im Zusammenhang mit der Scheidung. Ihre Sehnsucht nach dem fehlenden Element des Segens bedeutet kein Leugnen oder Unterstreichen irgendwelcher Mängel in der Liebe, die ihnen der sorgeberechtigte Elternteil entgegenbringt. Fast alle Kinder haben ein seelisches Bedürfnis, die Verbindung zu dem anderen Menschen wieder herzustellen, der für ihre Geburt verantwortlich ist.

Ich (John) fand die Bestätigung dafür in meinem eigenen Leben. Meine Mutter und mein Vater ließen sich scheiden, als ich etwas über dreizehn Monate alt war. Meine Mutter behielt das Sorgerecht für meinen älteren Bruder, meinen Zwillingsbruder und mich; das bedeutete, daß sie ihre drei Kinder von weniger als drei Jahren allein aufziehen mußte.

Als ich in meinem späteren Leben Gelegenheit fand, Bücher für alleinerziehende Eltern unter dem Motto „Wie man …" durchzulesen, entdeckte ich, daß meine Mutter auf die Titelseite gepaßt hätte. Bis zum heutigen Tag kann ich mich nicht erinnern, daß sie sich jemals negativ über meinen Vater geäußert oder Mauern errichtet hätte, um Kontakte zwischen uns und ihm zu unterbinden. Das galt selbst in den ersten Jahren nach der Scheidung, als sie zur Arbeit gehen mußte.

Meine Mutter arbeitete ganztags als leitende Angestellte einer Spar- und Darlehnskasse, doch ihre Abende und Wochenenden waren voll und ganz uns Kindern gewidmet. Dutzende Male verfrachtete sie uns am Freitag abend in ihr Auto, hängte den kleinen Wohnwagen an, und ab gings in die Berge des nördlichen Arizona oder nach Mexiko an den Strand, wo wir uns mit anderen Familien zusammen am Camping erfreuten.

Camping war ein Interessengebiet, das sich meine Mutter erst zu eigen machen mußte. Sie stammte aus einer wohlhabenden Familie in Indiana, und so bezogen sich ihre bisherigen Erfahrungen auf Holiday Inns neben Campingplätzen. Doch sie wußte, daß drei heranwachsende Jungen die Härten des Lebens im Freien draußen und die männliche Gesellschaft verschiedener verheirateter Freunde brauchten, die jedes Kind im „Camping-Club" wie ein eigenes behandelten.

Ich kann ohne jede Frage sagen, daß meine Brüder und ich den Segen erfuhren, lange bevor wir darüber in der Heiligen Schrift lasen. Von der bedeutsamen Berührung zur Beilegung hoher Wertschätzung, zur Vorzeichnung einer besonderen Zukunft für jeden einzelnen Sohn lernten wir die Elemente des Segens kennen, indem wir sie erlebten. Meine Mutter ist eine sehr liebevolle Person, doch sie ist auch sehr klug, und sie war klug genug, sich nicht zu fragen, ob ihre Liebe angemessen sei, als mein Vater nach mehreren Jahren wieder den Kontakt mit uns suchte.

Heute erfreuen sich meine Brüder und ich einer wachsenden Beziehung zu unserem Vater und stehen dabei nach wie vor unserer Mutter sehr nahe. Diese guten Beziehungen haben wir größtenteils deshalb, weil unser Wunsch nach einem Kontakt zu unserem Vater nicht abgewehrt worden war. Der Segen von unseren beiden Eltern wurde niemals als Trumpfkarte benutzt, um eins gegen das andere auszuspielen. Selbst unter familiären Bedingungen, die vom Ideal Gottes um einiges entfernt waren, fanden wir die Hilfe, um den fehlenden Teil des Segens auszugleichen.

Wir sind uns darüber im klaren, daß nicht alle Scheidungen, nicht alle elterlichen Beziehungen so enden wie in der oben beschriebenen Geschichte. Das ist zum Teil der Grund dafür, warum wir ein ganzes Kapitel der Besprechung widmen werden, wie man das Fehlen eines Segens überwinden kann. Wir wollen jedoch noch einen weiteren Weg aufzeigen, um vor allem alleinerziehenden Eltern zu helfen.

Zwei Programme in unserer Kirche haben sich für alleinerziehende Eltern als besonders hilfreich erwiesen. Das erste ist ein Programm mit der Bezeichnung „Großer Bruder / Kleiner Bruder, Große Schwester / Kleine Schwester", das auf die Bedürfnisse von Jungen und Mädchen eingeht, welche die Elemente des Segens von einer Mutter oder einem Vater vermissen. Dabei wird ein erwachsener Mann mit einem Jungen und eine erwachsene Frau mit einem Mädchen zusammengebracht; auf diese Weise werden Lücken geschlossen, die durch den fehlenden Segen eines Elternteils aufgerissen wurden.

Das zweite Programm, „Adoptiert Großeltern", bringt ein Kind mit einem alleinerziehenden Elternteil mit einem Mitglied der Seniorengruppe zusammen. Diese gläubigen älteren Menschen können einem kleinen Jungen oder Mädchen oftmals ein kostbares Gut bescheren. Ein sechsjähriges Mädchen kommentierte das so: „Großeltern sind die einzigen Erwachsenen, die Zeit zum Zuhören haben." Führt man diese Kinder mit einem älteren Menschen zusammen, der das Bedürfnis hat, gebraucht zu werden, dann wird jeder für den anderen zu einer Quelle des Segens.

Jedes Elternpaar, das eine Scheidung in Erwägung zieht, muß den Dingen klar ins Gesicht sehen. Die Spaltung einer Ehe kann für jedes Kind schwere nachteilige Auswirkungen haben. Zwar können diese Kinder lernen, ohne den Segen beider Eltern auszukommen, doch der beste Platz für die Vermittlung und Weiterführung des Segens ist eine gedeihliche Ehe.

Wenn ein Elternteil die Familie verläßt

Verläßt ein Elternteil die Familie, dann kann dies für ein Kind schlimmer sein als der Verlust durch Tod. Wenn ein Elternteil stirbt, weiß ein Kind, daß es in diesem Leben keine Möglichkeit mehr gibt, von dem verstorbenen Vater oder der Mutter einen fehlenden Teil des Segens zu erlangen. Wenn aber ein Elternteil die Kinder verläßt, dann wissen sie, daß „irgendwo da draußen" ein Mensch lebt, der nach wie vor die

Macht hat, zu segnen. Manche Kinder erhaschen vielleicht einen Eindruck vom Gesicht des fehlenden Menschen auf einem Flugplatz oder in einer Menschenmenge auf der Straße. Wenn sie dann hinrennen, um sich das Gesicht näher anzuschauen, verschwindet die Ähnlichkeit, und sie sehen sich einem Fremden gegenüber.

Wenn ein Vater oder eine Mutter plötzlich und unerwartet die Familie verläßt, kann dies auf ein Kind tiefgreifende Auswirkungen haben. In einem von uns besuchten Seminar über die Auswirkungen auf „im Stich gelassene" Kinder gebrauchte einer der Sprecher das folgende Zitat:

> Der Vater, der seine Familie plötzlich verläßt und sie nie mehr wiedersieht, kann bewirken, daß eine Tochter für immer Angst davor hat, sich einem Mann gegenüber verletzlich zu zeigen, denn sie ist gewiß, daß auch er sie verlassen wird ... Der Zorn seiner Tochter kann dazu führen, daß sie Zeit ihres Lebens Schwierigkeiten mit Männern haben wird. Sie meidet eventuell Männer völlig oder sucht dauernd den Vater, den sie niemals hatte.

Mit der Hilfe Gottes muß eine solche Voraussage nicht unbedingt eintreten. Trotzdem können quälende Fragen in den Gedanken eines Kindes bohren, dessen Eltern einfach fortlaufen, Fragen, wie Laurie sie sich über Jahre hinweg stellte.

Lauries Mutter hatte ihre Familie verlassen. Überraschenderweise sind Ehefrauen, die ihre Familien im Stich lassen, heute keine ungewöhnliche Erscheinung mehr. Ein populäres Buch, das sich mit dieser Tatsache befaßte, trug sogar den bezeichnenden Titel „The Runaway Wifes".

Lauries Mutter hatte ein Verhältnis mit ihrem Vorgesetzten an der Arbeit. Als er in einen anderen Teil des Landes versetzt wurde, packte sie eines Tages, als die übrige Familie aus dem Haus war, ihre Koffer und ging mit ihm. Sie ließ für Laurie keine schriftliche Notiz zurück und rief sie nicht einmal an, um mit ihr zu reden. Ihre Mutter schickte lediglich einen an Lauries Vater adressierten eingeschriebenen Brief, der die Einleitung der Scheidung mitteilte.

Laurie und ihr Vater kamen in den Jahren ihrer Grundschul- und Oberschulzeit recht gut zurecht. Sie besuchte sogar eine Sekretärinnenschule und fand eine nette Stellung als Assistentin eines leitenden Angestellten. Doch sooft sich eine Bekanntschaft Lauries ernsthafter gestaltete, lauerte in ihrem Inneren die Angst.

Jedesmal, wenn Laurie ernstlich an Heirat und Gründung einer Familie dachte, ließ sich eine leise Stimme vernehmen: „Laß das sein. Du bist wie deine Mutter und läßt sie auch im Stich." Erst der Rat eines hilfreichen Pfarrers und die Erfahrung, wie Gott den fehlenden Teil des Segens ausgleichen kann, half ihr endlich soweit, daß sie heiraten und eine glückliche Familie ins Leben rufen konnte.

Verläßt ein Elternteil die übrige Familie, dann bleiben viele wichtige Fragen unbeantwortet. Wer nur die Hälfte der Karten austeilt, die ein Kind für die Erlangung des Segens braucht, der handelt grausam.

Fragen, die sich aus einer Adoption ergeben

In der Beratung finden wir noch eine weitere Gruppe von Kindern, die für gewöhnlich damit ringen, daß sie nur einen Teil des Segens erlangen. Das sind adoptierte Kinder, die sich mit der Frage herumschlagen: „Warum haben mich meine leiblichen Eltern verlassen?"

Wir kennen viele Adoptiveltern, die sich unendliche Mühe geben, diesen Kindern den Segen zu vermitteln. Sie gleichen den Verlust aus, den ein Kind empfinden mag, weil es von seinen leiblichen Eltern getrennt wurde, vor allem, wenn die Adoption schon sehr früh erfolgte. Doch selbst in den besten Familien, wo ein Kind sich der Liebe seiner Adoptiveltern völlig sicher sein kann, erhebt sich noch die Frage: „Warum haben mich meine leiblichen Eltern verlassen?"

Manchmal zeigt sich diese Frage in der Form von Fehlverhalten, um zu sehen, ob die Adoptiveltern „mich genauso verlassen wie meine leiblichen Eltern". Diese Kinder testen die Grenzen des Engagements ihrer Adoptiveltern, weil sie Gewißheit suchen, daß sie wirklich geliebt werden. Andere Kinder treten Clubs bei oder bezahlen Organisationen, um ihre leiblichen Eltern aufzuspüren, alles in dem Versuch, den Teil des Segens zurückzugewinnen, den sie vor Jahren verloren, oder ihn ein letztes Mal zu hören.

Adoptiveltern sollten auf ein solches Verhalten vorbereitet sein, vor allem, wenn das Kind in ein Alter kommt, wo es für sich solche Fragen stellt. Wenn Adoptivkinder jedoch die fünf Elemente des Segens erhalten, gestützt durch Gottes unwandelbare Liebe, können sie die Gewißheit und das Selbstvertrauen haben, sich mit solchen Fragen auf gesunde Weise auseinanderzusetzen. Sie stellen vielleicht diese Fragen, doch sie sind nicht mehr abhängig vom Segen ihrer leiblichen Eltern für das Fundament ihres Lebens. Gottes Liebe, die sich durch die Erteilung des Segens erweist, kann ihnen die Gewißheit schenken, die sie für sich selbst brauchen, und die Gewißheit, daß sie zu einer Familie gehören, die sie von Herzen liebt.

Wir haben uns fünf Arten von Familien angesehen, die den Segen vorenthalten, so wie sie uns in der Beratung für gewöhnlich begegnen. Da jede Familie sich hierbei anders verhält, kann auch die Reaktion jedes Kindes auf das Ausbleiben des Segens in seiner Art einmalig sein.

Das Verweigern des Segens kann sich im Leben eines Kindes als machtvolles formendes Element erweisen, genauso wie die Vermittlung des Segens von machtvoller Wirkung sein kann. Nun, da wir uns dem Ende des Kapitels nähern und zusammenfassen, was wir gelernt haben, wollen wir sieben verschiedene Typen von Kindern betrachten, die aus Elternhäusern ohne Segen stammen.

Was Kinder ohne Segen werden können ...

Suchende

Wir erlebten verschiedene Beispiele, wo Kinder auf das Fehlen des Segens mit einer lebenslangen Suche reagierten. Suchende sind Menschen, die immer nach Vertraulichkeit suchen, doch selten imstande sind, sie zu ertragen. Es sind Menschen, die eine ungeheure Erfüllung in der Werbung um einen anderen Menschen finden. Doch nach der Heirat führt die fehlende Zuwendung ihrer Eltern dazu, daß sie Unbehagen fühlen, wenn sie diese Zuwendung von einem Ehegatten empfangen. Da sie nie erfahren haben, wie sich Zuwendung „anfühlt", sind sie nie zufrieden, wenn sich eine Beziehung allzu lange hinzieht. Sie ringen vielleicht auch mit dem Glauben an Gottes unwandelbare Liebe zu ihnen, weil der Segen in den Anfangsjahren ihres Lebens nicht von langer Dauer war.

Die innerlich Zerbrochenen

Sie sind Menschen, deren Leben durch den Verlust von Liebe und Zuwendung ihrer Eltern zutiefst gestört ist. Furcht, Angst, Depression und seelischer Rückzug lassen sich in vielen Fällen darauf zurückführen, daß ein Mensch den Segen seiner Familie vermissen mußte. Ihr unseliger Pfad kann sie sogar bis zu den furchtbaren Klippen des

Selbstmords führen, wenn sie zu der Überzeugung kommen, sie seien eine „Null im Schnee".

Die Gierigen
Wie ein tonnenschwerer Schwamm saugen diese Menschen als Reaktion auf den fehlenden Segen ihrer Eltern auch den letzten Rest von Lebenskraft und Energie aus einem Ehepartner, Kind, Freund oder der ganzen Kirchengemeinde. Sie sind von ihrer Vergangenheit her seelisch so leer, daß sie andere Menschen mit ihrem ungestillten Verlangen ersticken und wie ein Parasit deren Wunsch, zuzuhören und zu helfen, in sich hineinsaugen.

Unglücklicherweise geschieht es dann, daß die anderen, die versuchen, Jahre unerfüllter Bedürfnisse zu stillen, endlich der Aufgabe überdrüssig werden, das ganze seelische Gewicht des anderen zu tragen, und die Botschaft, die der Gierige damit empfängt, bedeutet, daß er zurückgewiesen wird. Wieder ist er tief verletzt, aber nie erkennt er, daß er diese Schmerzen letzten Endes selbst herbeigeführt hat. Am Ende stößt er den Segen von sich, den andere ihm schenken wollen, gerade dann, wenn er ihn verzweifelt nötig braucht.

Die Zornigen
Solange Menschen aufeinander wütend sind, sind sie aneinander gekettet. Viele Erwachsene sind seelisch an ihre Eltern gefesselt, weil sie zornig sind über den fehlenden Segen. Sie haben nie verziehen oder vergessen. Die Folge ist, daß das Rasseln und Wetzen der innerlichen Ketten sie bei anderen Beziehungen von Vertraulichkeit ablenkt. Viele Kinder treten deshalb mit einer Last auf der Schulter ins Leben, die ihnen in frühen Jahren auferlegt wurde, als sie glaubten, niemals Liebe und Zuwendung in ihrem Elternhaus erfahren zu können.

Die innerlich Losgelösten
Ein altes Sprichwort sagt: „Gebranntes Kind scheut das Feuer." Manche Kinder, denen der Segen verweigert wurde, benutzen dieses Motto. Nachdem sie *einmal* in ihrem Leben den Segen eines für sie wichtigen Menschen verloren, bemühen sie sich ihr ganzes Leben lang, daß dies kein zweites Mal geschieht. Sie halten Ehegatten, Kinder oder nahe Freunde auf Distanz und schützen sich so — um den Preis, daß die Einsamkeit zum Dauergast in ihrem Leben wird.

Die Gehetzten

In diese Kategorie gehören Perfektionisten, Arbeitssüchtige, putzwütige Hausfrauen und ganz allgemein anspruchsvolle Menschen, die nach dem altmodischen Motto hinter dem Segen her sind: Sie versuchen, ihn zu „verdienen". Das Problem ist nur, daß der Segen ein *Geschenk* ist. Man kann Segen nicht kaufen. Man findet zwar einige Arten von Scheinsegen, die man erwerben kann — zu einem unglaublichen Preis —, doch sie halten nicht länger als der „Schaufensterglanz" eines neuen Autos. Auf den Fahrten des wirklichen Lebens rosten und korrodieren diese Scheinsegen in dem Augenblick, da sie das Schaufenster verlassen haben. Die Gehetzten werden durch das Ausbleiben des Segens herausgefordert, einen Kampf gegen eine Windmühle mit dem Namen „Leistung" zu führen in dem illusorischen Versuch, Liebe und Zuwendung zu erlangen.

Die Verführten

Viele Menschen, die auf den Segen ihrer Eltern verzichten mußten, suchen an allen möglichen falschen Stellen nach der verlorenen Liebe. Wie wir in einem früheren Kapitel erwähnten, kann die unerfüllte Sehnsucht nach Liebe und Zuwendung einen Menschen dazu verführen, legitime Bedürfnisse auf illegitimen Wegen zu befriedigen. In diese Kategorie fallen auch alle, die dem Mißbrauch von Suchtstoffen erlegen sind. Allzu häufig dient der Griff zur Flasche oder Pille am Anfang nur dazu, den Schmerz einer leeren Beziehung in Vergangenheit oder Gegenwart zu überdecken. Alkoholismus und Drogenmißbrauch können ein Irrweg sein, auf dem versucht wird, die tiefe seelische Wärme zu erlangen, die Teil der Erfahrung der Segenselemente ist.

In einer kürzlichen Untersuchung über Männer, die dem Glücksspiel verfallen sind — vor allem solche mit „Lotteriefieber" — ergab sich, daß über neunzig Prozent „eine bedrückende Kindheit, gekennzeichnet von Einsamkeit und Ablehnung", hinter sich hatten. Mit anderen Worten, das Ausbleiben der Segenselemente in einem Elternhaus kann ein Kind später dazu verführen, mit unmoralischen Beziehungen, Alkoholismus oder zwanghaftem Glücksspiel die Erfüllung für fehlende menschliche Beziehungen zu suchen.

Es gibt durchaus Hilfe, durch die Menschen die Reihen der oben geschilderten Typen hinter sich lassen und sich den „Gesegneten" anschließen können. Diese Hilfe beginnt mit der Entdeckung der Realität eines geistlichen Familiensegens, den unser Herr für jeden bereithält, der bereit ist, mutig der Vergangenheit entgegenzutreten.

Wenn wir uns diese Familien ansehen, die den Segen verweigern, dann merken wir, daß jedes der Segenselemente, die uns vielleicht abgehen, unser eigen sein kann. Anstatt uns in eine Wiederholung der Vergangenheit einzuspinnen, können wir die Freiheit erlangen, uns zu dem Menschen zu entwickeln, den Gott von uns haben will.

Wir sollten nicht den Blick niederschlagen und die Hoffnung verlieren, wenn wir ohne Segen aufwuchsen. Stattdessen sollten wir zu der unglaublichen Segensquelle für unser Leben aufschauen, die unserem Leben Überfluß beschert, die Art von Segen, der selbst einen Fluch durch Zufriedenheit zu ersetzen vermag.

10. Wie man lernt, abseits vom Segen zu leben

Vor mehreren Jahren hatte ich (John) die Eltern eines tief gestörten einundzwanzigjährigen jungen Mannes mit Namen Dean zur Beratung. Obwohl die Probleme, vor die sich diese Eltern gestellt sahen, schon einige Zeit existierten, hatten sie es lange aufgeschoben, sich nach Hilfe umzutun.

Dean hatte ernsthafte geistige Probleme, die seiner Familie eine ungeheure Last aufbürdeten. Oft war er zornig und streitsüchtig, gelegentlich sogar gewalttätig. Doch das Leben war für diese Familie nicht immer so schwierig gewesen.

Deans Probleme zeigten sich erstmals nach einem Autounfall, als er elf Jahre alt war. Der Unfall ereignete sich, kurz nachdem die Familie nach Texas gezogen war. Vor dem Unfall, als sie noch in Michigan lebten, ging mit Dean und seiner Familie alles ausgezeichnet. Sie waren ein Vorbild als Familie in der Kirche und in ihrer Gemeinde.

Als Deans Verhalten sich im Gefolge des Unfalls zu verändern begann, suchten seine besorgten Eltern einen Spezialisten um den anderen mit ihrem Sohn auf. Sie erhielten jedesmal die gleiche Diagnose: Für das Problem ihres Sohnes gab es keine medizinische Lösung. Vielleicht würden Zeit und Verständnis die Dinge wieder ins Lot bringen.

Deans Mutter liebte ihren Sohn zärtlich. Selbst wenn er wütend und mürrisch war, brachte sie Stunden mit dem Versuch zu, vernünftig mit ihm zu reden und ihm Verse aus der Heiligen Schrift vorzulesen, um einen Eindruck auf sein Leben zu hinterlassen. Stets hoffte sie, daß der „Pfahl in seinem Fleisch" entfernt und sich ihr Leben wieder so gestalten würde, wie es vor dem Unfall gewesen war.

Bei Deans Geschwistern und selbst bei ihrem Mann spielte seine Mutter ständig den Ernst der Probleme ihres Sohnes herunter. Sie versuchte, den durch Deans Verhalten verursachten schweren Druck dadurch zu erleichtern, daß sie oft Familienfeste und besondere Ferienereignisse veranstaltete. Sie wollte eine Zeit herbeiführen, in der die ganze Familie „wieder beisammen wäre, gerade so wie in Michigan". Doch sobald Dean auf der Bildfläche erschien, ruinierte er die Party mit seinen zornigen Äußerungen.

Seine liebende Mutter weigerte sich, anzuerkennen, daß Deans Probleme wirklich so schlimm waren, wie es der Fall war. Ihr Mann und der Rest der Familie mochten denken, was sie wollten. Sie wußte, daß die Dinge wieder besser würden. Das Leben würde wieder genauso werden, wie es „in Michigan" gewesen war. Sie träumte sogar davon – bis ihre Träume sich eines Tages in einen Alptraum verwandelten.

Deans Vater näherte sich dem Pensionsalter, und er und seine Frau freuten sich auf seinen Ruhestand. Die beiden hatten das ihnen von Gott anvertraute Geld gut verwaltet und einen ansehnlichen Spargroschen beiseitegelegt, so daß sie sich nun diesen traumhaften Altersruhesitz oben in den Bergen leisten konnten.

Sechs Monate, bevor Dad offiziell in den Ruhestand trat, riefen sie den Makler an und sagten ihm, es werde Zeit, das Haus zum Verkauf anzubieten. Sie hatten das mit ihren Kindern gründlich besprochen, und jedes einzelne war recht aufgeregt für die Eltern – alle bis auf Dean. Obwohl er schon seit einigen Jahren für sich selbst lebte, war das Haus seiner Eltern immer noch sein Hauptquartier. Das war auch fast notwendig, denn sein gewalttätiges Temperament hatte jeden Zimmergenossen und alle bis auf die unerschütterlichsten Freunde vertrieben.

Als Dean eines Abends zum Haus seiner Eltern zurückkam und im Vorgarten das Schild „Zu Verkaufen" entdeckte, lief er Amok. Wiederholt hieb er gegen die Türe, doch seine Eltern waren nicht zu Hause. Schließlich riß er die Tafel im Vorgarten heraus und zerschmetterte damit die Scheibe in der Haustüre. Dann machte er sich daran, das Haus kurz und klein zu schlagen.

Deans Eltern kehrten nach mehreren Stunden heim. Stühle waren umgeworfen und Lampen zerbrochen. Dean hatte sogar ein Bäumchen im Haus aus dem Pflanzkübel herausgerissen und stattdessen die Verkaufstafel hineingesteckt. Vom Dach bis zum Keller war das Haus völlig verwüstet. Doch unter allem, was Dean getan hatte, war *eins* dabei, das seiner Mutter buchstäblich das Herz brach. Er hätte dem Haus nichts Schlimmeres zufügen können.

In seiner Wut über den Plan seiner Eltern, in einen Altersruhesitz umzuziehen, war Dean in die Diele gegangen, wo die ganzen Familienphotos hingen, und hatte jedes einzelne zerschnitten. Von den Babyphotos bis zum letzten Familienporträt mit allen Enkelkindern hatte er sie so zerrissen, daß sie nicht mehr zu reparieren waren.

Deans Mutter hatte wie jede andere Mutter die Bilder ihrer Kinder wie einen Schatz gehütet. Sie waren für sie unersetzlich und unschätzbar, vor allem die Bilder aus der Zeit vor Deans Unfall. Sie hatten ihr immer die Hoffnung vermittelt, daß eines Tages wieder alles so sein würde wie vorher, gerade so wie „in Michigan".

Deans Mutter lernte in dieser Nacht eine schmerzvolle Lektion, eine Lektion, die sich viele Leute aneignen müssen, denen der Segen ihrer Eltern, ihres Ehegefährten, eines geliebten Menschen oder nahen Freundes vorenthalten wurde.

Deans Mutter mußte endlich erkennen und sich eingestehen, daß sie nun in Texas wohnte und daß das Leben nie wieder so sein würde wie „in Michigan". Selbst wenn bei Dean eine dramatische Erholung einsetzen würde, wären die Dinge nie wieder so wie vorher; sie konnten es auch nicht sein. Anstatt weiter mit dem Traum zu leben, daß Deans Probleme verschwinden würden, oder sich einzureden, daß die letzten zehn Jahre von Deans Ausbrüchen „wirklich nicht so schlimm waren", war sie nun gezwungen, sich mit der Vergangenheit auseinanderzusetzen, und die Verantwortung für den Umgang mit ihren Problemen in der Gegenwart zu übernehmen.

Wir sehen die gleiche zweifache Tendenz unweigerlich bei allen Personen, die den Segen ihrer Eltern vermissen mußten. Viele versuchen, das Offenkundige in ihrem Leben wegzuerklären und nicht zuzugeben. Sie zeichnen imaginäre Bilder ihrer Vergangenheit oder leugnen die wirklichen Probleme. Dadurch werden sie oft davon abgehalten, sich ehrlich mit ihrer Vergangenheit und ihren Eltern auseinanderzusetzen. Indem sie sich selbst oder ihre Eltern beschützen, verhindern sie effektiv eine Heilung.

Wenn wir uns nie der Tatsache stellen, daß uns der Segen vorenthalten wurde, können wir zwar die Auseinandersetzung mit dem Schmerz der Vergangenheit aufschieben, doch umgehen können wir sie nie. Zu Heilung und Leben führt gerade die berechtigte Pein, die entsteht, wenn wir uns dieser Situation ehrlich stellen. Wenn wir diese Pein jedoch zu vermeiden suchen, dann breiten wir darüber Schicht um Schicht von ungerechtfertigten Schmerzen.

Deans Mutter weigerte sich, die schmerzliche Erkenntnis zu akzeptieren, daß ihr Sohn ein schweres Problem hatte, und so litt sie letztlich an einer weit schlimmeren Qual von Schuld, Angst und Reue. Menschen, die die Auseinandersetzung mit ihrer Vergangenheit vor sich herschieben, sammeln oft immer wieder die gleich Art von Ernte ein, eine Ernte, bei der die Qual vervielfacht und die Sorgen verdoppelt werden, und das nur, weil sie sich nicht dem berechtigten Schmerz stellen, der entsteht, wenn man der Wahrheit ins Auge sieht.

Auf den folgenden Seiten möchten wir verschiedene Empfehlungen geben, die Menschen, welche durch das Fehlen des Segens leiden, helfen können – oder auch jenen, die mit diesen Menschen arbeiten. Diese Empfehlungen sind keine einfache Formel, und sie garantieren auch nicht eine unmittelbare Heilung. Bei der Beratung von Männern und Frauen überall im Land stellten wir jedoch fest, daß viele, die sich danach richteten, Hoffnung und Heilung empfingen.

Der Weg zum Segen, den wir den Menschen weisen möchten, beginnt mit dem allerersten Schritt, den wir Deans Mutter zu schildern versuchten. Wir müssen uns selbst gegenüber ehrlich sein.

Beginnen Sie damit, sich selbst gegenüber ehrlich zu sein

Johannes 8,32 ist ein Schriftvers, den wir alle unsere Patienten auswendig lernen lassen. Hier spricht Jesus, und er sagt: „Ihr ... werdet die Wahrheit erkennen, und die Wahrheit wird euch frei machen." Die Wahrheit, von der Jesus in diesem Vers spricht, bezieht sich darauf, ihn in all seiner Reinheit zu erkennen. Christus bietet uns nicht an, alles zuzudecken, Probleme zu leugnen, die wirklich existieren. Wenn wir die Wahrheit kennen, wandeln wir in dem Licht, das die Finsternis bloßlegt, und das allein kann den Anfang für unsere Befreiung bilden.

Viele von uns müssen im Scheinwerfer der Wahrheit ihre Vergangenheit beleuchten. Nur dann gewinnen wir die Freiheit, voll Vertrauen unsere Schritte in die Zukunft zu richten. Greg schaffte es, dies zu tun, und es trug reiche Früchte in seinem Leben.

Greg war vier, als seine Eltern ihm erzählten, ein neues Geschwisterchen sei unterwegs. Wie bei den meisten Vierjährigen erschienen neun Monate wie neun Jahre, während er auf den neuen Spielkameraden wartete.

Endlich kam der Tag, als Gregs Mutter ins Krankenhaus fuhr; da wußte er, daß er nun nicht mehr lange warten mußte. Am nächsten Tag ging Greg mit seinem Vater in die Klinik, um sein kleines Schwesterchen zu sehen. Doch als Greg das Zimmer seiner Mutter betrat, erwartete ihn eine Überraschung. Er hatte zwei Schwestern bekommen, bildhübsche kleine Zwillingsmädchen, die schon jetzt der Augapfel ihrer Mutter waren.

Greg wurde ganz gewiß nicht weniger geliebt, als die Zwillinge nach Hause kamen, doch die Dinge hatten sich von Grund auf geändert. Der große Bruder mußte nun die Zeit seiner Eltern nicht nur mit einer, sondern mit zwei Schwestern teilen. Als die Zwillinge älter wurden, da gestaltete sich die Sachlage von Gregs Standpunkt aus noch schlimmer. Die gleichen Leute, die seine Mutter anhielten und ihr sagten, wie entzückend die kleinen Mädchen in ihrem Zwillingswagen aussahen, hoben nur selten den Blick, um den älteren Bruder zu bemerken, der nach der gleichen Anerkennung verlangte.

Gregs Eltern liebten ihn von ganzem Herzen. Sie versuchten in keiner Weise absichtlich Greg zu übersehen oder sich mehr um die Zwillinge zu kümmern. Greg liebte seine Schwestern ebenfalls. Er war der perfekte große Bruder, nahm seine Aufgaben wahr und brachte ihnen die nötigen Kniffe bei, als sie zur Schule kamen. Doch im Laufe der Jahre entwickelte sich die besondere Bindung zwischen den Zwillingen zu einer kleinen Quelle der Eifersucht für Greg. Mit der speziellen Nähe zwischen den beiden gleichen Schwestern konnte er nicht mithalten, und das wurmte ihn.

Lange, nachdem Greg und seine Schwestern erwachsen waren und das Elternhaus verlassen hatten, besuchte er eines unserer Seminare, wo er zum erstenmal etwas über den Familiensegen hörte. Greg war sich in vielerlei Hinsicht darüber im klaren, daß er von seinen Eltern Liebe und Zuwendung erfuhr, und daß seine Eltern sich größte Mühe gegeben hatten, ihn mit dem Segen auszustatten. Doch im tiefsten Herzen bohrte die Frage, ob er ihn auch wirklich empfangen habe, nachdem die Zwillinge zur Welt gekommen waren. Jahrelang hatte eine nagende Ungewißheit sein Leben durchzogen, die er unmittelbar auf diese Tatsache zurückführen konnte.

Greg wußte, daß sich seine Familie schon bald im Hause seiner Eltern zusammenfinden würde, um dort die Feiertage zu verbringen. Nach dem Ende der Konferenz wußte er aber auch, daß er sich ehrlich mit seinen Gefühlen, wenigstens einen Teil des Segens verpaßt zu haben, auseinandersetzen mußte. Mit jedem bißchen Mut, das er besaß, entschied Greg, das Thema bei seinen Eltern zur Sprache zu bringen.

Am ersten Morgen, den er zu Hause verbrachte, bot sich die Gelegenheit, mit den Eltern über seine Gefühle zu sprechen. Sie saßen zu dritt beim Frühstück, während alle anderen fortgegangen waren, um Weihnachtsschmuck und letzte Geschenke einzukaufen. Greg begann das Gespräch, indem er seinen Eltern darüber berichtete, was er in dem Seminar über den Segen erfahren hatte. Die Vorstellung war auch für sie neu; sie wurden aufmerksam und waren bald mitten in einer Diskussion.

Mehrere Minuten ließ sich Greg Zeit, um seine Eltern zu loben und ihnen dafür zu danken, wie sie mehrere Elemente des Segens in die Praxis umgesetzt hatten.

Schließlich sprach er seine Empfindungen an, nach der Geburt der Zwillinge einen Teil des Segens verloren zu haben. Liebevoll und ohne Anklage eröffnete er den Eltern eins seiner tiefsten Geheimnisse.

Kaum hatte Greg davon zu sprechen begonnen, da brach seine Mutter in Tränen aus. Greg versuchte sie sofort zu trösten und sagte, er wünschte, nie dieses Thema aufgebracht zu haben. „Nein!" entgegnete seine Mutter. „Bitte mach dir keine Gedanken darüber. Ich habe immer geglaubt, es könnte dich belastet haben, aber ich wußte nicht, wie ich es ansprechen sollte."

In diesem Augenblick waren Greg und seine Eltern vereint, weinten und lachten und umarmten sich gegenseitig, als seien sie nach jahrelanger Trennung zum erstenmal wieder zusammengetroffen, und so war es in der Tat ja auch.

An diesem Abend setzten sich die inzwischen erwachsenen Kinder und ihre Eltern zu einer Familienberatung zusammen, was sie viele Jahre hindurch nicht mehr getan hatten. Die Zwillinge wurden mit dem Thema des Gesprächs bekanntgemacht, das am Frühstückstisch geführt worden war. So bekamen auch sie Gelegenheit, unter Tränen ihren Beitrag zu dem Problem zu geben und Bruder wie Eltern ihre Liebe zu bestätigen. Jedes vielleicht vorhandene Schuldgefühl wegen der Situation war damit beseitigt, und voller Dankbarkeit wandten sie sich ihrem mutigen älteren Bruder zu.

Mit Gregs Bereitschaft, ehrlich mit seinen Eltern und seinen Zwillingsschwestern über seine Gefühle zu sprechen, war jeder mögliche Teil des Segens, der ihm vielleicht entgangen war, mehr als erfüllt. In den folgenden Wochen war Greg mit weit größerem Einsatz bei seiner Arbeit, was seinem Arbeitgeber fast sofort auffiel.

Wir können nicht oft genug betonen, wie wichtig es ist, ehrlich hinsichtlich seiner Gefühle zu sein, der Segen sei einem vorenthalten worden. Das ist der entscheidende erste Schritt zu Heilung und Genesung.

Versuchen Sie, den Hintergrund Ihrer Eltern zu verstehen

Als nächstes empfehlen wir allen, die den Segen ihrer Eltern nicht empfangen haben, soviel wie nur irgend möglich über den Hintergrund ihrer Eltern zu verstehen. Die Befolgung dieses Rats kann schon viele davon befreien, daß sie sich darüber den Kopf zerbrechen, warum ihnen nie der Segen zuteil wurde.

Zu der Zeit, als wir dabei waren, dieses Kapitel zu schreiben, trat in vielen Werbesendungen ein Komiker auf, den wir uns begeistert ansahen. Er spielte einen unglaublich tolpatschigen „Tölpel", der ständig seinem Kumpel, Verne, auf die Nerven fällt. Jedesmal, wenn er Verne an etwas wirklich Wichtiges erinnern will — wie etwa das spezielle Produkt, für das er wirbt —, bringt er eine Zeile, die so lautet: „Tätowier' dir das ins Hirn, Verne." Nun, hier folgt ein Grundsatz, von dem wir hoffen, daß ihn sich Menschen, denen der Segen vorenthalten wurde, „ins Hirn tätowieren": In der überwiegenden Mehrzahl aller Fälle, da Eltern ihre Kinder nicht segnen, haben sie selbst keinen Segen empfangen.

Andrea nahm sich diesen Rat zu Herzen, und damit veränderte sich ihre Ansicht über ihren Vater vollständig. Andrea erfuhr vom Begriff des Segens auf einer Freizeit für Alleinstehende, die wir veranstalteten. Seit Jahren hatte sie mit dem Eindruck gerungen, wie ferne der Vater ihr sei. Er war stets herzlich zu seiner Tochter, und nie hatte er seine Stimme gegen eins der Kinder erhoben. Doch das, was fehlte, weckte bohrende Fragen bei Andrea, ob sie den Segen empfangen habe. Außer einer gelegentlichen Umarmung hatte ihr Vater nach ihrem Empfinden keins der fünf Elemente des Segens, die sie gelernt hatte, bewiesen.

Andrea wohnte noch zu Hause, und nach der Freizeit ergriff sie die erste sich bietende Gelegenheit, mit ihrem Vater über das zu sprechen, was sie gelernt hatte. Was Andrea während dieses Gesprächs erfuhr, war ein Schlüssel zum Verständnis ihres Vaters, der Schlüssel, den sie zuvor nicht gekannt hatte.

Nachdem ihr Vater sich angehört hatte, was seine Tochter über den Segen erzählte – er hatte immer schon gut zuhören können, nur war er im Sprechen nicht sehr gewandt – räusperte er sich und vertraute seiner Tochter etwas aus seiner Vergangenheit an. Zum erstenmal berichtete ihr Vater etwas eingehender darüber. Vielleicht hatte sie ihn einfach nie darum gebeten, vielleicht hatte er es auch von sich aus nicht getan, doch an diesem Tage bekam Andrea ein besseres Bild vom Elternhaus ihres Vaters als je zuvor.

Andrea hatte ihre Großeltern väterlicherseits nie kennengelernt. Beide waren einige Jahre vor ihrer Geburt gestorben. Da ihr Vater keine Geschwister gehabt hatte, gab es auch keine Onkel und Tanten, welche die Familiengeschichte hätten weitergeben können.

Andreas Vater war in England aufgewachsen, und seine Eltern waren in ihrer Art ausgeprägt britisch. Anscheinend besaßen sie auch Anspruch auf einen kleinen Adelstitel.

Als ihr Sohn, Andreas Vater, geboren wurde, erzogen sie ihn mit aller Würde und Sorgfalt, die jedem englischen Staatsbürger von hoher Herkunft zustand. Während seiner frühen Jahre hatte er ein Kindermädchen, das ihn erziehen half, während seine Eltern die achtbare Distanz wahrten, die angemessen war, um Kindern Zucht und Manieren beizubringen. Seine Beziehung zu den Eltern war so formell, daß jedesmal, wenn er seinen Vater ansprach, ein „Sir" vorangesetzt werden mußte. Nicht etwa „Dad", „Daddy", „Papa" oder ähnliches kam in diesem Haus in Frage. „Sir" war die korrekte Form der Anrede.

Zu der höchst formellen Anrede seine Eltern gegenüber kam noch, daß die bedeutsame Berührung tabu war, und Lobesworte waren ungefähr so selten wie Zähne bei einem Huhn – falls Sie nicht auf einem Bauernhof aufgewachsen sind –, die sind recht rar.

Im Verlauf einer Stunde erfuhr Andrea mehr über den Hintergrund ihres Vaters als in den ganzen neunzehn Jahren ihres bisherigen Lebens. Auf Grund ihrer Kenntnis über die Umstände, unter denen ihr Vater aufgewachsen war, gewann sie ein neues Mitgefühl und Verständnis für seine Handlungen ihr selbst und ihren Geschwistern gegenüber. Sie kam sogar zu der Einsicht, daß er im Vergleich mit seinen eigenen Eltern sich geradezu fanatisch um die Vermittlung des Segens für alle seine Kinder bemühte. Und die ganze Zeit hindurch hatte sie geglaubt, er verweigere ihn!

Wenn wir einmal innehalten und uns die Zeit nehmen, einen Blick auf das zu werfen, was hinter den Handlungen unserer Eltern in der Gegenwart und zurück in ihrer Vergangenheit liegt, dann ist diese Zeit gut angelegt. In einem späteren Kapitel werden wir noch sehen, daß wir häufig auf die Erkenntnis stoßen, wie unsere Eltern die Elemente des Segens von uns genauso nötig brauchen — wenn nicht noch mehr — als wir von ihnen!

Erkennen Sie, daß selbst ein Fluch sich zum Segen wandeln kann

Manche Kinder durchleben hinsichtlich der Vorstellung von einem Familiensegen eine schwere Zeit. Aus ihrer Sicht haben sie von der Mutter oder dem Vater einen Fluch anstelle eines Segens empfangen. Können solche Menschen soweit gelangen, daß sie diese Wunde, diesen Schmerz hinter sich lassen und sich wirklich geliebt und angenommen fühlen?

Hätte man Helen vor vier Jahren diese Frage gestellt, dann wäre ihre Antwort ein nachdrückliches Nein gewesen. In ihren Gedanken hatte sie die von den Mißhandlungen ihres Vaters erlittene Pein in einem Kreis von Unsicherheit, Ängstlichkeit und Unruhe gefangen. Viele Male hatte sie daran gedacht, einen endgültigen Ausweg aus ihrer Qual zu suchen, doch nie hatte sie den Mut gehabt, das zu Ende zu führen.

Nach Jahren von Wut, Angst und Groll entdeckte Helen vor drei Jahren einen Ausweg. Sie begann, Gottes geistlichen Familiensegen zu begreifen und anzuwenden, ein Vorgang, über den wir in diesem Kapitel noch mehr entdecken werden.

Helen ringt manchmal noch immer mit ihrer Vergangenheit, und jene schrecklichen Bilder von Nächten des Grauens verfolgen sie noch gelegentlich. Doch nun würde sie die Frage: „Gibt es eine Hoffnung für jene, die von ihren Eltern einen Fluch empfingen?" mit einem klaren und deutlichen Ja beantworten. Sie setzt ihre Hoffnung auf einen Gott, der es nicht zuläßt, daß auf ihrem Leben für immer ein Fluch lastet, ein Gott, der stets den Menschen Hilfe schenkt, die durch die niederschmetternden Worte und Taten anderer verflucht sind.

Im Alten Testament findet sich im 5. Buch Mose ein Vers, der für Helen zu einer unmittelbaren Quelle der Hilfe wurde. Wie der einem Ertrinkenden zugeworfene Rettungsring schenkte ihr das Wort Gottes den Auftrieb, um sich über Wasser zu halten, bis Hilfe nahte: „Aber der Herr, dein Gott, wollte Bileam nicht hören und *wandelte dir den Fluch in Segen um,* weil dich der Herr, dein Gott, liebhatte" (5. Mose 23,6).

Sehen wir uns den Hintergrund und die wichtigen Worte dieses Verses etwas näher an. Diese Schriftstelle kann für Menschen, die aus einem unerfreulichen Elternhaus stammen, von großer Hilfe sein.

Bileam war ein Zauberer im alten Orient, der von den heidnischen Königen der Gegend hochgeachtet wurde. Als sich das Volk Israel näherte und kurz vor der Grenze des Gelobten Landes lagerte, war ein König namens Balak tief beunruhigt. Angstvoll und verzweifelt sandte er nach Bileam, er solle kommen und das Volk Gottes verfluchen, damit er es in der Schlacht besiegen könne.

Das Wort *Fluch* wird aus dem hebräischen *qelalah* übersetzt, das soviel wie „gering achten, verachten" bedeutet. Dieses Wort wird für eine „dürftige" Mahlzeit oder ein dünnes „Rinnsal" von Wasser gebraucht. Etwas, was verachtet wird, was keinen hohen Wert genießt.

In den Zeiten des Alten Testaments, und selbst heute noch werten wir jemanden ab, wenn wir ihn verfluchen. Wir nehmen jemanden, der Ehre und Segen wert ist − wie Gottes Volk zur Zeit Bileams und jedes seiner Kinder heute −, und legen ihm einen Wert bei, der weit unter dem tatsächlichen Wert liegt.

Gott war nicht bereit, dies mit seinem Volk geschehen zu lassen. Sie waren Kinder des mächtigen Gottes, der das Universum geschaffen hatte, und sie genossen hohen Wert, weil sie sein waren. Gott nahm diesen Fluch Bileams und wandelte ihn in einen Segen für sein Volk. Schauen wir uns an, wie sich dies auf einen Menschen übertragen läßt, der mit einer quälenden Vergangenheit zu kämpfen hat, einen Menschen wie Helen.

Niemand brauchte Helens Vater etwas dafür zu geben, daß er sie verfluchte. Ihm schien es Spaß zu machen ihr Leben möglichst erbärmlich zu gestalten. Tatsächlich hielt sich Helen meist in der Schulbibliothek oder bei einer Freundin auf, solange sie konnte, bevor sie nach Hause ging. Dann war ihr Vater unter Umständen schon so betrunken, daß er nicht mehr bei Besinnung war. Doch allzu oft war er noch wach und sprang plötzlich vom Fernsehsessel hoch, wenn sie zurückkam. Dann begann seine Art von „Spaß".

„Komm her und nimm deinen Vater in die Arme", pflegte er zu sagen, wenn Helen sich an der Wohnzimmertür vorbeizuschleichen versuchte. Es gab keinen Platz im Haus, wo sie sich hätte verstecken können. Ihre Mutter arbeitete nachts und kam oft auch tagsüber nicht nach Hause, und so war Helen viel mit ihrem Vater allein. Wir wollen uns Einzelheiten ersparen, doch Helen war oft den physischen Mißhandlungen eines kranken Vaters ausgesetzt. Er achtete zwar stets darauf, keine „Flecken zu hinterlassen, die man von außen sehen konnte", doch Tag für Tag hinterließ er erschütternde Narben auf Helens seelischem Leben.

Helen erntete unerwartete Früchte aus dem Umstand, daß sie so viele Abende in der Bibliothek verbrachte, um ihrem Vater auszuweichen. Beim Abschluß an der Highschool lag sie mit an der Spitze ihrer Klasse, und dankbar akzeptierte sie ein Stipendium für eine Schule außerhalb des Bundesstaates.

Körperliche Distanz ist jedoch nicht gleichbedeutend mit seelischer Distanz. Obwohl Helen viele Meilen entfernt in einem anderen Staat lebte, saß sie seelisch immer noch neben ihrem Vater.

Erst nach einer Reihe von Jahren war Helen schließlich imstande, mit ihrer tragischen Vergangenheit ins Reine zu kommen. Von einer fürsorglichen Freundin erfuhr sie zum erstenmal, daß Gott einen Fluch von der Vergangenheit wegnehmen und ihn in einen Segen verwandeln konnte.

Das, was Helen über Gottes Familiensegen lernte, ist das gleiche, womit wir Sie im Rest dieses Kapitels vertraut machen möchten. Zum ersten Mal lernte sie, in der Familie Gottes zu Hause zu sein, als sie Gottes geistlichen Familiensegen annahm.

Mit Gottes Familiensegen vertraut

Manche Kinder hören in diesem Leben nie ein Wort der Liebe und Zuwendung von ihren Eltern, Menschen, denen es geht wie Helen. Manche versuchen, die Tür zum Herzen ihrer Eltern einzurennen, um den fehlenden Segen zu erlangen, doch allzuoft schlägt ihre Bemühung fehl. Was immer die Gründe sein mögen, sie müssen der Tatsache ins Auge sehen, daß ihr Segen aus einer anderen Quelle kommen muß.

Als Helen dies letzten Endes erkannte und sich der Stimme ihres himmlischen Vaters zuwandte, die nach ihr rief, entdeckte sie eine offene Tür des Segens. Sie fand einen geistlichen Familiensegen, der sie mit jedem Element versah, das ihr zu Hause versagt geblieben war.

„Gottes geistlicher Familiensegen" beginnt mit der Tatsache, daß unsere geistliche Herkunft feststeht, wenn wir eine persönliche Beziehung zu Jesus Christus haben.

Als Gläubige haben wir eine sichere Herkunft

In der Beziehung zu ihrem Vater war Helen niemals sicher. Sein Zorn hatte in ihrem Herzen ein Gefühl der Unsicherheit erstarren lassen. Doch als Helen auf Jesus Christus als ihren Herrn und Heiland vertraute, entdeckte sie, daß sie eine Quelle des Segens besaß, die an jedem Tag ihres Lebens und noch darüber hinaus bei ihr sein würde! Helen spürte Verse wie die folgenden auf, die davon sprechen, wie unerschütterlich ihr himmlischer Vater ist und wie dauerhaft ihre Beziehung zu ihm:

Meine Schafe hören meine Stimme, und ich kenne sie, und sie folgen mir; ich gebe ihnen das ewige Leben, und niemals werden sie umkommen, und niemand wird sie aus meiner Hand reißen" (Joh. 10,27-28).

Und Jesus trat heran und sprach zu ihnen: ... Siehe, ich bin bei euch alle Tage bis an das Ende der Welt" (Matth. 28,18-20).

Denn er selbst hat gesagt: „Ich will dich nicht verlassen und nicht vor dir weichen." So dürfen auch wir getrost sagen: „Der Herr ist mein Helfer, ich will mich nicht fürchten; was kann mir ein Mensch antun?" (Hebr. 13,5-6).

„Der Geist Gottes des Herrn ist auf mir, weil der Herr mich gesalbt hat. Er hat mich gesandt, den Elenden gute Botschaft zu bringen, die zerbrochenen Herzen zu verbinden, zu verkündigen den Gefangenen die Freiheit, den Gebundenen, daß sie frei und ledig sein sollen ... zu trösten alle Trauernden ... zu schaffen den Trauernden zu Zion, daß ihnen Schmuck statt Asche, Freudenöl statt Trauerkleid, Lobgesang statt eines betrübten Geistes gegeben werden, daß sie genannt werden ,Bäume der Gerechtigkeit', ,Pflanzung des Herrn', ihm zum Preise (Jes. 61,1-3)."

Das erste, worauf Helen beim Nachhausekommen am Abend achten mußte, war die Stimmung ihres Vaters. Den einen Abend war es Zorn, den nächsten Gleichgültigkeit; gelegentlich konnte er auch ganz nett sein. Seine Wankelmütigkeit hielt sie dermaßen im Ungleichgewicht, daß sie unsicher blieb und sich selbst in Frage stellte. Nun hatte sie eine Beziehung zum himmlischen Vater, die mit den Worten gekennzeichnet ist: „Er ist derselbe gestern und heute und bleibt es auch in Ewigkeit" (Hebr. 13,8). Wer persönlich an Jesus glaubt und sein Leben ihm anvertraut, hat eine gewisse Beziehung zum himmlischen Vater. Doch an Gottes geistlichem Familiensegen ist noch mehr, das die empfangen, die ihr Leben ihm anvertrauen.

Wenn wir glauben, gewinnen wir eine geistliche Familie, die uns segnet

Das Kapitel drei begannen wir mit der Geschichte von einem kleinen Mädchen, das sich schrecklich fürchtete und „jemand mit Haut dran" brauchte, um sie in den Arm zu nehmen. Wie wir in diesem Kapitel sahen, weiß unser Herr um unser ganzes Bedürfnis nach bedeutsamer Berührung. Er kennt auch unser Bedürfnis nach der physischen Gemeinschaft mit anderen, um unser Leben aufzubauen und uns Mut zu geben.

Wenn wir also Christus annehmen, gewinnen wir nicht nur eine sichere Beziehung zu unserem himmlischen Vater, sondern wir treten in eine ganze Familie von Brüdern und Schwestern in Christus ein! Männer und Frauen „mit Haut dran", die uns in den Arm nehmen und festhalten, uns Gottes Liebe, Weisheit und Segen vermitteln können!

Die ersten Christen bieten uns in vieler Hinsicht ein Modell zur Nachfolge. Oft trafen sie sich in den Häusern der einzelnen — die ersten Gemeinden entstanden in Wohnhäusern — und teilten miteinander die Mahlzeiten. Sie waren buchstäblich eine Familie des Glaubens; Paulus erwartete von Timotheus, daß er genau in dieser Weise die Gläubigen behandeln solle, wenn er sie traf. Hören Sie den Rat, den dieser bekannte Apostel seinem jüngeren Beauftragten gab:

Einen älteren Mann behandle nicht schroff, sondern ermahne ihn wie einen Vater, die jungen Männer wie Brüder, die älteren Frauen wie Mütter, die jungen wie Schwestern mit allem Anstand (1. Tim. 5,1-2).

Timotheus war mit diesen Menschen nicht durch leibliche Geburt verwandt, doch weist Paulus deutlich darauf hin, daß er durch geistliche Geburt mit ihnen verwandt war. Sie hatten alle denselben himmlischen Vater, und sie waren alle notwendige Glieder eines einzigen Leibes.

Für beide Verfasser ist dieser Grundsatz, eine geistliche Familie zu haben, eine außergewöhnliche persönliche Hilfe, vor allem in der Weise, wie Gott einen älteren Mann in unser beider Leben benutzte, um uns in Zeiten der Not ein geistlicher Vater zu werden.

Gary besuchte das College, als sein Vater starb und damit im Leben seines Sohnes eine ungeheure Leere hinterließ. An diesem Kreuzweg seines Lebens trat ein frommer Mann mit Namen Rod Toews auf den Plan und wurde ihm ein geistlicher Vater. Rod ist ein in ganz Amerika bekannter Sprecher und christlicher Erzieher. Sein vollgedrängter Terminplan hätte es leicht verhindern können, daß er sich für einen leidenden Collegestudenten Zeit nahm. Doch Rod schätzte Gary hoch ein, nahm ihn unter seine Fittiche und leitete und unterstützte ihn. Mit Worten und durch seine Gegenwart in einer kritischen Zeit gab Rod seinem Schützling den Segen, der Gary durch den Tod seines leiblichen Vaters nun fehlte.

John hatte gerade frisch in der Highschool angefangen, als er einen Mann traf, der sein geistlicher Führer wurde. Doug Barram, damals Gebietsleiter von Young Life, war gekommen, um sich ein Footballspiel der Schulneulinge anzusehen. Außer einigen durch und durch begeisterten Eltern schaut sich *kein Mensch* ein Footballspiel von Anfängern an. Doch Doug war da, stand bei jedem Spiel an den Seitenlinien und sprach einige aufmunternde Worte zu einem jungen Mann, der noch nichts über Christus gehört hatte.

In den folgenden Jahren kümmerte sich dieser Mann in väterlicher Weise um John und seine beiden Brüder. In einem Haushalt mit nur einem Elternteil bot Doug den drei Jungen geistliche Stütze, die sie dringend brauchten. Jeder der drei Brüder fand zur persönlichen Erkenntnis von Jesus Christus und seines himmlischen Vaters durch die tiefe Liebe dieses Mannes für seinen Erlöser, eine Liebe, die sich in seiner väterlichen Zuneigung für die drei Jungen widerspiegelte.

Doch zurück zu Helens Geschichte. Sie machte eine ähnliche Erfahrung, als sie erfuhr, wie die Familie Gottes zur Quelle für den fehlenden Segen werden kann, nach dem sie suchte.

Helen arbeitete in der Buchhaltung einer größeren Ölgesellschaft. Eines Tages trat nach der Pensionierung einer Angestellten Karen ihre Stellung in diesem Büro an. Karen war eine engagierte Christin, die darum gebeten hatte, Gott möge ihr eine Gelegenheit schenken, in ihrer neuen Stelle jemandem von seiner Liebe erzählen zu können. Das sollte nun Helen sein.

Am Anfang war Karen für Helen ein Rätsel. Sie schien immer eine positive Haltung und innere Ruhe zu bewahren, selbst wenn der Arbeitsdruck noch so groß war. Vielleicht waren es gerade das Fehlen jeglicher Furcht und der innere Friede, die Helen zu Karen hinzogen.

Bald freundeten sich die beiden miteinander an und erzählten sich gegenseitig von den „Härten von Verabredungen" und ihrer Frustration an der Arbeit. Doch Karen begann auch, mit Helen über die frohe Botschaft von einem himmlischen Vater zu sprechen, den Helen kennenlernen könnte. Erst wollte Helen von solchen Gesprächen nichts wissen. Doch allmählich bewirkte der Heilige Geist durch Karen, daß Helen fast gegen ihren Willen zur heilsamen Erkenntnis Christi kam.

Karen nahm Helen mit in die Kirche, dem ersten Gottesdienstbesuch in Helens Leben, seit sie erwachsen war. Helen wollte nicht glauben, was dann geschah. Sie wurde gebeten, als Besucherin aufzustehen, und der Pfarrer begrüßte sie. Nach dem Gottesdienst traten eine Reihe von Gemeindemitgliedern auf sie zu und sagten ihr, sie freuten sich, daß sie gekommen sei. Eine ältere Dame nahm sie sogar in die Arme! Helen besuchte mit Karen den Kreis für Alleinstehende. Vor einer kurzen Botschaft wurden gemeinsam Bittgebete gesprochen; die Menschen hielten sich an der Hand und beteten füreinander.

Helen erlebte, wie Menschen, die sie nie zuvor gesehen hatte, sie wie eine Schwester behandelten und sie ermunterten, wiederzukommen. Zum erstenmal hatte Helen erfahren, welch eine Quelle des Segens die Familie der Gemeinde sein kann. Gott nutzte diese Erfahrung buchstäblich, um ihr Leben zu ändern.

Jeder Mensch, der den Segen der Eltern ganz oder teilweise entbehren mußte, kann eine geistliche Familie von Vätern, Müttern, Brüdern und Schwestern gewinnen, die diese Lücke auszufüllen vermag. Mit einer gefestigten persönlichen Beziehung zum himmlischen Vater und durch eine geistliche Familie, die Wärme, Liebe und Zuwendung gewährt, kann Ihnen jedes Element des Segens im Überfluß zuströmen.

Als Gläubige verfügen wir heute über jedes Element des Segens
Für den Fall, daß Sie es vergessen haben oder zu den Lesern gehören,
die mit einem Buch in der Mitte beginnen, wollen wir nochmals die
fünf Elemente aufzählen, die ein Teil des Segens sind und sehen, wie
wir sie einander vermitteln können:

- *Bedeutsame Berührung*
- *Gesprochene Botschaft*
- *Beimessung eines hohen Wertes*
- *Darstellung einer besonderen Zukunft*
- *Aktive Verpflichtung, den Segen zu erfüllen*

Karen versorgte Helen mit jedem einzelnen Element des Segens,
und das brachte Helen zum Erlöser und zu seiner Kirche. Da sie Helen
mit einer Gruppe liebevoller Freunde in der Gemeinde bekannt
machte, konnte sie erleben, wie sich ihr Segen mit der Anteilnahme
vieler Menschen an Helens Leben vervielfachte.

Wie wir in einem späteren Kapitel noch eingehender sehen werden,
hat Gott die Kirche, die örtliche Gemeinschaft der Gläubigen mit der
Gabe versehen, alle Aspekte des Segens an Menschen zu geben, die ihn
brauchen. Das sind auch die Gemeinden, die Unerlöste zu sich ziehen
und nicht einfach versuchen, andere Gläubige von ihrer Gemeinde
weiter drunten an der Straße wegzulocken.

Die vergangenen drei Jahre brachten für Helen große Veränderungen. Aus Isolation und Einsamkeit heraus hatte sie zum erstenmal in
ihrem Leben das Gefühl, wirklich gesegnet zu sein. Sie konnte jeder-
zeit Zuflucht in der Obhut ihrer treusorgenden Freunde in der Kirche
suchen und die ganze Vergangenheit vergessen, oder doch nicht ganz?
Ihr Leben mußte den Kreis erst noch vollenden.

Helen hatte den Segen Gottes von anderen empfangen. Sie mußte
nun auch eine Quelle des Segens für andere Menschen in ihrer Umgebung werden. Auf einmal konnte sie im Hinblick auf die Leute im
Büro und in ihrem Wohnblock daran denken, was sie ihnen zu geben
vermochte, und nicht nur, was sie von ihnen brauchte. Weil ihr Leben
erfüllt war vom Segen Gottes durch seinen Geist und sein Volk,
konnte sie die Menschen lieben und ihnen dienen, ohne daß sie etwas
dafür haben wollte.

Helen hatte am Fest des Lebens, das Gott ihr in seinem Segen bot,
reichen Anteil gehabt. Eines aber blieb noch für sie zu tun, wenn sie

sich endgültig von ihrer Vergangenheit befreien wollte. Sie wollte selbst eine Quelle des Segens sein, und nicht nur für ihre Freunde in der Gemeinde und bei der Arbeit, sondern auch für ihre Feinde, und ganz besonders für *einen* Feind.

Weitergabe des Segens an andere − selbst unsere Feinde

So unglaublich es scheinen mag, für Helen war es notwendig, eine Quelle des Segens für ihren Vater zu werden, gerade den Menschen, der ihr soviel Schmerz zugefügt und sie in erster Linie zu ihrer Suche nach Zuwendung getrieben hatte.

„Könnte ich diesen Teil nicht einfach auslassen?" fragte Helen ihren Pfarrer, als sie ihr Bedürfnis erkannte, ihren Vater zu segnen. Doch im tiefsten Herzen wußte sie, daß sie sich ohne diesen Schritt niemals würde von seinem Zugriff auf ihr Leben lösen können.

In einem späteren Kapitel werden wir entdecken, auf welche Weise Helen daran ging, den Kontakt zu ihrem Vater wieder herzustellen, und wie sie ihr erstes Zusammentreffen seit Jahren herbeiführte. Hier sei nur gesagt, daß sie trotz ihrer veränderten Haltung zu einem Segen für ihren Vater, die sich von unerbittlicher Weigerung zu allmählicher Ruhe, fester Entschlossenheit bewegte und damit endete, daß sie im letzten Augenblick noch auszuweichen und das Flugzeug zum Treffen mit ihm zu verpassen versuchte, den zweitwichtigsten Tag in ihrem Leben erfuhr.

Ihr wichtigster Tag war, als sie Jesus, den Herrn, traf, der ihr ungestilltes Verlangen nach dem Segen stillte und damit ihr Leben veränderte. Er bescherte ihr eine geistliche Familie, die sie in der Gegenwart segnete und ihr die Kraft verlieh, sich wirklich vom Joch der Vergangenheit zu befreien.

Jesus ist die Person, die Ihr Leben oder das Leben von lieben Menschen verändern kann, die mit dem Fehlen des Segens ringen, denn er schenkt uns und ihnen den Segen von Gottes geistlicher Familie, ein Segen, den nicht nur Eltern ihren Kindern schenken sollten und umgekehrt, sondern der darüber hinaus Ihre Beziehung zu Ihrem Ehepartner, Ihren Freunden und Ihrer Gemeinde bereichern kann.

11. Die Spende des Segens an Ehepartner und Freunde

In einem frühen Stadium unserer Forschungsarbeiten an diesem Buch nahmen wir dieses Material mit verschiedenen Ehepaaren in einer Bibelstudiengruppe durch. Wir baten die Teilnehmer, das Material während der Sitzungen ehrlich zu bewerten, und ließen sie zum Schluß eine schriftliche Auswertung anfertigen.

Einer unserer Lieblingskommentare stammte von einer Ehefrau in der Gruppe. In ihrer Anmerkung darüber, was ihr Mann während der Sitzung gelernt hatte, schrieb sie:

> Dennis hat eine ganze Menge darüber gelernt, wie man die Kinder „segnet". In seinem Verhältnis zu ihnen hat das wirklich einen großen Unterschied zustandegebracht. Wie wär's, wenn Sie ihm beibrächten, wie er mich segnen kann!

Die Bitte dieser Frau traf voll ins Schwarze. Die Elemente des Segens sind nicht nur auf das Verhältnis Eltern/Kinder beschränkt. Wir sind der festen Meinung, daß sie im Kern *jeder* gesunden Beziehung zu finden sind.

Wir wollen weiter sehen, wie wertvoll die Anwendung der fünf Elemente des Segens für drei weitere bedeutsame Beziehungen außer der zu unseren Kindern ist. Zuerst wollen wir uns damit befassen, wie der Segen für einen Ehepartner gegeben werden kann und soll und welcher Gewinn für die Beziehung sich möglicherweise daraus ergibt. Dann behandeln wir, wie Freundschaften durch die Anwendung dieser Elemente gestärkt und ausgebaut werden können. Im nächsten Kapitel wollen wir schließlich noch sehen, was geschehen kann, wenn eine Gemeindefamilie damit anfängt, diese Grundsätze des Segens an Menschen außerhalb der Kirche und vor allem an jene in der Gemeinde darzubieten.

Eine Quelle des Segens für den Ehepartner

Laura hatte von ihrem Mann und den ganzen Umwälzungen in ihrem Leben mehr als genug. Oft fuhr er nach auswärts, und wenn er nach Hause kam, trank er und machte ihr das Leben schwer.

In ihrer Frustration war Laura drauf und dran, das Handtuch zu werfen und die Scheidung einzureichen, doch ihre Freundin Gayle redete ihr gut zu, ihren Pfarrer aufzusuchen, der ihr vielleicht zu helfen vermochte. Obwohl Laura erst zögerte, war sie einfach mit ihrem Latein am Ende. Gegen ihr besseres Wissen traf sie eine Verabredung und ging hin.

Beinahe vierzig Minuten lang hörte ihr dieser kluge Geistliche einfach zu. Nachdem Laura ihre Nonstop-Darstellung sämtlicher Fehler ihres Mannes losgeworden war, lehnte sie sich schließlich mit einem lauten „Hah!" zurück. Selbstgefällig erwartete sie nun eigentlich ein „Amen" aus dem Mund des Pfarrers oder wenigstens die Bestätigung, daß sie mit dem miesesten Ehemann verheiratet sei, von dem er je gehört habe.

Zuerst sprach der Pfarrer kein Wort. Er wartete, tief in Gedanken versunken, buchstäblich mehrere Minuten, ehe er das Wort ergriff. Endlich richtete er sich auf, blickte ihr in die Augen und sagte leise: „Laura, haben Sie je Ihrem Mann alle seine vielen Fehler verziehen?"

Man hätte hören können, wie eine Stecknadel zu Boden fiel. Die Art von Ratschlag hatte Laura wahrlich nicht erwartet. „Kein Wunder, daß seine Beratung kostenlos ist", dachte sie bei sich. Natürlich hatte sie ihrem Mann nicht verziehen! Er hatte sie niemals darum gebeten, und sie sprach das Thema nicht an. Er hatte ihr viel Schmerz zugefügt, und so leicht ließ sie ihn nicht davonkommen.

„Laura, wollen Sie über das nachdenken, was ich heute gesagt habe, und mir versprechen, daß Sie in der nächsten Woche wieder zu mir kommen?" Als sie ihre Handtasche packte und zur Tür ging, hörte sie sich selbst etwas wie „Das wär' schön, Herr Pfarrer" murmeln. Aber sie dachte auch nicht einen Augenblick daran, ihn nochmals aufzusuchen. Doch in dieser Woche geschah etwas, was Lauras Ansicht über die Ehe allmählich zu ändern begann. Etwas zog sie in der folgenden Woche wieder in das Studierzimmer dieses Mannes zurück.

Obwohl sie sich immer wieder einredete, daß sie einfach vergessen sollte, was er ihr gesagt hatte, machte sich Laura im Laufe dieser Woche eine Menge Gedanken. Es gab zwar alles keinen Sinn, doch allmählich begann es ihr zu dämmern, daß nicht ihr Mann festhing, sondern sie selbst! Er verlor keinen Schlaf wegen seines Verhaltens; sie war diejenige, die sich Magengeschwüre hinärgerte.

Laura war beim nächsten Besuch immer noch verwirrt und hatte eine Menge Fragen an den Pfarrer, doch Gott hatte in Lauras Leben bereits einige wunderbare Dinge in Gang gesetzt. An diesem Nachmittag legte sie im Studierzimmer des Pfarrers ihr Leben in die Hände Christi. Sie beschloß außerdem, ihr Bedürfnis nach Rache aufzugeben, ihrem Mann alles zu vergeben, was er getan hatte, und zu lernen, ihn bedingungslos zu lieben.

Lauras Mann war Lastwagenfahrer, und es verging fast eine Woche, bis er wieder nach Hause kam. Als er das Haus betrat, hätte er schwören können, daß er bei der falschen Adresse gelandet war. Er konnte nicht glauben, welch friedliche Stimmung herrschte. Erst vor einer Woche hatte alles, was er tat, seine Frau zur Raserei gebracht. Nun tat sie ihm Dinge zuliebe, so gar nicht ihrer Art entsprechend.

Als dieser ruppige Lkw-Fahrer herausfand, daß Lauras veränderte Art etwas mit Religion zu tun hatte, da schob er ihr Verhalten beiseite, als sei es einfach eine neue Diät, die seine Frau entdeckt habe. Für den Augenblick machte das die Dinge zwar angenehmer, doch ihre Willenskraft würde schon bald nachlassen, und dann würden sie sich wieder gegenseitig an die Gurgel fahren.

Nach fünf Monaten traf Lauras *Mann* eine Verabredung bei demselben Pfarrer, den Laura aufgesucht hatte. „Sie müssen mir sagen, was mit Laura passiert ist", sagte der Lkw-Fahrer. „Sie hat sich so sehr verändert. Das hat mich draufgebracht, was für ein miserabler Ehemann ich in den letzten Jahren gewesen bin. Herr Pfarrer, ich habe Probleme mit dem Trinken, und ich brauche dabei Hilfe."

Der ganze Unterschied für dieses Ehepaar bestand darin, daß Laura trotz der Tatsache, daß ihr Mann es nicht „verdiente", beschloß, ihm den Segen zu schenken. Jahre hindurch hatte sie genau das Gegenteil beschlossen. Sie hatte ihn abgewertet und ihn sogar ins Gesicht hinein verflucht. Sie hatte seine Beschäftigung gehaßt, die ihn nach auswärts führte und seine Kleidung mit dem unangenehmen Gestank nach Dieselöl tränkte.

Als Lauras Leben durch die Quelle des Segens selbst verändert worden war, konnte sie aus dem Überfluß ihres Lebens ihrem Mann eine hohe Wertschätzung einräumen und ihn segnen. Anstatt ihn ständig zu bedrängen, er solle sich einen anderen Job suchen, fand sie Wege, ihn aufzurichten und ihm Mut zuzusprechen. War sie einst tagelang umhergegangen, ohne ein Wort mit ihm zu reden, wenn sie wütend war, sprach sie nun offen ihre Gefühle aus, doch ohne Zorn und Haß. Selbst die bedeutsame Berührung fand wieder Einkehr in ihre Beziehung, etwas, was Laura ihrem Mann verweigert hatte, wenn sie unversöhnlich und bitter war. Dies führte dazu, daß ihr Mann zur Einsicht über sein Verhalten zu Hause gelangte und ebenfalls den Pfarrer aufsuchte.

Zugegeben, das ist ein dramatisches Beispiel für das, was geschehen kann, wenn ein Ehepartner beschließt, für den anderen eine Quelle des Segens zu sein. Ihre Probleme waren größeren Umfangs, und sie mußten eine Menge Veränderungen vornehmen. Doch in Durchschnittsfamilien mit alltäglichen Problemen und Spannungen kann die Gabe des Segens für einen Ehepartner eine Ehe mit neuem Leben erfüllen, ermutigen und verjüngen.

Wir wollen einen kurzen Blick auf die einzelnen Elemente des Segens werfen und sehen, welche Bedeutung sie in einer gesunden Ehe haben können. Zeigen Sie uns ein Paar, das immer stärker zusammenfindet, und wir zeigen Ihnen zwei Menschen, die diese Grundsätze des Segens praktizieren.

Bedeutsame Berührung in der Ehe

Das gleiche Bedürfnis nach bedeutsamer Berührung, das wir bei unseren Kindern bemerken, ist in der Ehe ebenso wichtig. Ein kluger Mann erkannte die Wichtigkeit dieser Bedürfnisse in einer schwierigen Zeit, die seine Frau durchmachen mußte, und er leistete ihr damit einen größeren Dienst als mit allem, was er sonst hätte für sie tun können.

Als Marilyn sich eines Morgens anzog, bemerkte sie etwas, was nicht ganz in Ordnung schien. Sie entdeckte einen kleinen Knoten an ihrer Brust, den sie vorher nicht wahrgenommen hatte.

Marilyn war nicht allzu sehr besorgt, doch aus der Lektüre von Zeitschriften und vom Fernsehen wußte sie, daß sie das untersuchen lassen mußte. Sie sagte ihrem Mann Art, was sie vorhatte, und rief beim Arzt wegen eines Termins an.

Zwei Wochen später ging Marilyn zum Doktor, um eine Biopsie an dem Knoten durchführen zu lassen. Drei Tage nach ihrem Termin lag sie im Krankenhaus und hatte eine radikale Brustamputation vor sich. Marilyn war bisher zweimal im Krankenhaus gewesen, als sie ihre beiden Jungen zur Welt brachte, doch abgesehen davon war es das erste Mal in ihren siebenundvierzig Jahren, daß sie sich einer Operation unterziehen mußte.

Nach der Operation selbst war für Marilyn das Schwerste, was auf ihr lastete, nicht ihre Genesung, sondern was Art nun von ihr halten würde. Ob sie für ihn immer noch attraktiv war? Was mochte er empfinden, wenn er sie berührte? Solche Fragen bewegten unablässig ihre Gedanken.

An dem Morgen, als sie aus dem Krankenhaus entlassen werden sollte, waren Marilyn und Art allein im Zimmer. Ihr Mann setzte sich zu ihr auf das Bett und nahm ihre Hände in seine. „Mein Schatz", sagte er, „ich möchte, daß du etwas klar verstehst. Für mich bist du jetzt so schön, wie du's in unserer Hochzeitsnacht warst. Vergiß das nie." Dann blickte Art sich um, ob die Tür auch geschlossen wäre, zwinkerte ihr zu und meinte: „Wenn du daheim bist und dich ausgeruht hast, werden wir an der Tür das Schloß absperren müssen."

Marilyn nahm ihren Mann in die Arme, und Tränen schossen ihr in die Augen. Sie wußte genau, was er mit diesem letzten Satz sagen wollte. In den ersten Jahren ihrer Ehe hatte jemand vergessen, die Tür abzusperren, und einer der Jungen spazierte im ungeeignetsten Augenblick ins Zimmer. Die Folge war, daß am nächsten Tag ein neues Schloß an der Tür angebracht wurde, und von da an war der Satz „Wir werden an der Tür das Schloß absperren müssen" ihr Losungswort für einen intimen Abend.

Marilyn hatte sich nicht nur darüber Sorgen gemacht, wie sich ihre Operation auf die sexuellen Beziehungen zu ihrem Mann auswirken würde, sie hatte sich auch gefragt, ob Art davon abgehalten würde, sie außerhalb des Schlafzimmers zu berühren. Seine Worte und Handlungen an jenem Morgen gaben ihr die Gewißheit, daß dieses wichtige Element des Segens auch weiterhin zu ihrer Beziehung gehören würde.

Die sexuelle Berührung ist für jede wachsende Beziehung wichtig, doch sollte sie nicht die einzige Gelegenheit sein, bei der sich die Partner berühren. Dr. Kevin Lehmann stellt dies in seinem Buch „Sex begins in the kitchen" (Sex beginnt in der Küche) fest. Er weist darauf hin, daß echte Vertrautheit aus den kleinen Berührungen erwächst, wenn man Hand in Hand über eine Promenade geht oder eng beieinander auf der Couch sitzt und dem Fernseher zuschaut.

Als wir über das Thema „Sex in der Küche" sprachen, hörten wir die wahre Geschichte eines Teilnehmers an einem kürzlichen Seminar, der versuchte, das Konzept der bedeutsamen Berührung bei seiner Frau anzuwenden und dabei in eine recht peinliche Situation geriet!

Nachdem über das Konzept der bedeutsamen Berührung immer wieder gesprochen worden war, hatte es sich bei diesem Mann richtig festgesetzt. Eines Nachmittags betrat er nach dem Rasenmähen das Haus, um sich zu duschen. Er hatte die Schlafzimmertür offengelassen, und als er fertiggeduscht hatte, ging er zum Regal hinüber, um sich ein Handtuch zu holen. Von seinem Platz aus konnte er seine Frau sehen, die in der Küche stand und das Essen zubereitete. *Gerade die richtige Zeit für eine bedeutsame Berührung,* dachte er bei sich. Ohne einen Augenblick zu überlegen, lief er im Adamskostüm durch den Flur, stürmte in die Küche und nahm seine Frau herzhaft in den Arm. Was er vom Schlafzimmer aus allerdings nicht bemerkt hatte, war die Frau seines Nachbarn, die auf einen kurzen Besuch gekommen war. Die entsetzte Nachbarin sah eine ganze Menge mehr von diesem Mann, als sie je erwartet hatte! Seine Zeitwahl war katastrophal, doch sein Engagement für eine bedeutsame Berührung seiner Frau war deshalb in keiner Weise zu tadeln!

Kluge Männer und Frauen nehmen die bedeutsame Berührung in die Beziehung zum Ehepartner auf. Sie bildet den ersten Teil, wenn man dem anderen den Segen spendet.

Eine gesprochene Botschaft, die dem Partner hohen Wert beimißt
Die beiden nächsten Elemente des Segens wollen wir zu einem Weg verbinden, auf dem Sie Ihrem Ehepartner den Segen vermitteln können. Wenn wir beschließen, unserem Ehegatten hohe Wertschätzung beizumessen, und dies dann mit gesprochenen Worten stützen, dann kann das in einer Beziehung Wunder wirken.

Der Verwendung von Wortgemälden zum Lob eines bestimmten Charakterzuges bei unseren Kindern oder unserem Ehepartner haben wir in Kapitel fünf mehrere Seiten gewidmet. Wie das königliche Paar im Hohenlied Salomos können Männer und Frauen diesen Hauch von Königtum um sich breiten, wenn sie von uns hören, wie hoch wir sie mit unseren Worten schätzen.

Ein weitverbreiteter Aufkleber trägt den Slogan „Haben Sie Ihre Kinder heute schon in den Arm genommen?" Ein weiterer, gleichfalls wichtiger Satz, den Sie sich abschreiben und am Kühlschrank, Badezimmerspiegel oder ähnlichem festmachen können, lautet:

Haben Sie Ihren Ehepartner
heute
schon mal gelobt?

Eine tägliche Dosis an Lob, ob nun in Form eines Wortbildes oder einfach als Feststellung wie „Tolles Essen, Liebling", oder „Du bist so nett zu anderen Menschen" oder auch nur „Ich bin richtig stolz auf dich, wie du mit den Kindern umgehst" kann in einer Beziehung Unwahrscheinliches bewirken.

Gesprochene Worte mit hoher Wertschätzung für den Ehepartner haben eine solche Kraft, daß sie fast jede Ehe zu bereichern vermögen. Warum nehmen Sie in Ihrer Familie nicht ein Projekt in Angriff, um den Wahrheitsgehalt dieser Aussage zu prüfen?

Heben Sie einen Monat lang, an dreißig Tagen, täglich wenigstens eine Sache lobend hervor, die Sie an Ihrem Partner schätzen. Achten Sie darauf, daß Sie sowohl Charaktereigenschaten (freundlich, groß-zügig, überlegend, pünktlich, systematisch und ähnliches) wie auch Leistungen ansprechen. Sagen Sie Ihrem Mann oder Ihrer Frau nichts davon, daß Sie das tun wollen. Wir geben diese Anweisung vielen Paaren, die zu uns zur Beratung kommen, und das allein hat schon positive Veränderungen in menschlichen Beziehungen herbeigeführt.

Während wir bisher nur davon gesprochen haben, Wortbilder zum Lob des Ehepartners zu verwenden, kann dieses Instrument auch als Hilfe gebraucht werden, wenn ein wichtiges Problem besprochen oder ein Streit vermieden werden soll. Wenn wir eine Sorge, die uns bela-stet, mit einem Wortbild ausdrücken, anstatt mit kränkenden Worten um uns zu schlagen, können wir oft unseren Partner zu einer Ände-rung seines Standpunktes bewegen und ihm eine Botschaft vermitteln, die ihn mit Worten allein vielleicht nicht erreicht hätte.

Eine Frau, die an einer von Gary geleiteten Konferenz teilnahm, trug ein Problem mit sich herum, das sie ihrem Mann seit Jahren ver-geblich versucht hatte beizubringen. Doch mit einem einzigen Wort-gemälde übte sie eine solche Wirkung auf ihn aus, daß er bereit war, ihr auf der Stelle einen Scheck über $ 150 000 auszuschreiben, um ihr Traumhaus zu bauen!

Als wir bei der Abfassung unseres Buches über diese Geschichte sprachen, redeten wir im Scherz darüber, die Leute zu bitten, in einem

Freiumschlag eine Dollarnote einzuschicken, um zu erfahren, welches Wortbild sie benutzt hatte. Im Handumdrehen wären wir reich geworden! Wir waren sicher, daß jede Ehefrau in Amerika gerne gewußt hätte, wie die Frau ihren Mann dazu gebracht hatte, so zu reagieren, wie er es tat.

Sie werden sich freuen, daß wir beschlossen haben, Ihnen das von ihr gebrauchte Wortbild gratis und franko zu verraten. Die Geschichte dreht sich ja in der Tat auch nicht nur darum, wie eine Frau zu ihrem Traumhaus kam. Es ist nur ein sehr schönes Beispiel dafür, wie die Beimessung eines hohen Wertes — in diesem Falle wollte die Frau ihren Mann unter keinen Umständen abwerten — durch ein Wortgemälde kraftvoll vermittelt werden kann.

Don und Bee sind gute Freunde, die an mehreren von unserem Programm „Today's Family" durchgeführten Seminaren über menschliche Beziehungen teilgenommen haben. Im Rahmen dieser Seminare bringt Gary Paaren und Alleinstehenden bei, wie man Wortbilder bei Ehepartnern, Kindern oder in jeder anderen wichtigen Beziehung anwendet.

Bee hatte sich in ihrer Ehe seit Jahren mit etwas herumgeschlagen, was an ihrem Selbstvertrauen zehrte und ihr über Jahre hinweg ständig unangenehm war. Sie sorgte sich um den Zustand ihres Hauses.

Der Herr hatte Dons Geschäft in hohem Maße gedeihen lassen, und von ihren Mitteln floß vieles in die Unterstützung der Gemeinde und verschiedener Ämter. Auch mit ihrer Zeit waren sie beide großzügig. Vor allem Don lud ständig ein neues Ehepaar der Gemeinde nach Hause zum Essen ein oder bot diesem Missionar und jenem Pastor seine Unterstützung an.

Bee war mindestens genauso gastfreundlich, doch sie war diejenige, die sich in einer viel zu kleinen Küche mit der Zubereitung des Essens für die vielen Gäste abmühen, die sich ein Duschbad verkneifen mußte, weil der Heißwasserbereiter nicht mehr als drei Duschen hergab, die sich einfallen lassen mußte, wie sie sechs oder gar zehn Leute bei nur zwei Betten im Haus unterbringen konnte.

Es war keineswegs die finanzielle Seite, die Don davon abhielt, in ein größeres Haus umzuziehen, sondern mehr sein Wunsch, das, was Gott ihnen beschert hatte, nicht allzusehr herauszukehren. Bee begriff die Gedanken ihres Mannes und versuchte, mit der Situation zurechtzukommen, so gut sie es vermochte.

Als Gary zum zweitenmal ihre Stadt aufsuchte, schrieben sie sich sofort für den „Auffrischungskurs" ein. Nachdem sie Gary erneut darüber sprechen hörte, wie man durch Wortgemälde einem Ehepartner seine Sorgen mitteilen kann, beschloß Bee, ihrem Mann auf diese Weise ihre Empfindungen hinsichtlich des Hauses, in dem sie lebten, zu schildern. Sie setzte ihren Entschluß noch am gleichen Abend in die Tat um, und hier ist nun das Wortbild, das sie benutzte.

„Don, ich finde dich wie einen Wildhüter, der die Forellen in den Gewässern rund um unser Haus hervorragend versorgt. Du hilfst, die Bäche und Teiche sauber zu halten, und sogar wenn die Forellen laichen, hilfst du ihnen, stromaufwärts zu gelangen.

Am Anfang unserer Ehe glaubte ich, eine dieser Forellen im Bach zu sein. Ich konnte dich am Ufer stehen sehen, und mich verlangte danach, daß du mich mit einem Netz einfängst und in den Bach neben deinem Haus bringst. Eines Tages kamst du dann wirklich mit einem Netz und fingst mich behutsam ein. Das war die glücklichste Zeit meines Lebens, doch anstatt mich in den kleinen Bach zu setzen, hast du mich in ein mit Süßwasser gefülltes, altes, rostiges Faß gebracht.

Vierundzwanzig Jahre lang hast du dafür gesorgt, daß ich reichlich zu essen hatte, daß das Wasser stets sauber war, doch ich sehne mich nach dem Tag, an dem du deinen Kescher holst und mich in das Bächlein bei deinem Haus bringst. Genau so empfinde ich das Leben in diesem Haus. Ich fühle mich so, als wohnten wir in einem rostigen Faß, und es ist sehr schwer für mich und die Leute, die wir im Haus haben."

An diesem Abend endete Bees jahrelange Sehnsucht. Sie hatte mit ihrem Mann öfters über dieses Thema gesprochen und sogar versucht, ihm ihre Empfindungen wegen der Wohnverhältnisse deutlich zu machen. Doch hatte er anscheinend nie begriffen, wie viel ihr daran lag, bis sie es ihm mit einem Wortbild vor Augen führte.

Don liebte seine Frau von Herzen und brachte ihr während der ganzen Ehe hindurch hohe Wertschätzung entgegen. Er wollte sie in keiner Weise irgendwie abwerten; als er deshalb durch diese Geschichte begriff, was sie wegen des Hauses wirklich empfand, da reagierte er auf der Stelle. Don stellte ihr an diesem Abend einen Scheck aus, um einen Architekten zu engagieren, der die Pläne für ein neues Haus entwerfen sollte, ein Haus, in dem es ihr Freude bereiten würde, Menschen um sich zu haben, sie besser versorgen zu können und ihnen eine bequeme Unterkunft zu bieten.

Wir könnten ein ganzes Buch schreiben über die Wohltaten und die besondere Technik des Gebrauchs von Wortbildern, doch wir hoffen, daß Ihnen an Hand dieser Geschichte ihr Nutzen in einer Ehe klar geworden ist. Ob Sie nun ein Wortbild verwenden, um Ihren Partner zu loben oder ihm Ihre Sorgen mitzuteilen, in jedem Fall kann es ein hilfreiches Instrument sein, um Ihrem Partner Worte hoher Wertschätzung zu vermitteln.

Darstellung einer besonderen Zukunft für den Ehepartner

Kürzlich saß ich (John) mit meiner Frau abends vor dem Fernseher, wo wir uns einen Teil einer komischen Show anschauten, die wir lustig fanden. Die Szene war eine Waldwiese, wo eine Hochzeitsfeier im Freien abgehalten wurde.

In der Lichtung befanden sich die Braut und ihre Brautjungfer und der Brautführer mit dem Bräutigam, der bekümmert und fehl am Platz aussah. Der Geistliche forderte die Braut auf, ihre Gelöbnisse aufzusagen, die sie speziell für diese Gelegenheit zusammengestellt hatte. Ohne zu zögern, legte sie los und nannte ein Ziel um das andere, eine Verpflichtung um die andere, einen Traum um den anderen, die sie für sich, ihren Gatten und ihre Ehe hegte. Tatsächlich redete sie solange weiter, bis sich die Nacht über die Lichtung niedersenkte.

Als sie endlich fertig war, wandte sich der erschöpfte Pfarrer an den Bräutigam und bat ihn, die Gelöbnisse zu wiederholen, die *er* bereithielt. Er blickte sich nervös um, und seine einzigen Worte an den Pfarrer lauteten: „Nun, ich hoffe, es haut hin!"

Sein Gelöbnis war nicht von der Art, daß eine junge Frau darauf eine sichere Zukunft aufbauen könnte. Es war zwar reichlich komisch, aber es bot nicht die Sicherheit, die eine Frau braucht, um eine besondere Zukunft vor sich zu erblicken.

In einer Ehe muß der Partner wissen, daß er ein besonderer Teil ihrer Zukunft ist. Darüber hinaus muß er wissen, daß die Weise, wie wir ihn heute betrachten, Raum läßt für positive Veränderungen und Wachstum in der Zukunft. Tod lernte diese harte Lektion bei seiner Frau Betty.

Betty war nicht unbedingt die allerbeste Hausfrau. Schon bevor sie Kinder hatten, war ihr Heim nicht das, was man als sauber und aufgeräumt bezeichnen würde; nun, da drei kleine Kinder umherliefen, hatte sie es praktisch aufgegeben, das Haus je ordentlich sauber zu halten. Wie es in vielen Ehen der Fall ist, war ihr Mann Tod von völlig anderer Natur. Er war unglaublich ordentlich und sauber. Er hielt sogar seine Werkstatt, in der er Zeit mit seinen Hobbys verbrachte, so rein, daß man getrost hätte vom Boden essen können.

Tod war so konsterniert über die schlampige Art seiner Frau, daß er viel Zeit damit zubrachte, sie als schlechte Hausfrau zu beschimpfen. Sie würde *immer* unordentlich sein und sich *nie* ändern. Tod redete ihr vor, daß ihr Haus im Laufe der Jahre so schmutzig sein werde, daß ihre Enkelkinder unheilbare Krankheiten aufschnappen würden und das Gesundheitsamt einschreiten und das Haus schließen müßte.

Tod maß seiner Frau nicht nur keinen hohen Wert bei, er half auch noch mit, genau das, was er verändern wollte, für die Zukunft festzuschreiben! Dadurch, daß er seiner Frau ein Bild vormalte, in dem es kein Fenster der Hoffnung oder eine Tür für eine Änderung gab, zwang er sie geradezu, sich selbst als die „schlampigste Hausfrau der Welt" zu sehen, für die er sie hielt.

In einem Gottesdienst erkannte Tod zum erstenmal, daß seine Worte, mit denen er eine negative Zukunft seiner Frau umrissen hatte, ihr nicht halfen, sondern sie verletzten. Er erfuhr, daß er nachhaltig jede Motivation abwürgte, die seine Frau haben mochte, sich zu ändern. Seine Worte einer negativen Zukunft sagten seiner Frau, daß es für sie unmöglich sei, es ihm recht zu machen. Warum also sollte sie es überhaupt versuchen?

Tod dachte darüber nach, was er zu seiner Frau alles gesagt hatte. Die Zeiten, in denen sie sich angestrengt hatte, mit der Hausarbeit wirklich zurechtzukommen, hatte er mit Bemerkungen wie „Endlich!" oder „Warum kannst du die Dinge nicht immer so im Schuß halten?" kommentiert. Doch dann ging eine Änderung mit ihm vor.

Tod begann damit, Kleinigkeiten zu loben, die Betty tat, und die Kritik für armselige Leistungen einzustellen. Allmählich wandelte er auch das Bild, das er von ihrer Zukunft und ihrem Haus zeichnete, in eine positive Richtung. Veränderungen fassen stets nur langsam Wurzeln, doch in einem Boden der Ermutigung können sie zehnmal schneller wachsen als im harten, steinigen Boden der Kritik.

Durch die Darstellung einer besonderen Zukunft für seine Frau in diesem Bereich und eine Aufmunterung bei kleinen Errungenschaften zeichnete sich allmählich ein Wunder ab. Auch wenn das Haus nicht den Standard seiner Werkstatt besitzt, muß er sich nicht länger durch die Wäsche im Badezimmer durchkämpfen oder Angst haben, in eine Duschkabine zu treten, in der etwas am Wachsen war.

Wir motivieren unseren Partner in keinem Fall durch die Darstellung einer negativen Zukunft, gleichgültig, ob es um die Furcht vor den Aufgaben eines Gastgebers, um die Notwendigkeit, sich einer Diät zu unterziehen, um die prompte Bestrafung der Kinder oder einen unordentlichen Haushalt geht. Unser Partner braucht Worte, die ihm — genau wie den Kindern — eine besondere Zukunft weisen, positive Worte, die unserem Partner Raum schaffen, das zu werden, was Gott für ihn geplant hat.

Aktive Verpflichtung für unseren Partner

Wie wir in früheren Kapiteln entdeckt haben, genügt es nicht, die einzelnen Elemente des Segens zu vermitteln ohne das Bindemittel, das sie zusammenhält. Dieses Bindemittel ist unsere aktive Verpflichtung. Tatsächlich bildet dieses letzte Element des Segens das Herzstück des Zusammenhalts in einer Ehe.

Wenn die Heilige Schrift sagt, daß wir an unserem Ehepartner „hangen" (1. Mose 2,24), dann bedeutet die Wurzel des Wortes im Hebräischen soviel wie „anklammern, an etwas festhaften". Es erfordert einen festen Entschluß, sich zum Segnen des Ehepartners zu verpflichten, ein Entschluß, der nur dann standhält, wenn man auch die Fehlbarkeit des Partners mit einbezieht.

Grant besaß einen Produktionsbetrieb, der sich recht gut entwickelt hatte. Sein Geschäft war klein, aber es hatte eine Marktlücke gefüllt und wuchs sprunghaft. In der Erwartung, daß seine Gewinne so weiterfließen würden, nahm Grant einen großen Kredit auf seinen Besitz auf, um die Anlagen zu erweitern. Kaum war mit dem Bau begonnen worden, da beschloß ein multinationaler Konzern, die Konkurrenz zu Grants Produkt aufzunehmen.

Wegen der hohen Zinszahlungen für das Darlehen besaß Grant nur knappe Finanzmittel und verfügte nicht über die nötigen Reserven, um mehr Vertreter loszuschicken. Auch konnte Grant den Preis für sein Produkt nicht senken, da die Gewinnspanne gebraucht wurde, um das Geschäft über Wasser zu halten.

In weniger als einem Jahr geriet Grant praktisch an den Bettelstab. Sein Konkurrent hatte Grants Preise rigoros unterboten, um auf den Markt zu kommen, und verdrängte ihn buchstäblich aus dem

Geschäft. Grant saß da mit nicht bezahlten Angestellten, Klagen von Lieferanten und der Bank im Nacken. Er mußte seinen Betrieb schließen und die Anlagen zu einem Bruchteil des tatsächlichen Wertes veräußern. Er verlor sogar sein Haus, das als Nebenbürgschaft gedient hatte, und mußte in eine kleine Wohnung ziehen. Der wohl härteste Schlag kam um die Jahresmitte, als er seinen Kindern erklären mußte, daß sie von ihrer geliebten Privatschule auf eine öffentliche Schule umwechseln müßten.

Zur Zeit seines geschäftlichen Zusammenbruchs war Grant kein Christ und am Boden zerstört wie nie zuvor in seinem Leben. Er dachte sogar an Selbstmord, doch eins hielt ihn zurück:

Ich kannte den Herrn nicht zu der Zeit, als mein Geschäft in die Brüche ging, und meine ganze Welt schien sich aufzulösen. Ich würde gerne sagen, es sei der Gedanke an meine Kinder gewesen, der mich davon abhielt, mit allem Schluß zu machen, doch das stimmte nicht.

Das einzige, was mich davon abhielt, war Amy und die Art, wie sie beharrlich an mich glaubte und mich mit ihrer Liebe segnete. Wenn ich zuhörte, wie sie abends für mich betete, wenn sie mich festhielt und mich weinen ließ, das war es, was mir durchhalf. Ich erzähle jedem, daß sie mir zweimal das Leben rettete, das erstemal, als mein Geschäft zusammenbrach; das zweitemal war, als sie mich zu Jesus Christus hinführte!

Grant konnte nicht länger den Lebensunterhalt für seine Frau und seine Familie „in dem Stil, den sie gewohnt waren", aufbringen. Doch dank der Liebe seiner Frau, die ihren Segen für ihren Mann auf einer aktiven Verpflichtung anstatt materieller Besitztümer aufbaute, blieb ihrer beider Beziehung stark und fest.

Jeder Mann und jede Frau wird von Zeit zu Zeit „den Ball fallen lassen" und sich als fehlbar erweisen. Wenn wir Menschen sind, die den Segen geben, dann gründet sich unsere Verpflichtung auf unseren Beschluß, den Ehegatten „trotzdem" zu lieben. Unsere Liebe muß von der Art sein wie die Liebe, die unseren himmlischen Vater dazu bewog, uns mit seinem Sohn zu segnen trotz der Tatsache, daß wir es nicht verdienten, und weil er wußte, daß wir diesen Segen in unserem Leben so dringend brauchten.

Der Segen kann in einer Ehe einen ungeheuren Unterschied bewirken, doch es erfordert ganzen Einsatz, diese Prinzipien aus der Theorie in die praktische Anwendung bei unserem Ehepartner umzusetzen. Trotzdem wissen wir, daß Sie keinen Augenblick der Zeit bereuen werden, die Sie mit der Pflege der Segenselemente in Ihrer Familie verbringen, vor allen Dingen, wenn Sie die reiche Ernte von Liebe und Glück sehen, die daraus erwachsen kann.

Eine Quelle des Segens für Ihre Freunde

Dauernd treffen wir mit Menschen zusammen, die „sich wünschen, einen engen Freund zu haben". Vielen von ihnen bliebe diese Bemerkung erspart, wenn sie wüßten, wie man selbst ein „enger Freund" ist. Beim Studium des Segens in der Heiligen Schrift entdeckten wir, daß es ganz wichtig ist, wenn man ein enger Freund werden will, jedes Element des Segens in einer Freundschaft anzuwenden.

Das vermutlich am weitestgehende anerkannte Modell einer engen Freundschaft in der gesamten Heiligen Schrift ist Jonathan. Seine Beziehung zu David ist geradezu ein akademischer Kurs darüber, was eine dauerhafte Freundschaft ausmacht. Die beiden jungen Männer waren nicht unbedingt ein Paar, von dem man ohne weiteres erwarten würde, daß sie sich miteinander anfreundeten.

Jonathan war der voraussichtliche Erbe auf den Thron seines Vaters. Doch er war auch von sich aus ein mächtiger Krieger. Er führte Israels Heere in der Schlacht und griff selbst zwanzig Philister an, nur von seinem Waffenträger gedeckt, die er alle besiegte (1. Sam. 14,6-14).

David und Jonathan begegneten sich zum erstenmal, nachdem David Goliath erschlagen hatte. Bei all der Aufmerksamkeit, die David zuteil wurde, hätte Jonathan ihn als Erzrivalen und Feind betrachten können. Doch in der Schrift wird uns gesagt, daß „das Herz Jonathans sich mit dem Herzen Davids verband, und Jonathan gewann ihn lieb wie sein eigenes Herz".

Ein Grund, warum ihre Freundschaft einzigartig war, ist die Tatsache, daß es eine Beziehung von Freund zu Freund war, die als Vorbild für uns alle Aspekte des Segens enthielt.

Ohne die heute existierende Furcht unter Männern, sie könnten als homosexuell erscheinen, zeigten David und Jonathan die bedeutsame Berührung in ihrer Freundschaft. Bei ihrer letzten Begegnung mußte Jonathan seinem Freund David sagen, daß es für ihn nicht länger sicher sei, sich in der Nähe seines Vaters Saul aufzuhalten. Wir lesen: „. . . und sie küßten einander und weinten miteinander, David aber am allermeisten" (1. Sam. 20,41).

Während es in unserer Kultur nahezu tabu ist, daß Männer einander küssen und sich weinend in die Arme fallen, wurde dies im alten Israel nicht als seltsam angesehen und ist auch heute noch in vielen fremden Ländern nicht ungewöhnlich. In diesen Kulturkreisen beweisen Freunde einander ihre Liebe mit einem Kuß oder einer Umarmung. Heutzutage wird ein Freund die bedeutsame Berührung mit aufnehmen, wenn er den Freund oder die Freundin segnet. Die Verweigerung einer Umarmung oder auch nur eines Händeschüttelns mit einem Freund kann diese Beziehung auf einem oberflächlichen Niveau erstarren lassen.

Jonathan gibt uns noch ein weiteres Bild davon, was es heißt, ein enger Freund zu sein. Er sprach von seiner Wertschätzung für David und legte ihm hohen Wert bei. Wir wollen uns noch einmal Jonathans Handlungen gegenüber David ansehen, als sie sich zum erstenmal begegneten.

An jenem Tag stand ohne Zweifel David im Rampenlicht. Doch wir erfahren, daß „Jonathan seinen Rock auszog, den er anhatte, und gab ihn David, dazu seine Rüstung, sein Schwert, seinen Bogen und seinen Gurt" (1. Sam. 18,4). Ein Krieger legt seine Waffen nur vor jemandem ab, den er für besser ansieht. Jonathan legte David so hohen Wert bei, daß er bereit war, die Symbole seiner Autorität (Rüstung und Kleidung) zu opfern, um seinem Freund Ehre zu erweisen.

Jonathan machte mit David auch einen mündlichen Bund, daß er sein Leben lang Davids enger Gefährte sein werde (1. Sam. 20,13). Er sprach zu David: „Der Herr sei mit dir, wie er mit meinem Vater gewesen ist." Zwischen dem, was Jonathan zu David sagte, fehlten keine Worte des Segens.

Die letzten Worte Jonathans an David illustrieren seine aktive Verpflichtung für David und seinen Wunsch, daß Gott in der Zukunft David segnen möge. „Der Herr stehe zwischen mir und dir, zwischen meinen Nachkommen und deinen Nachkommen in Ewigkeit" (1. Sam. 20,42).

Wer sind Ihre echten Freunde? Denken Sie für einen Augenblick an jemanden in Ihrem Leben, der Ihnen ein enger Freund ist. Fast ausnahmslos wird ein enger Freund jemand wie Jonathan sein, ein Mann oder eine Frau, die in seiner oder ihrer Beziehung zu Ihnen alle Aspekte des Segens bewiesen hat. Ein enger Freund ist jemand wie Larry, der beschloß, jedes Element des Segens seinem Chef Glenn zukommen zu lassen.

Glenn war kein Mensch, mit dem man leicht Freundschaft schließen konnte. Einmal schien Glenn keine Freunde zu *brauchen*. Er war ein außergewöhnlich erfolgreicher Geschäftsmann, der immer überall oben schwamm. Außerdem war Glenn in der alten Tradition ausgebildet worden, zu seinen Angestellten und Konkurrenten berufliche Distanz zu halten. „Laß niemanden nahe an dich rankommen", lautete das unausgesprochene Motto, nach dem Glenn lebte, das heißt, bis zu jenem Tag, an dem sein halbwüchsiger Sohn geschnappt wurde, weil er illegal Drogen an Klassenkameraden verhökerte.

Damit andere ihn nicht ausnutzen könnten, hatte Glenn bei der Arbeit und in seiner Kirchengemeinde eine Mauer um sich errichtet. Ständig hatte er Menschen um sich, aber er besaß keine nahen Freunde. Glenn wußte nicht einmal, wie er für seine Frau oder seine Kinder ein Freund hätte sein können, und die Auflehnung seines Sohnes und Glenns völlige Unkenntnis über dessen Drogenproblem zeigten ihm das deutlich.

Nun, in einem Augenblick bitterer Not brauchte Glenn die seelische Unterstützung eines Menschen, dem er sein Herz ausschütten konnte, und keiner war da. Keiner, bis Larry bemerkte, daß mit seinem Chef etwas nicht stimmte, und schloß, Glenn habe einen Freund nötig trotz seiner Redefaulheit, die das genaue Gegenteil besagte.

Larry war bereits ein vollendeter „Jonathan". Er wußte, wie wichtig es war, anderen Menschen die Elemente des Segens zukommen zu lassen, und hatte eine Anzahl enger Freunde. Doch mit Glenn Freundschaft zu schließen, war eine andere Sache. Glenn war sein Chef, und außerdem sah er nicht so aus, als suche er Gesellschaft.

Larry beobachtete Tag um Tag, wie Glenn stumm litt, und immer mehr gewann er die Überzeugung, daß er sich mit ihm anfreunden müsse. Ihre Freundschaft fing an einem Dienstag morgen an, als Larry seinen ganzen Mut zusammenraffte, in Glenns Büro marschierte und ihm die Hand auf die Schulter legte.

„Hallo Chef", sagte Larry, „Sie sind schon eine Weile nicht mehr Sie selbst. Vielleicht liege ich da ganz daneben, und Sie können mir das auch sagen, wenn Sie mögen, aber es hat den Anschein, als ob Sie ein

Kummer plagt. Ich möchte Ihnen nur sagen, daß ich immer greifbar bin, wenn Sie das Bedürfnis haben, mit jemandem zu reden." Larry erwartete, mit einer knappen Zurechtweisung hinausgeschickt zu werden, doch Glenn sprach kein Wort. Nach langem Schweigen blickte er, den Tränen nahe, zu Larry auf und meinte: „Ich werde dran denken, Larry. Vielen Dank."

Larry glaubte, damit sei die Sache erledigt, als er einige Tage nichts von Glenn hörte. Doch am Freitag übergab ihm seine Sekretärin eine Mitteilung von Glenn, er wolle an einem der nächsten Tage mit Larry frühstücken.

Während sie da beisammensaßen, tat Larry nichts als zuhören, zuhören und nochmals zuhören, während Glenn ein tief verwundetes Herz ausschüttete. Larry versuchte nicht, Glenn gute Ratschläge zu erteilen, auch unternahm er nichts, die verletzten Gefühle abzuschwächen mit Bemerkungen wie „Nun, so schlimm ist das doch nicht" oder „Sie sind Christ, Glenn, beten Sie eben". Als Larry das tiefe Herzeleid vernahm, das aus dem Umgang mit einem rebellischen Kind herrührte, weinte er mit ihm. Das einzige Mal, daß Larry mehr als ein oder zwei Sätze sprach, war nach dem Frühstück, als er mit Glenn im Wagen saß und ein kurzes Gebet sprach.

Während der nächsten Monate traf Larry jede Woche mit Glenn zusammen, um ihm zuzuhören, zu sprechen und über Glenns Beziehung zu seinem Sohn zu beten. Larry hatte keinen unmittelbaren Bezug zu Glenns Kummer — seine eigenen Kinder kamen gerade erst in die Grundschule —, doch er konnte Glenn die Hand schütteln und ihm zu verstehen geben, daß er bei Tag und Nacht einen Freund habe, an den er sich wenden konnte.

Als Folge von Larrys und Glenns regelmäßigen Treffen begann sich im Büro etwas Interessantes abzuzeichnen. Glenn lockerte allmählich seine strikte Regel über das Abstandhalten im Geschäft. Zum erstenmal besaß Glenn einen Freund, der Anteil an ihm nahm. Das führte dazu, daß er entdeckte, wie er auch mit anderen Menschen Freund sein konnte.

Larry schenkte seinem Chef jedes Element des Segens — er schüttelte Glenn die Hand oder klopfte ihm auf den Rücken (bedeutsame Berührung), sprach ihm aufmunternde Worte zu (gesprochene Botschaft), hob Glenns positive Eigenschaften und die Art hervor, wie er zu Hause bei seiner Frau und seinen Kindern einen neuen Anfang versuchte (Beimessung von hohem Wert), schenkte ihm die Hoffnung auf eine besondere Zukunft, die Gott für ihn bereithielt, unabhängig davon, wie sein Sohn reagierte (besondere Zukunft), und er verpflichtete sich selbst, für seinen Freund da zu sein, wenn er jemanden brauchte, mit dem er sich aussprechen konnte (aktive Verpflichtung). Das verband die beiden Männer eng miteinander.

Allmählich trat auch bei Glenns Sohn eine Besserung ein, und so hatte Glenn gleich *zwei* Dinge, für die er dem Herrn danken konnte. Das eine war die neue Art und Weise, in der sein Sohn auf ihn ansprach, als er ihm allmählich näher kam, und das andere war ein Angestellter namens Larry, der Glenn wahre Freundschaft lehrte, indem er ihm die Elemente des Segens vor Augen führte.

Das Begreifen der Segenselemente für eine menschliche Beziehung kann einem Kind elterliche Zuwendung vermitteln, eine Ehe bereichern und eine Freundschaft vertiefen. Aber das ist nicht alles. Der Segen kann auch für die kirchliche Familie hilfreiche Richtlinien dabei bieten, ein Ort des Segens zu bleiben oder zu werden, – für die außerhalb der Kirche und vor allem für die drinnen.

12. Eine Kirche, die Segen schenkt

Seit vielen Jahren hatte Jim in seiner Ehe, seinem Beruf als Mechaniker und in seinem Leben ganz allgemein zu kämpfen. Die einzigen Gelegenheiten, bei denen er zur Kirche ging, waren die Teilnahme an einer Hochzeit oder wenn er gezwungen war, zu einem Weihnachts- oder Ostergottesdienst mitzugehen.

Aus Jims Perspektive war der Ort, wo er die meiste Aufmunterung und Kameradschaft fand, die Bowlingbahn, wenn er am Mittwochabend mit dem Bowlingclub hinging. Jim lebte für die Mittwochabende, wenn er und einige Jungs von der Arbeit sich schon früh trafen, einige Biere hinter die Binde gossen und dann mit den anderen Clubfreunden die Bowling-Kugel rollen ließen.

Von den freundschaftlichen Hieben auf den Rücken für einen Treffer bis zur Nähe und Kameradschaft eines Teams betrachtete Jim sein Bowling-Spiel als Zuflucht, um von den Sturmwolken bei der Arbeit und den Problemen mit seiner Familie fortzukommen. Doch nach einem Abend beim Bowling mußte Jim eben immer wieder nach Hause gehen, am nächsten Tag wieder arbeiten und sich der Realität des Lebens stellen, das um ihn auseinanderbrach.

Während des folgenden Jahres hörte Jim durch das Vorbild und liebevolle Engagement eines neuen Mechanikers bei seiner Arbeit zum erstenmal vom Evangelium. Der Neue hieß Ed und war ein zutiefst engagierter Christ. Jim gewann bald Achtung vor Ed wegen seines Geschicks bei der Reparatur von Motoren, doch weit mehr beneidete Jim ihn wegen seines persönlichen Lebens. Ed war keineswegs vollkommen, doch er besaß einen inneren Frieden, und seine Ehe entwickelte sich erfreulich, all das, wonach Jim sich sehnte. Ed zwang Jim seinen Glauben nicht auf; er tat etwas viel Eindrücklicheres. Es lebte seinem Kollegen ein positives christliches Leben vor, und das war, als reiche man einem Durstigen Salz hin.

Bei Jim dagegen war die Ehe sozusagen auf Grund gelaufen, außerdem hatte er Alkoholprobleme. So fragte er Ed eines Nachmittags, warum sein Leben so anders verlief als sein eigenes. In den nächsten Monaten trafen sich Ed und Jim regelmäßig, und Ed unterwies ihn, wie notwendig er den Erlöser brauche und wie er in Christus ein neues Leben finden könne. An einem kalten Tag kurz vor Weihnachten betete Jim mit seinem Freund Ed, um Christus anzunehmen. Nach siebenunddreißig Jahren, in denen es ihm nicht gelungen war, das Leben aus sich allein heraus zu meistern, wandte sich Jim endlich der Quelle des Lebens selbst zu und ließ sich von ihr führen und leiten.

Wie Jonathan im Alten Testament war auch Ed für seinen Freund eine Quelle des Segens. Seine persönliche Anteilnahme verhalf Jim zu einem Gefühl der Sicherheit. Als Resultat von Gottes Wirken in Jims Leben trat in seinem persönlichen Leben und in seiner Ehe eine Wendung zum Besseren ein. Ed ermutigte ihn auch, eine Kirche zu besuchen, wo er mehr über das Wort Gottes erfahren konnte.

Jim und seine Frau fingen wirklich an, eine ziemlich große Gemeinde in der Nähe ihres Hauses zu besuchen. Sie hatte einen hervorragenden Ruf als bibelgläubige Gemeinde. Doch die beiden fühlten sich dort nie wohl und aufgenommen. Die Predigt störte Jim nicht, im Gegenteil, er lernte bereitwillig von dem Pfarrer, der eine besondere Gabe besaß, anderen das Wort Gottes zu vermitteln. Bedrückt und verwirrt war er jedoch durch den Mangel an persönlicher Beziehung oder menschlicher Wärme, sobald die Predigt zu Ende war.

Jeder war höflich zu Jim und seiner Frau, doch da war keiner, der sie mit leuchtenden Augen herzlich begrüßte, und Einladungen zum Essen nach der Kirche gab es nicht. In dem Versuch, tiefere Freundschaften mit anderen Gemeindegliedern zu entwickeln, begannen sie, einen Bibelkreis zu besuchen. Doch nachdem sie die Klasse mehrere Monate lang besucht hatten, waren sie den Menschen in der Klasse wenig näher gekommen als an jenem Sonntag bei ihrem ersten Besuch.

Als Jims Freund Ed eine Stelle bei einem anderen Autohändler außerhalb des Bundesstaates annahm, war Jim völlig niedergeschmettert. Was ihn besonders bekümmerte, war der Mangel an persönlichen Beziehungen mit anderen Männern in der Gemeinde. Nachdem Jim Christ geworden war, hatte er seine Bowlingabende am Mittwoch aufgegeben, um die Gottesdienste zur Wochenmitte zu besuchen. Doch ohne engagierte christliche Freunde fühlte er sich immer einsamer. Selbst wenn er nach der Kirche mit jemanden ein Gespräch anknüpfen wollte, wurde nach dem anfänglichen „Hallo, wie geht's Ihnen?" das krampfhafte Bemühen, Gesprächsthemen zu finden, ausgesprochen peinlich. Schließlich gab Jim es auf. Es gab einen Haufen freundlicher Leute, doch Jim merkte, daß sie Woche um Woche zu den gleichen Leuten freundlich waren.

Das war Jims erste Erfahrung mit einer Kirchengemeinde, und allmählich stellte sich das Gefühl ein, daß Christen irgendwie keine Freunde brauchten. Er versuchte, sich ins Bibelstudium zu stürzen in der Hoffnung, das würde sein Bedürfnis nach bedeutsamen menschlichen Beziehungen hinwegnehmen. Im Laufe der Zeit fühlte er sich mitten unter den Leuten seiner Gemeinde viel einsamer als je zuvor beim Bowling. Der Gedanke, zu einer anderen Kirchengemeinde überzuwechseln, kam Jim überhaupt nicht. Dies war die einzige Kirche, in die er je gegangen war, und er nahm sicher an, daß sie alle mehr oder weniger gleich waren.

Nachdem sein einziger christlicher Freund fort war und in der Kirche niemand ein persönliches Interesse an seinem Leben zeigte, begann Jim immer mehr Zeit mit seinen alten Freunden von der Arbeit zu verbringen. In der Folge glitt er allmählich in seine alten Verhaltensmuster aus der Zeit, bevor er Christ wurde, zurück. Bedauerlicherweise gehörte dazu auch, daß er erneut zu trinken anfing.

Jim gab den Besuch des Bibelkreises auf und nahm nur noch am Gottesdienst teil. Die Wochen gingen hin, und nicht ein einziger aus dem Kreis suchte ihn auf und fragte ihn, warum er nicht länger käme oder hielt nach dem Gottesdienst auch nur an, um ein paar Worte mehr als „Hallo" zu wechseln. Ihr Mangel an Anteilnahme mochte durchaus dem Gefühl entspringen „Ich wollte nicht nachbohren" oder „Wir wollten ihn nicht drängen", doch bestätigte ihre Gleichgültigkeit in Jims Gedanken nur, daß sie sich nichts aus ihm machten. Bald wurden seine Gottesdienstbesuche nur noch sporadisch.

Unter all den Menschen in dieser wachsenden Gemeinde schien niemand den einen Mann zu vermissen, der allmählich der Gemeinschaft entglitt; das heißt, bis der Pfarrer unerwartet eines Samstags auf dem Markt Jims Frau traf.

„Hallo", sagte er, „wie geht's denn Ihnen und Jim?" Es war nur eine unschuldige Frage, doch die Reaktion war ein heftiger Tränenausbruch mitten im Gang eines Supermarktes. „Ach, Herr Pfarrer, Jim will nicht mehr mit mir in die Kirche gehen. Er sagt, er habe auf der Bowlingbahn bessere Freunde, als er sie in der Kirche je gefunden habe."

Jim hatte nach menschlicher Nähe in Beziehungen und nach dem Segen der Kirchenfamilie gesucht, doch er hatte sie nie gefunden. Innerhalb von weniger als zehn Monaten war Jim vom Besuch der Gottesdienste zur Wochenmitte wieder zum Biertrinken mit seinen alten Kumpeln in der Bowlingbahn zurückgefallen. Vielleicht hätte Jim reif genug sein sollen, um in der Kirche auszuharren und sich darauf zu konzentrieren, anderen zu geben, auch wenn er nie Liebe zurückerhielt, doch er war es eben nicht. Es sind auch nicht alle neu zum Glauben Gekommenen wie Jim.

Ist das nun einfach die Geschichte eines Menschen, der zu wenig Glauben hatte? Wir wünschten, es wäre so. Bedauerlicherweise kann diese Geschichte heute von vielen Kirchengemeinden berichtet werden, die vom Segen echter Gemeinschaft (*koinonia*) in Predigt und Bibelkreis reden, sie aber bei den Menschen in der Gemeinde nicht in die Praxis umsetzen. Wir mögen das in der evangelischen Gemeinschaft nicht gerne zugeben, aber es ist doch so, daß viele Menschen, die in unsere Kirchen kommen, mehr Elemente des Segens auf einer Bowlingbahn finden als innerhalb der Kirchenmauern.

Anstatt uns, die wir innerhalb der Kirche stehen, hierdurch entmutigen zu lassen, sollte uns das Mut machen, zu lernen, wie wir ein Volk des Segens werden können. Wir müssen lernen, in der Kirche bedeutsame Beziehungen herzustellen und nicht nur oberflächliche. Von dem ersten Zeitpunkt an, als Gott ein besonderes Volk berief, sein eigenes Volk zu sein, bis auf diesen Tag sind wir als Gläubige stets aufgerufen, für andere ein Segen zu sein.

Unsere Berufung: Ein Volk des Segens zu sein

Von frühesten Zeiten an ist das Volk Gottes dazu berufen, ein Segen zu sein. Als Gott Abraham zum erstenmal erschien, gab er ihm eine ganz besondere Verheißung: „Ich will dich segnen und dir einen großen Namen machen, und du sollst ein Segen sein ... In dir sollen gesegnet werden alle Geschlechter auf Erden" (1. Mose 12,2-3).

Jahrhunderte später sagt uns Petrus in der Apostelgeschichte, was diese Form des Segens für alle Nationen bedeutete. Der Segen kam in die Welt in Gestalt des leidenden Knechtes, Jesus, einem Nachkommen Abrahams, der die Macht hat, unser Leben durch die Befreiung von der Sünde zu segnen. Petrus sagt:

> Gott ... sagte zu Abraham: „Durch dein Geschlecht sollen alle Völker auf Erden gesegnet werden." Für euch zuerst hat Gott seinen Knecht Jesus erweckt und hat ihn zu euch gesandt, damit er euch segnet und sich jeder von seinen bösen Taten abwendet (Apg. 3,25-26).

Der erste und unmittelbarste Schritt, den eine Kirche tun kann, um andere zu segnen, ist die Hinführung der Menschen zu Jesus Christus. Wenn Männer und Frauen mit der Quelle des Segens selbst bekanntgemacht werden, dann stehen sie jemandem gegenüber, der ihr bester Freund und die Quelle ihres Lebens sein kann.

Wenn wir dazu aufgerufen sind, Menschen den Segen der Begegnung mit Christus zu vermitteln, wie können wir das dann am besten herbeiführen? Wir wollen die Antwort unserem Herrn selbst überlassen. „Ein neues Gebot gebe ich euch, daß ihr einander lieben sollt ... Daran, daß ihr Liebe zueinander habt, wird jeder erkennen, daß ihr meine Jünger seid" (Joh. 13,34-35). Was heißt das für uns?

Menschen, die der Kirche fernstehen, kümmern sich nicht darum, wieviel wir über Christus wissen, solange sie nicht erfahren, wie wir uns um einander kümmern. Wenn eine Gemeinschaft von Christen sich verpflichtet, einander zu lieben, dann erst kann sie wirklich eine Gemeinde genannt werden, die es ernst damit nimmt, andere für Christus zu gewinnen.

Der Segen: Eine Richtlinie für die gesamte Kirche, andere zu lieben

Wenn Jesus uns geboten hat, Menschen zu sein, die anderen Liebe entgegenbringen, warum haben dann viele Gemeinden solche Schwierigkeiten, mit Wärme und Empfindsamkeit auf die Bedürfnisse anderer einzugehen? Ist es Mangel an Liebe unter den Menschen in der Kirche?

Wir glauben, daß es nicht der Mangel an fürsorglichen Gläubigen in der Kirche ist, der dazu führt, daß Menschen wie Jim sich ohne Segen abwenden. Was den Menschen vielmehr fehlt, ist das Wissen, wie man dem Bedürfnis anderer nach menschlichen Beziehungen praktisch begegnen kann, das sich einstellt, wenn sie Christus erfahren haben.

Die Kirche muß zuallererst ein Ort sein, an dem das Evangelium verkündet und Christus als unser Herr und Heiland verehrt wird. Doch Gott hat die Kirche auch dazu bestimmt, eine Gemeinschaft der Fürsorge zu sein. Wir können uns der Tatsache nicht entziehen, daß wir unsere Pflichten als Familie Gottes versäumen, wenn wir unsere Brüder und Schwestern in Christus nicht segnen und lieben. Wenn ein Glied des Leibes sich freut, sollen wir uns alle freuen. Wenn ein Glied weint, sollen wir alle weinen (1. Kor. 12,26).

Das Erregende am Begriff des Segens ist, daß er eine Richtlinie für alle Arten liebevoller Beziehungen ist. Eindeutig kann er für Eltern einen brauchbaren Weg weisen, wie sie ihre Kinder segnen können. Wir haben ferner gesehen, daß sich eine Ehe und selbst eine enge Freundschaft auf den Elementen des Segens aufbauen läßt. Doch damit ist es noch nicht zu Ende. Manche Gemeinden unterweisen und ermutigen heute ihre Mitglieder, anderen alle Aspekte des Segens zu vermitteln, und immer mehr Kirchen lernen es, diese Unterweisung durchzuführen, wofür wir dankbar sind.

Zeigen Sie uns irgendwo auf der Welt eine Kirche, die auf die echten Bedürfnisse ihrer Mitglieder eingeht und andere zu Christus führt, und wir zeigen Ihnen eine Kirche, in der Gottes Wort gelehrt und die Elemente des Segens für menschliche Beziehungen angewandt werden.

Was geschieht nun, wenn eine Gemeinde oder auch nur eine Sektion innerhalb einer Gemeinde sich ernsthaft mit dem Begriff des Segens befaßt? Dazu wollen wir uns ansehen, wie die Grundsätze des Segens, die bei der Gruppe für Alleinstehende in einer Gemeinde in die Tat umgesetzt wurden, ihr Wirken buchstäblich umkehrte.

Eine Fallstudie für die Anwendung des Segens bei der Gemeinde Gottes

Mark war Leiter eines großen Kreises für Alleinstehende, der an jedem Sonntag von mehr als 150 jungen Frauen und Männern besucht wurde. Wie viele kirchliche Gruppen kämpfte auch Marks Klasse mit den Problemen des Wechsels und dem Aufbau tiefgehender Beziehungen. Sie waren durchaus zum Wirken für andere bereit, doch dieser Wunsch nach Fürsorge schien nie über die Zusammenkünfte hinaus in den Kreis hineinzudringen.

Vor beinahe zwei Jahren sprachen wir auf einer Konferenz, an der Mark teilnahm, über die Prinzipien in diesem Buch. Er griff nach jedem bißchen an Informationen, die wir ihm über den Segen geben konnten, und bat uns, auf einer bevorstehenden Freizeit des Kreises zu sprechen. Gott benutzte diese Konferenz, bei der Mark anwesend war, und die Freizeit danach, um die biblischen Grundsätze des Segens in den Herzen der Teilnehmer dieser Gruppe zu verankern.

Einige Monate nach dieser Freizeit erfuhren wir, daß Mark innerhalb des Kreises eine Gruppe von Menschen gebildet hatte, die sich

„Blessing Bunch", „Segensbund", nannten. Ihr Ziel war es, in der Gruppe Menschen herauszufinden, die ganz besonders ein oder mehrere Elemente des Segens brauchten, und sich dann aktiv zu verpflichten, das Bedürfnis dieser Menschen zu erfüllen.

Bei einer jungen Frau, deren Verlobung in die Brüche gegangen war, bedeutete die Vermittlung des Segens einfach, sie bei der Hand zu nehmen und mit ihr zu weinen. Ein Mann der Gruppe brauchte einen Bruder in Christus, der ihm eine besondere Zukunft wies und ihm damit das Vertrauen gab, mit einer schwierigen neuen Stellung zurechtzukommen. Einer anderen Frau mußte die Gewißheit gegeben werden, daß sie bei ihrem Freund in hoher Wertschätzung stand, nachdem sie eine Woche lang von ihrem Arbeitgeber gehört hatte, daß sie nichts tauge.

Für den Leiter wurde es eine wichtige Hilfe, daß er durch Verkündigung und Anwendung der Segenselemente eine Strategie für die Erfüllung der Bedürfnisse innerhalb der Gruppe besaß. Tatsächlich sprach Mark soviel über die Prinzipien des Segens, daß viele Teilnehmer einander scherzhaft fragten: „Haben Sie diese Woche schon Ihren Segen gehabt?"

„Haben Sie diese Woche schon Ihren Segen gehabt?" Die Leute meinten es im Spaß, und doch öffneten sich die Türen zum Leben einer Reihe von Frauen und Männern, die bislang fest verschlossen waren, weil die Teilnehmer der Gruppe mit den Elementen des Segens vertraut gemacht worden waren. Was sich in dieser Gruppe für Alleinstehende vollzog, blieb aber nicht auf ihren Kreis beschränkt. In der gesamten Gemeinde verbreitete sich das Segengeben.

Mehrere Teilnehmer der Klasse wurden sich über die Beziehung zu ihren Eltern klar, als sie den Begriff des Segens lernten. Besonders ein junger Mann ging eines Sonntagmorgens geradewegs aus dem Gemeinschaftsraum zu einem Münzfernsprecher und rief, zum erstenmal nach vier Jahren, seinen Vater an. Andere fingen an, die Grundsätze des Segens ihren Familienangehörigen in der Kirche mitzuteilen; auch dies führte zu einer Zeit der Heilung.

Die Gruppe für Alleinstehende sprach sogar einige Wochen nach ihrer Freizeit über den Begriff des Segens bei einem sonntäglichen Abendgottesdienst. Mark wies vor allem darauf hin, daß die Verheirateten in der Gemeinde etwas tun konnten, um die Alleinstehenden zu segnen, nämlich nicht von ihnen zu erwarten, daß sie gleich morgen heirateten, sondern sie zu sich in die Familie einzuladen. Damit nahm ein Programm „Adoptiere einen Alleinstehenden" seinen Anfang, mit dem die einstmals praktisch isolierte Gruppe plötzlich in den Hauptstrom des Gemeindelebens geriet.

Diese Geschichte befaßte sich mit nur einer Gruppe, die beschloß, mit dem Segnen anderer Menschen und ihres Lebens ernstzumachen. Die Auswirkungen verbreiteten sich in der ganzen Gemeinde und trugen dazu bei, vielen Menschen ein neues Gefühl menschlicher Wärme und Anteilnahme zu geben.

Stellen Sie sich vor, was geschähe, wenn eine ganze Kirchengemeinde beschließen würde, die Mitglieder ihrer Gemeinschaft zu segnen, und wenn sie darin unterwiesen würde! Wir hätten dann eine Gemeinde, wo die Bedürfnisse nach menschlichen Beziehungen aktive Erfüllung fänden durch ein Händeschütteln oder eine Umarmung zur Begrüßung (bedeutsame Berührung), wo eine gute Predigt, die Arbeit in der Kindergruppe oder das stille Zuhören bei einem leidgeprüften Bruder oder einer Schwester offen anerkannt würden (gesprochene Botschaft). Wir hätten Gruppen von Christen, die den wahren Wert jedes einzelnen anerkennen (Beimessung hohen Wertes) und die Worte der Hoffnung und Ermutigung aussprechen, um die gottgegebenen Fähigkeiten zu erreichen (eine besondere Zukunft). All diese Elemente würden in die Bereitschaft eingehüllt, Menschen nicht unbeachtet fortgehen zu lassen, weil schon die Entscheidung gefallen war, daß sie hohen Wert genießen (aktive Verpflichtung).

Eine solche Gemeinde hört sich an wie die Art von Kirche, zu der die meisten von uns gerne gehören möchten. Dazu braucht es nichts weiter als einen Menschen, der einen „Segensbund" auf die Beine stellt, der damit beginnt, auf die Bedürfnisse der Menschen ringsum einzugehen. Eine solche Gemeinde kann auch zu einem Ort werden, der auch der Kirche Fernstehende anzieht, ein echter Ort des Segens.

Eine Kirche, die sich der Anwendung der Segensprinzipien verpflichtet hat, kann auf Unerlöste eine ungeahnte Auswirkung haben. Wenn Kirchenmitglieder erst einmal den Begriff des Segens kennenlernen und ihn in der Kirche praktisch anwenden, können sie ihn auch außerhalb der Kirchenmauern weitertragen. Vom Montag bis zum Freitag können sie einer nichtchristlichen Gesellschaft, die verzweifelt auf der Suche nach echter Sicherheit und Zuwendung ist, die Elemente von Gottes Segen vermitteln.

Ein Arbeitgeber kann daran ermessen, in welchem Maße er für seine oder ihre Untergebenen ein Segen ist. Ein Lehrer kann sich über den Segen informieren und die verräterischen Zeichen dafür erkennen, wenn ein Kind ohne die Zuwendung der Eltern aufwächst. Ein Schüler kann sich mit einem Klassenkameraden beziehungsweise einer Klassenkameradin anfreunden und ihm oder ihr den Weg zu einer sicheren Quelle des Segens durch Christus weisen.

Einander lieben — wie trifft man ins Ziel

Aristoteles bemerkte einmal: „Du hast eine bessere Chance, das Ziel zu treffen, wenn du es sehen kannst." Auf den ersten Blick klingt diese Aussage nicht allzu tiefschürfend, doch sie ist es in der Tat. Kirchengemeinden, Eltern, Ehepartner und Freunde haben eine weit größere Chance, das Ziel, einander Liebe entgegenzubringen, zu treffen, wenn sie erkennen können, wie das geschehen soll.

Die Einhaltung der uns im Segen geschenkten Leitlinien kann unseren Worten und Taten dazu verhelfen, ins Schwarze zu treffen, wenn wir geliebten Menschen nahebringen wollen, daß sie von Gott geliebt und angenommen werden. Gemeinsam mit einer sinnvollen Verkündigung des Wortes Gottes können die Elemente des Segens auch ein außerordentlich wirksames Instrument für die Evangelisation sein. Der Segen kann uns auch dabei helfen, das Missionsgebot zu erfüllen, „hinzugehen und alle Völker zu Jüngern machen" (Matth. 28,19). Wenn das besondere Kennzeichen der Jünger darin besteht, „einander zu lieben" (Joh. 13,35), dann kann die Anwendung der Grundsätze des Segens dabei helfen, Gottes Liebe in eine notleidende Welt ausstrahlen zu lassen.

Mit dem Ende unseres Ausblicks auf die Anwendung des Segens auf unsere Kirchenfamilie nähern wir uns gleichzeitig dem Ende unserer Reise in diesem Buch. Einen wichtigen Haltepunkt haben wir jedoch noch vor uns. Es gibt zwei Menschen in unserem Leben, die ganz besonderen Nutzen von dem Segen gewinnen, den wir ihnen schenken können — unser Vater und unsere Mutter.

Ehe wir uns ansehen, wie wir als Kinder unseren Eltern einen Segen zurückgeben können, wollen wir auf die Worte eines Liedes hören, das beschreibt, welcher Ort die Kirche sein soll: Ein Obdach für Menschen, die mit den Stürmen des Lebens ringen, und eine Stätte, wo

Gottes Liebe einer bedürftigen Welt leuchtet; ein Ort, wo anderen Menschen der Segen gegeben wird, wo Glaubwürdigkeit das Losungswort zur Gemeinschaft ist, ein Ort, wie ihn Ken Medema in seinen ergreifenden Worten schildert:

Wenn's hier nicht ist, wo man Tränen versteht,
wohin soll ich dann gehen und weinen?
Und wenn's hier nicht ist, wo mein Geist sich beflügelt,
wohin soll ich dann gehen und fliegen?
Ich brauch' keinen anderen Ort, euch Eindruck zu machen,
wie gut und voll Tugend ich bin.
Nein, nein, nein, ich brauch' keinen anderen Ort,
um stets an der Spitze zu sein,
denn jeder weiß, es ist doch nur Schein.
Ich brauch' keinen anderen Ort, um immer zu lächeln,
auch wenn mir's nicht danach ist.
Ich brauch' keinen anderen Ort, um alte Phrasen zu dreschen,
denn jeder weiß, das ist alles nicht wahr.
Wenn's drum hier nicht ist, wo ich fragen kann,
wohin soll ich dann gehen und suchen?
Und wenn's hier nicht ist, wo der Schrei meines Herzens
gehört wird, wohin, sagt mir, wohin
soll ich dann gehen und sprechen?
Wenn's drum hier nicht ist, wo man Tränen versteht,
wohin soll ich dann gehen, wohin fliegen?

13. Der Segen für die Eltern

Unser Bild vom Segen ist beinahe vollständig. In den letzten Kapiteln haben wir mit breiten Strichen versucht darzustellen, wie der Segen die Jahrhunderte hindurch gesehen wurde. Daneben benutzten wir die feinen Striche der wörtlichen Bedeutung des Begriffes *Segen*, um die subtilen Nuancen dieses Konzeptes herauszuarbeiten. Fünf beherrschende Muster durchlaufen das Gemälde, jedes ein wichtiges Element des Segens; zusammen vermitteln sie dem Betrachter einen Sinn für Struktur und Gleichgewicht. Geschichten von Menschen aus Vergangenheit und Gegenwart sollten dem Bild Farbe und Tiefe verleihen. Manche dieser Farben sind dunkel und gedämpft und erwecken unser Mitgefühl. Dies sind die Geschichten von Esau und anderen seinesgleichen, die nie den Segen ihrer Familie empfingen. Doch wir haben auch versucht, die lebhaften Farben von Freude, Glück und Sicherheit im Leben derer darzustellen, die den Segen erhielten.

Bevor wir jedoch unseren Pinsel niederlegen und von diesem Porträt des Segens zurücktreten, müssen wir noch eine letzte Ecke ausmalen. Diese Ecke ist in der Tat ein Schlüssel zur Vervollständigung unseres Bildes, mit dem erst der Gesamtumfang voll und ganz eingefangen wird.

Bei unseren letzten Pinselstrichen zur Vollendung unserer Darstellung des Segens müssen wir herausarbeiten, wie wichtig es ist, daß der Segen seinen vollen Kreis zu Ende führt. Wir begannen mit dem Malen in einer Ecke der Leinwand, die zeigte, wie Eltern ihren Kindern den Segen geben müssen. Beschließen werden wir das Bild, indem wir aufzeigen, wie diese selben Kinder den Segen an ihre Eltern zurückgeben müssen. Helen reichte diesen Segen zurück, obgleich es das Schwierigste war, was sie je in ihrem Leben vollbrachte.

Die Geschichte eines Segens

Werfen wir einen Blick zurück auf Helens Geschichte. Sie war von ihrem Vater während der ganzen Zeit ihres Heranwachsens physisch mißhandelt worden. Er war Alkoholiker, dessen wechselnde Stimmungen sie unsicher, ängstlich und voller Sorge werden ließen. Bei der ersten Gelegenheit, die sich Helen zum Verlassen des Elternhauses bot, kehrte sie ihm den Rücken. Aus ihrer Perspektive war es ihr gleichgültig, ob sie ihren Vater jemals wiedersah. In dieser Haltung fand sie sich noch bestärkt, als ihre Eltern sich scheiden ließen, während sie im College war. Helen hatte nun nicht den geringsten Grund, heimzugehen, und sie lehnte es ab, auch nur den Gedanken in Erwägung zu ziehen.

Dann traf Helen mit einer Kollegin namens Karen zusammen, und ihr ganzes Leben erfuhr eine Veränderung. Zum ersten Mal hörte sie von Gottes Segen der Erlösung und seiner Fürsorge, die ihr in der Kirche eine geistliche Familie schenkte, mit der ihr Bedürfnis nach menschlicher Beziehung gestillt wurde, und sie empfing seinen Segen und seine Fürsorge. Nachdem sie in ihrer Gemeinde geistliche Väter in überreichem Maße gefunden hatte, empfand Helen noch viel weniger die Notwendigkeit, mit ihrem leiblichen Vater Frieden zu schließen.

Allmählich begann Helen zu erkennen, daß manche Bereiche ihres geistlichen Lebens nachhinkten. Sie war innerlich in wahren Sprüngen gewachsen, hatte aber immer noch eine Neigung, andere zu kritisieren. Sie war einen weiten Weg gegangen, doch ihre Stimmung erforderte immer noch Beherrschung. Lange Zeit hindurch glaubte Helen, diese bohrenden Neigungen wichen wegen eines Mangels an Glauben oder Erkenntnis von Gottes Wort nicht. Unzählige Male hatte sie sich von neuem zum Studium von Gottes Wort verpflichtet, doch ihr Ringen hielt an.

Eines Tages aber fand Helen heraus, was ihrem Problem zugrundelag. Ihr fehlte es nicht an Glauben; sie war nicht bereit, ihren Vater zu ehren. Die tiefe Bitterkeit und der Groll in ihrem Inneren hielten ihr Leben nach wie vor mit eisernem Griff fest. Diesen Bereich hatte sie Gottes Führung, Liebe und heilender Hand nicht geöffnet.

Als Helen ihr Leben näher betrachtete, erkannte sie, daß sie immer mehr so wurde wie der Mensch, den sie im Leben am meisten haßte — ihr Vater. Wenn sie sich nicht um den Würgegriff kümmerte, den er noch auf ihr Leben hielt, dann würde sie ständigen Kämpfen in ihrem geistlichen Leben und möglicher Zerstörung ihrer persönlichen Beziehungen ausgesetzt sein.

Zuerst versuchte Helen, die wachsende Überzeugung beiseite zu schieben, daß sie sich um das Verhältnis zu ihrem Vater kümmern müsse. Selbst der Gedanke an ihn bereitete ihr Qualen, wie es immer der Fall ist, wenn wir uns an schmerzliche Dinge der Vergangenheit erinnern. Erinnerungen bringen Gefühle mit sich, und manchmal wollen wir uns diesen Gefühlen nicht stellen. Doch Helen wußte, was richtig war. Zwar stimmten ihre Gefühle nicht damit überein, doch sie wußte, daß Gott die ehrt, die ihre Eltern ehren. Solange sie die Feindschaft zu ihrem Vater aufrechterhielt, tat sie Unrecht und schnürte ihre Lebenskraft ein.

Helen suchte ihren Pfarrer auf und erläuterte ihm, was Gott ihr in den vergangenen Monaten zu zeigen versucht hatte. Nach mehreren Sitzungen mit Gebet und Beratung beschloß Helen, ihren Vater zu besuchen. Sie faßte den festen Entschluß, ihn zu segnen und zu ehren, gleichgültig, ob er darauf reagierte oder nicht.

Am 14. Juni unternahm Helen vom Studierzimmer ihres Pfarrers aus den schwersten Telefonanruf ihres Lebens. Von einem alten Freund der Familie hatte sie die Nummer ihres Vaters erfahren, und nachdem sie mit dem Pfarrer gemeinsam gebetet hatte, nahm sie den Hörer ab und wählte die Nummer in einem anderen Staat.

Zur Zeit ihres Anrufes war es 15 Uhr, und insgeheim hoffte sie, ihr Vater werde an der Arbeit sein und den Anruf nicht beantworten. Doch beim fünften Klingeln ging er an den Apparat. Gott gab Helen die Kraft, ein „Hallo, Dad?" herauszuwürgen. Nach langem Schweigen am anderen Ende erwiderte er: „Helen?"

In einem kurzen Gespräch sagte Helen ihrem Vater, sie fliege in seine Stadt, und fragte, ob sie ihn besuchen könne. „Bitte mach das, Helen", gab er zur Antwort. Sie bekam Anweisungen, wie sie seine Wohnung finden konnte, dann hängte sie ein.

Das erste Scharmützel war gewonnen, doch die Schlacht lag noch vor ihr. Wohl hundertmal in den vier Tagen vor ihrem Flug schwankte Helen hin und her, ob sie ihren Vater besuchen wolle oder nicht. Doch jedesmal, wenn sie beschlossen hatte zu kneifen, überzeugte sie die leise Stimme in ihrem Inneren davon, was richtig sei. Selbst wenn sie von ihrem Vater nichts empfing außer der Qual, die sie in der Vergangenheit erfahren hatte, wußte sie doch, daß sie um ihrer selbst willen hingehen und tun mußte, was recht war.

Helen bestieg tatsächlich das Flugzeug. Ihr Pfarrer und mehrere Freunde begleiteten sie zum Flughafen, um ihr Mut zuzusprechen und sie zu verabschieden. Der Flug war sowohl der kürzeste wie der längste in ihrem Leben. Helen mietete nach der Ankunft am Flugplatz einen Wagen und fuhr die dreißig Minuten zur Wohnung ihres Vaters. Mit einem tiefen Seufzer und einem kurzen Gebet ging sie zur Wohnung und klopfte an der Tür.

Ein müde aussehender alter Mann machte auf. — Warum hatte sie ihn nur als solchen Riesen im Gedächtnis? — Helen setzte sich mit ihrem Vater auf die Couch und schüttete ihr Herz aus. Sie erzählte ihm, wie sie Christin geworden war und welchen Unterschied das in ihrem Leben bewirkt hatte. Das Schwerste war, Wut und Haß einzugestehen, die sie über viele Jahre hinweg mit sich herumgetragen hatte, und ihn dafür um Vergebung zu bitten.

Als Helen zu Ende gesprochen hatte, weinten beide. Fünfzehn Jahre lang hatte Helens Vater die brennende Überzeugung des Unrechts gegen seine Tochter geleugnet. Er bat sie, ihm zu verzeihen, daß er ihr ein so schrecklicher Vater gewesen war, und beklagte die ganzen Schmerzen, die er in ihrem Leben verursacht hatte.

Nach vier Stunden, die ihr wie vier Minuten vorkamen, ging Helen. An der Tür nahm sie ihren Vater in die Arme und hörte sich selbst Worte sprechen, von denen sie nie geglaubt hatte, daß sie ihr von den Lippen gehen würden: „Ich hab' dich lieb, Daddy." All die Qualen, die er ihr zugefügt hatte, waren nicht imstande gewesen, ihre Liebe zu ihm abzutöten. Selbst in der Zeit ihres stärksten Hasses empfand sie eine Bindung an ihn und Liebe zu dem Mann, dem sie ihre leibliche Existenz verdankte. Wo sie einst diese Liebe nicht zum Ausdruck bringen oder auch nur fühlen konnte, empfand sie nun Mitgefühl und Wärme für einen Mann, der sein eigenes Leben zerstörte, als er das ihre zerschlug.

Als neuer Mensch ging Helen zu ihrem Heim, ihrer Arbeit und ihrer Gemeinde zurück. Nach außen hin sah sie zwar nicht anders aus, doch in ihrem Inneren wußte sie, daß sie ein freierer Mensch war als je zuvor in ihrem Leben.

Als sie Christus kennengelernt hatte, hatte er sie von der Schuld aller Sünde befreit und die Fesseln gelöst, die sie an die Vergangenheit ketteten. Dadurch, daß sie den Mut aufbrachte, ihrem Vater gegenüberzutreten, ihn zu ehren und zu segnen, beseitigte Helen endlich die Fesseln, die Christus gelöst hatte. Als sie an diesem Tag vom Haus ihres Vaters fortging, war sie wirklich frei für das Leben in der Gegenwart, weil sie sich zuguterletzt von der Vergangenheit befreit hatte.

Das erste Gebot mit einer Verheißung

Was Helen unternommen hatte, als sie ihrem Vater gegenübertrat, erfordert einen ungemeinen Mut. Doch Helen wußte einen Gott hinter sich, der ihre Ängste verstand und ihr die Kraft schenkte, sie zu überwinden.

Sind es nur Menschen wie Helen, Menschen mit einer qualvollen Vergangenheit, die ihre Eltern segnen müssen? Das ist gewiß nicht der Fall. Tatsächlich weist die Heilige Schrift jedes Kind an, die Eltern zu segnen.

Im Epheserbrief geht Paulus ausführlich darauf ein, was es heißt, gesunde Familienbeziehungen zu haben. Im fünften Kapitel gibt er eine wunderbare Beschreibung von Gottes Plan für das Verhältnis von Mann und Frau. Mit dem Mann als liebevollem Leiter und der Frau als antwortende Partnerin von hoher Wertschätzung ist die Szene bereit, damit Kinder ein liebevolles Heim finden.

Die nächsten Anweisungen von Paulus gelten diesen Kindern. Solange sie unter dem Dach und der Obhut ihrer Eltern sind, sagt er ihnen, „euren Eltern gehorsam zu sein in dem Herrn" (Eph. 6,1). Dann gibt er noch eine Anweisung für Kinder jeden Alters: „Ehre Vater und Mutter, das ist das erste Gebot, dem eine Verheißung folgt: damit es dir gut geht und du lange lebst auf Erden" (Eph. 6,2-3).

Was bedeutet es nun, die Eltern zu ehren? Das wird uns klar, wenn wir uns das Wort „ehren" in der Bibel ansehen. Im Hebräischen lautet das Wort für „ehren" *kabed*. Wörtlich bedeutet das „schwer, gewichtig sein, ehren". Selbst heutzutage verbinden wir den Gedanken, gewichtig zu sein, mit der Verehrung für eine Person.

Wenn eine bedeutende Persönlichkeit spricht, sagen die Leute oft, daß seine Worte „viel Gewicht haben". Jemand, dessen Worte gewichtig sind, verdient Ehre und Achtung. Wir erfahren noch mehr darüber, was unter „ehren" zu verstehen ist, wenn wir uns in der Schrift das Gegenteil betrachten.

In Kapitel zehn haben wir entdeckt, daß die wörtliche Bedeutung des Wortes *Fluch (qalal)* ist, „leicht machen, wenig Gewicht haben, wenig achten." Gehen wir zu unserem oben genannten Beispiel zurück, dann könnten wir für Nichtachtung eines Menschen sagen: „Seine Worte haben wenig Gewicht." Der Gegensatz ist geradezu verblüffend!

Wenn Paulus uns sagt, wir sollten unsere Eltern ehren, dann bekundet er damit, daß sie hohe Wertschätzung und Achtung verdienen. In moderner Ausdrucksweise könnten wir sie ein Schwergewicht in unserem Leben nennen! Genau das Gegenteil trifft zu, wenn wir unsere Eltern nicht ehren.

Manche Leute behandeln ihre Eltern, als seien sie eine Staubschicht auf einer Tischplatte. Staub wiegt fast nichts und kann mit einer Handbewegung weggewischt werden. Staub ist ärgerlich, beleidigt das Auge und verbirgt die wirkliche Schönheit des Tisches. Paulus erklärt uns, daß kein Kind seinen Eltern gegenüber eine solche Haltung einnehmen soll, und zwar aus gutem Grunde. Wenn wir unsere Eltern nicht ehren, begehen wir nicht nur ein Unrecht und achten Gott gering, sondern wir bringen uns buchstäblich selbst um unsere Lebensfülle!

Was geschieht, wenn wir unsere Eltern ehren (oder gering achten)?

Paulus erinnert uns im weiteren Verlauf dieser Stelle des Epheserbriefes daran, daß für all jene, die das Gebot halten und ihre Eltern ehren, eine Verheißung gilt. Ehe wir uns jedoch weiter mit dem Thema befassen, sollten wir uns über die Verheißung Gottes im klaren sein. Das erste, was wir im Gedächtnis behalten sollten ist, daß Gottes Verheißungen immer erfüllt werden. Was Gott verheißt, das läßt er auch eintreten.

Die zweite verblüffende Realität, die wir bei dieser Verheißung erkennen müssen, ist die Bedingungsform. Wenn Sie die Bedingungen der Verheißung erfüllen, dann wird Gott sie in Ihrem Leben einlösen. Gottes Verheißung hat zwei Seiten. Wenn Sie Vater und Mutter ehren, wird Gott seine Verheißung erfüllen. Achten Sie Ihre Eltern aber gering, dann verläuft Ihr Leben abseits von Gottes Verheißung.

Paulus sagt uns, daß in dieser Verheißung zwei Aspekte für diejenigen gelten, die ihre Eltern ehren. Der erste bezieht sich auf unser Verhältnis zu Gott.

„Auf daß es dir gut gehe"
Im neutestamentlichen Griechisch wird dieser Satz in dem winzigen Wörtchen *eu* eingefangen. Im Altgriechischen wurde dieses Wort gebraucht, um jemanden mit den Worten „Gut gemacht! Hervorragend!" zu begrüßen. Wenn Sie Ihre Eltern ehren, dann ist dies gewiß das erste, was Gott zu Ihnen sagt: „Gut gemacht! Hervorragend!"

Für das Volk Gottes gehörte es dazu, wenn man vor Gott das

Rechte tat, auch das zu tun, was vor den Eltern recht war. Im 3. Buch Mose gebietet Mose dem Volk: „Ein jeder fürchte seine Mutter und seinen Vater. Haltet meine Feiertage; ich bin der Herr, euer Gott." Mit der Bedeutung, einen besonderen Feiertag in der Woche einzurichten, um Gott zu ehren, ist das Gebot, die Eltern zu ehren, engstens verknüpft.

Jesus ging ebenso davon aus, daß die Handlungen gegenüber den Eltern die Einstellung zu Gott widerspiegeln. Wer die Eltern gering achtet, folgt den Strömungen der Zeit, nicht dem Wort Gottes. Hören Sie sich den heftigen Tadel Jesu an die Adresse der Pharisäer und Schriftgelehrten an, die absichtlich ihre Eltern verachten:

> *Warum übertretet ihr denn Gottes Gebot um eurer Satzungen willen? Denn Gott hat geboten: „Du sollst Vater und Mutter ehren.". . . Aber ihr lehrt: Wer zu Vater und Mutter sagt: Eine Opfergabe soll das sein, was dir eigentlich von mir zusteht, — der braucht seinen Vater nicht zu ehren . . . Ihr Heuchler, wie treffend hat Jesaja von euch geweissagt: „Dies Volk ehrt mich mit seinen Lippen, aber ihr Herz ist ferne von mir; vergeblich dienen sie mir" (Matth. 15,3-8).*

Für Jesus konnte das Unrecht der Verachtung gegenüber den Eltern niemals damit verbunden werden, vor Gott Recht zu tun. Wer Sie nötigt, Ihre Eltern gering zu achten, spricht Worte der Überheblichkeit und Falschheit. Von Ihrem himmlischen Vater hören Sie nur dann ein „Gut gemacht", wenn Sie Ihre Eltern ehren, nicht wenn Sie sie voller Verachtung wie einen Staubfleck behandeln.

Wenn Sie mit der Achtung gegenüber Ihren Eltern recht handeln, wirkt sich das nicht nur auf Ihr Verhältnis zum Herrn aus, sondern Gott verheißt, daß dies auch in ihrem eigenen Leben positive Auswirkungen haben wird!

„Und du lange lebst auf Erden"

Gott verheißt denen, die ihre Eltern ehren, daß sie Leben empfangen! Wie kann dies geschehen? Nun, fragen Sie einmal Ärzte, Berater oder Pfarrer. Sie erleben in ihren Sprechzimmern und Büros die Menschen mit zerstörtem Leben, die ihre Eltern gering achteten und deren Lebenskraft dahinschwand.

Jeder von Ihnen besitzt nur eine bestimmte seelische und körperliche Energie, und an Ihnen ist es, wie Sie sie verbrauchen. Ärzte und Forscher entdecken heute immer deutlicher die enge Verbindung, die zwischen unseren Gedanken und unseren körperlichen Reaktionen besteht.

Positive Haltung wird mit positiven physiologischen Veränderungen verknüpft, während negative Haltung für Krankheiten aller Art Tür und Tor öffnen kann. Wenn Menschen sich darauf verlegen, auf Grund von Zorn, Bitterkeit oder Ressentiments ihre Eltern zu hassen oder zu verachten, dann bezahlen sie dafür einen geistlichen, seelischen und körperlichen Preis.

Die Heilige Schrift zeigt uns die starke Verbindung zwischen den Worten, die wir aussprechen, und wie sie uns physisch beeinflussen. In Sprüche 16,24 lesen wir: „Freundliche Reden sind Honigseim, trösten die Seele und erfrischen die Gebeine", und an anderer Stelle weiter unten „Ein fröhliches Herz tut dem Leibe wohl; aber ein betrübtes Gemüt läßt das Gebein verdorren" (Spr. 17,22).

Wenn Sie sich entscheiden, Ihre Eltern zu ehren, dann messen Sie ihnen hohe Wertschätzung bei. Gott sagt, daß solche Handlungen Ihr Leben auf der Erde steigern wird. Ziehen Sie es aber vor, daß Ihr Leben durch Festhalten an Bitterkeit oder Groll gegen Ihre Eltern (Haltung der Geringachtung) vertrocknet, dann verzehren Sie Ihre Kraft und verkürzen buchstäblich Ihr Leben.

Manche Menschen bringen ihren Eltern über Jahre hinweg Geringschätzung entgegen. Wenn das auf Sie zutrifft, dann wird es höchste Zeit, daß Sie damit beginnen, die Dinge wieder ins rechte Lot zu rücken. Sonst könnten sich die Worte König Davids in Ihrem Leben bewahrheiten: „Denn als ich es wollte verschweigen, verschmachteten meine Gebeine durch mein tägliches Klagen. Denn deine Hand lag Tag und Nacht schwer auf mir, daß mein Saft vertrocknete, wie es im Sommer dürre wird" (Ps. 32,3-4).

Die Worte von Paulus haben uns klar vor Augen geführt, daß wir unsere Eltern ehren sollen. Doch wie machen wir das in der Praxis? Wieder einmal befinden wir uns an der Schwelle des Segens.

Wie ehrt man seine Eltern?

Das Buch der Sprüche wurde mit dem Ziel geschrieben, uns die Fähigkeit zur richtigen Lebensführung zu lehren. Wir haben bereits gesehen, daß es ein richtiger Schritt ist, seine Eltern zu ehren, doch wie geschieht das? Man ehrt die Eltern, wenn man wie ein weiser Mensch und nicht wie ein Tor handelt.

Im Buch der Sprüche werden vielerlei Arten von Narren erwähnt und veranschaulicht. Alle miteinander sind Menschen, die Gottes Grundsätze für ein richtiges Leben nicht anwenden. Eine lebhafte Beschreibung eines zerstörerischen Narren findet sich gegen Ende des Buches. Sehen Sie sich diese Beschreibung eines wertlosen, verräterischen Menschen an, und dann gehen Sie zurück und lesen Sie nach, womit die Liste, die ihn charakterisiert, angeführt wird:

Es gibt eine Art, die ihrem Vater flucht und ihre Mutter nicht segnet; eine Art, die sich rein dünkt, und ist doch von ihrem Schmutz nicht gewaschen; eine Art, die ihre Augen hoch trägt und ihre Augenlider emporhebt; eine Art, die Schwerter als Zähne hat und Messer als Backenzähne und verzehrt die Elenden im Lande und die Armen unter den Leuten (Spr. 30,11-14).

Der hier dargestellte Mensch bringt denen zu Hause und außerhalb seiner Familie Pein und Schmerzen. Wie wir sahen, beraubt er sich durch den Fluch gegen seine Eltern auch selbst des Lebens. Er wird in dieser Textstelle nicht nur gescholten, weil er sie verflucht, sondern auch, weil er sie nicht segnet.

Wenn Sie ein Mensch sein wollen, der seine Eltern ehrt, dann sind Sie auch ein Mensch, der sie segnet. Indem Sie Ihre Eltern segnen, erweisen Sie ihnen die wahre Ehre und tun, was in den Augen Gottes recht ist, ja Sie verlängern sogar Ihr Leben.

In früheren Kapiteln haben wir eingehend über die fünf Elemente des Segens gesprochen. Wir haben gesehen, wie diese Elemente auf Kinder, Ehepartner, Freunde und die Kirchenfamilie angewandt werden. Doch von außergewöhnlicher Bedeutung können sie sein, wenn unseren Eltern ein Segen gespendet wird. Jedes einzelne kann ein nützliches Instrument sein, die Eltern zu ehren.

Zu allererst brauchen unsere Eltern die *bedeutsame Berührung*. Selbst wenn sie sich damit abmühten, Sie zu umarmen und zu berühren, als Sie jung waren, brauchen sie im Alter die Versicherung, die aus dieser Berührung entspringt.

Sie brauchen auch *gesprochene Worte* von ihren Kindern. Es ist doch interessant, daß der Muttertag der Tag mit den meisten Ferngesprächen im ganzen Jahr ist! Für viele Mütter sind dies die einzigen aufmunternden Worte, die sie bis zum nächsten Jahr von ihren Kindern hören. Leider bekommen viele Väter weniger Worte des Lobes zu hören. Man sollte im Kontakt mit den Eltern beständig sein. Sie müssen Ihre Stimme und die gesprochenen Worte des Segens hören, die damit weitergegeben werden.

Häufig denken Eltern mit Schuldgefühlen an die Vergangenheit zurück. Oftmals sind es nicht die vielen positiven Dinge, die sie geleistet haben, sondern die Zeiten, in denen sie zornig lospolterten oder etwas taten, was ihr Kind unbeabsichtigt verletzte, die ihnen besonders eindrücklich im Gedächtnis haften. Wenn Sie Ihre Eltern mit Worten segnen, die ihnen *hohen Wert beimessen*, dann können Sie ihnen eine große Ermutigung geben. Sie brauchen nicht so zu tun, als sei nie ein Unrecht geschehen, aber Sie können ihnen vergeben und sie vor Selbstmitleid bewahren. Sie können beschließen, ihnen hohe Wertschätzung entgegenzubringen und sie zu ehren wegen des großen Wertes, den Ihre Eltern für Sie und für Gott haben.

Eltern brauchen Worte, die ihnen *eine besondere Zukunft* vorzeichnen. Der Grund, warum viele Eltern nur noch auf vergangene Zeiten zurückblicken können, liegt tatsächlich darin, daß sie in ihrem Leben keine Zukunft mehr zu spüren vermögen. Sie können auf nützliche und sinnvolle Aspekte im Leben ihrer Eltern hinweisen, selbst wenn diese nützlichen Eigenschaften heute von anderer Beschaffenheit sind als in ihren jüngeren Jahren. Sie können Ihre Eltern auch auf die Heilige Schrift verweisen und auf die ermutigende Erkenntnis, daß die Zukunft bei ihrem himmlischen Vater und ihrer geistlichen Familie nicht mit dem Abschluß dieses Lebens zu Ende ist.

Ein letzter Punkt noch: Ermunterung für eine besondere Zukunft erfahren Ihre Eltern vor allem, wenn Sie sie an Ihrer Zukunft teilhaben lassen, einer Zukunft, die wieder mit Ihren Kindern verknüpft ist. Wenn man sich Zeit dafür nimmt, daß Großeltern und Enkel zusammenkommen und gemeinsam handeln, dann erweist sich das als hervorragendes Instrument für eine besondere Zukunft Ihrer Eltern. Sagen Sie ihnen, in welcher Weise sie für Ihre Kinder ein Segen sein können und schon bisher waren; damit erweisen Sie Ihren Eltern eine höchst wertvolle Ehre.

Unter allen Weisen, wie man die Eltern segnen kann, ist die echte Verpflichtung, mit Ihren Eltern die Schritte des Lebens zu gehen, am Ende ihrer Tage von besonderer Bedeutung. Vor allem beim Tode eines Elternteils braucht der Hinterbliebene in verstärktem Maße Ihre Liebe und Ihr Engagement, die ihm die Gewißheit geben, daß er sich auf seinem Lebensweg auf Sie stützen kann.

„Aber Sie kennen meine Eltern nicht!"

Wir wissen, daß dieses Kapitel für manche Leser das schwierigste des ganzen Buches ist. Fast könnte man schon jemanden vor sich hin murmeln hören: „*Meine* Eltern segnen? Sie scherzen wohl? Nach allem, was sie mir angetan haben? Nach allem, was ich durchmachen mußte? Smalley und Trent haben leicht reden. *Sie kennen meine Eltern nicht!*"

Kann man wirklich *alle* Eltern ehren? Sind nicht manche Väter oder Mütter — Leute wie Helens Vater — zu ihren Kindern so grausam und verletzend, daß sie es nicht verdienen, gesegnet zu werden?

Wir bestreiten keinen Augenblick, daß es Eltern gibt, die aus menschlicher Sicht keinen Segen verdienen. In unseren Beratungen hören wir oft Berichte von Vätern oder Müttern, bei denen die kalte Schulter weit angebrachter wäre als herzliche Worte. So sehr wir uns jedoch eine Ausnahmeklausel wünschen möchten, wir kommen nicht an dem eindeutigen Gebot der Schrift vorbei „Du sollst deinen Vater und deine Mutter ehren".

Um keine Mißverständnisse aufkommen zu lassen: Wenn Sie beschließen, Ihre Eltern zu ehren, dann heißt das nicht, daß Sie Ihrem alkoholkranken Vater erlauben, Ihre Kinder ins Auto zu setzen und mit ihnen durch die Stadt zu kurven. Es bedeutet auch nicht, daß Sie Ihre ständig schimpfende Mutter täglich anrufen, wenn jeder Anruf nur eine Aufforderung zu weiteren Schmähungen ist. Es bedeutet jedoch, daß wir den Entschluß treffen, ihnen Wert beizumessen und sie trotz ihrer Alkoholsucht und üblen Launen nicht verachten.

Wir weisen daraufhin, daß nicht sie es sind, die den meisten Schaden nehmen, sondern wir selbst, wenn wir Vater und Mutter gering achten. Nicht nur das, sondern wir unterstreichen, daß schmerzliche Erfahrungen in einem negativen Elternhaus dazu beitragen können, hierauf eher unsere Wertschätzung aufzubauen als sie zu mindern.

Ehrung des Andenkens der Eltern

Das ganze Kapitel hindurch haben wir Sie dazu aufgefordert, Ihre Eltern zu segnen und zu ehren und Frieden mit Ihrer Vergangenheit zu schließen. Wir wissen allerdings auch, daß die Eltern mancher Leser bereits verstorben sind. Wie steht es nun mit ihnen? Was geschieht, wenn Sie nicht mehr von Angesicht zu Angesicht mit Ihren Eltern reden und Ihnen Worte des Segens entgegenbringen können? Wie wäre es zum Beispiel gewesen, wenn Helens Vater gestorben wäre, bevor sie Gelegenheit hatte, mit ihm zu sprechen?

Wenn Sie sich wirklich von einem bereits verstorbenen Elternteil lösen wollen, dann müssen Sie sich mit dem Andenken an diesen Menschen auseinandersetzen. Die Erinnerung an eine tote Mutter oder einen toten Vater kann so lebendig sein wie im wirklichen Leben.

Jeder von uns trägt im Geist die Bilder von geliebten Toten mit sich, die man sich ins Gedächtnis rufen kann. Für manche, die ihre Eltern innig liebten, ihnen das aber nie sagten, ist die Ehrung ihres Andenkens ein Weg, sie zu segnen. Andere, die mit einer schmerzvollen Vergangenheit ringen, können eine Art Befreiung finden, wenn sie mit dem Herrn über ihre ablehnenden Gefühle sprechen, so wie Helen ihre Freiheit im wirklichen Gespräch mit ihrem Vater fand.

Wenn Sie sich in einer solchen Situation befinden, möchten wir einige Anregungen geben. Versuchen Sie als erstes, einen Brief an den Menschen zu schreiben, in dem Sie alles zu Papier bringen, was Sie ihm oder ihr sagen würden, wenn Sie sich gegenübersäßen. Fällt Ihnen das Schreiben schwer, dann besprechen Sie ein Tonband, das Sie abspielen und anhören können. Bedenken Sie immer, daß wir aufgerufen sind, unsere Eltern zu ehren und nicht ihr Andenken mit haßerfüllten Worten zu zerpflücken. Sie können schmerzhaft aufrichtig sein und doch nicht mit Worten sündigen.

Frei zu sein als Mensch des Segens heißt, sich ehrlich mit seiner Vergangenheit auseinanderzusetzen. Wenn Ihnen anstelle ihrer physischen Gegenwart nur die Erinnerung bleibt, können Sie Ihre Eltern trotzdem ehren und zwischen dem Herrn und Ihrem Andenken an sie die Dinge ins Reine bringen.

Der Segen schließt seinen Kreis

Mit der Ehrung und Wertschätzung unserer Eltern schließen wir den Kreis in unserer Betrachtung, wie der Segen in der Heiligen Schrift gesunde menschliche Beziehungen bereichern und ermuntern kann. Viele von uns haben daran gedacht, unsere Eltern mit dem Segen zu beschenken. Doch wenn wir wollen, können wir ihnen ein greifbares Geschenk unserer Liebe machen, das sie auf ihrem Lebensweg bei sich tragen können, so wie Don und seine Geschwister es für ihre Eltern taten.

Cindy und ich (John) haben im Laufe der Jahre so manche recht einfallsreiche Party besucht. Von „rückwirkenden" Dinnereinladungen bis zu „Roaring Twenties"-Nächten glaubten wir alles erlebt zu haben. Dann flatterte uns eine Einladung auf den Tisch, die uns wirklich aufhorchen ließ. Wir wurden zur Teilnahme an einer Überraschungsparty „Das ist ihr Leben" für ein älteres Ehepaar in unserer Gemeinde gebeten.

Die Party war von den Kindern dieser Familie geplant worden, um ihre Eltern für Jahre liebevoller Fürsorge und Opfer zu ehren. Kein Geburtstag stand vor der Tür, und die Party war auch nicht mit irgendeinem Jahrestag verbunden. Es war ganz einfach ein Abend, um an Jahre der Verpflichtung für Freunde und Familie zu erinnern und dafür zu danken.

Als der Abend zu Ende ging, gab es kein trockenes Auge. Dank der Initiative des ältesten Sohnes Don hatten die Eltern einen Abend des Segens von ihren Kindern geschenkt bekommen. Als wir uns im Hause dieses älteren Ehepaares verabschiedeten, konnten wir in ihren Augen ablesen, daß ihr Herz zum Bersten erfüllt war von Stolz, Anerkennung und Liebe. Die Kinder hatten ihren Eltern einen Abend beschert, der für sie weit mehr Wert besaß als irgendein Geschenk aus dem Kaufhaus.

Bitte halten Sie sich nicht an die Vorstellung, „meine Eltern würden es nie zulassen, daß wir sowas für sie machen". Wenn Dons Eltern im voraus gewußt hätten, was da auf sie zukam, hätten sie wahrscheinlich ebenfalls versucht, ihren Kindern diesen Abend auszureden. Doch gleichgültig, wie schwierig es für manche Eltern sein kann, sich von ihren Kindern etwas zurückgeben zu lassen, müssen wir Anstrengungen unternehmen, sie zu segnen. In Anhang A am Ende dieses Buches bringen wir Anregungen, wie man einen besonderen Abend des Segens für geliebte Menschen planen kann. Liegt es schon zu lange zurück, seit Sie Ihre Eltern mit Worten des Segens ehrten? Sie brauchen nichts weiter als eine aktive Verpflichtung, ihnen das zurückzugeben, was Gott Ihnen bereits so überreichlich beschert hat.

14. Ein abschließender Segen

Wir hoffen, daß die eingehenderen Entdeckungen über den Segen in der Heiligen Schrift jeden von Ihnen dazu bewogen haben, einen neuen Grund und neue Wege zu finden, Ihre Eltern, Kinder, Ehegatten, Freunde und die Familie Ihrer Kirche zu ehren und zu segnen. Unser Gebet für jeden einzelnen Leser heißt, daß Sie ein Leben führen mögen, in dem jedes Element des Segens gegeben und empfangen wird.

Erinnern Sie sich daran, daß wir den Segen in das Leben eines Menschen auf täglicher Grundlage eingefügt haben? Sie wissen nie, welch geringer Akt der Liebe und Ermutigung es ist, an den Ihre Kinder, Ehepartner oder Freunde sich als *den* Akt erinnern, durch den Sie sie gesegnet haben. Woher wir das wissen? Nun, in Seminaren im ganzen Land und in zahllosen Beratungsstunden mit Paaren und Einzelpersonen stellten wir den Leuten diese Fragen: „Welcher Weg ist es im besonderen, von dem Sie wußten, daß Sie dadurch den Segen Ihrer Eltern empfingen?" Sehen wir uns einmal an, wie hundert Leute auf diese Frage geantwortet haben. Durch ihre Antworten können wir herausfinden, wie mächtig die täglichen Handlungen und Haltungen von Eltern bei der Vermittlung des Segens an ihre Kinder sind.

Wie einhundert Familien ihre Kinder mit dem Segen beschenkten

1. *Meine Eltern nahmen sich regelmäßig die Zeit, wenn ich mit ihnen sprach, und sahen mir direkt in die Augen.*
2. *Wir wurden oft spontan in die Arme genommen, unabhängig davon, ob wir eine Aufgabe oder Pflicht im Haushalt durchgeführt hatten.*
3. *Sie ließen mich meine Seite einer Geschichte erklären.*
4. *Wir gingen alle zusammen als Familie zum Campen. (Diese Antwort fand sich recht häufig).*
5. *Sie gingen mit jedem von uns einzeln zu einem besonderen Frühstück mit Mom und Dad aus.*
6. *Mein Vater legte in der Kirche den Arm um mich; ich durfte meinen Kopf an seine Schulter lehnen.*
7. *Ich durfte einen Tag in Dads Büro verbringen und sehen, wo er arbeitete, und die Leute kennenlernen, mit denen er arbeitete.*

8. *Meine Mutter trug immer Bilder von jedem von uns in ihrer Handtasche bei sich.*

9. *Sie achteten auf den Ton ihrer Stimme, wenn sie sich stritten.*

10. *Meine Eltern achteten darauf, daß jedes von uns Kindern auf den Familienfotos zu sehen war.*

11. *Meine Eltern machten regelmäßig einen besonderen Weihnachtsschmuck für jedes Kind, der einen Charakterzug darstellte, mit dem wir uns das Jahr über abgemüht hatten.*

12. *Sie waren bereit, zuzugeben, wenn sie im Unrecht waren, und zu sagen „Es tut mir leid".*

13. *Sie veranstalteten für uns eine Mahlzeit „König oder Königin für einen Tag", bei dem das betreffende Kind individuelle Aufmerksamkeit genoß.*

14. *Als Familie lasen wir oft in dem Buch „The Velveteen Rabbit", das davon handelt, welchen Wert wir besitzen, und diskutierten darüber.*

15. *Ich sah, wie meine Eltern für mich beteten, auch wenn ich das Gefühl hatte, daß ich es eigentlich nicht verdiente.*

16. *Meine Eltern verfaßten eine besondere „Geschichte meiner Geburt", die sie mir jedes Jahr vorlasen.*

17. *Wir lasen als Familie den 139. Psalm und diskutierten darüber, wie Gott jedes von uns Kindern auf einzigartige und besondere Weise erschaffen hat.*

18. *Sie kamen zu allen offenen Veranstaltungen in meiner Schule.*

19. *Mein Vater liebte mich, indem er meine Mutter liebte.*

20. *Sie sagten uns, welche unserer Charakterzüge uns helfen würden, ein guter Ehepartner zu werden, wenn wir erwachsen wären und heirateten.*

21. *Meine Mutter erzählte uns selbstausgedachte Gutenachtgeschichten, in denen sie positive Charaktereigenschaften, die wir ihrer Meinung nach besaßen, veranschaulichte.*

22. *Sie versuchten, bei meiner Bestrafung gleicher Meinung zu sein.*

23. *Meine Mom war immer bereit, mir bei meinen Mathematik-Hausaufgaben zu helfen.*

24. *Meine Familie versuchte mir bei den Überlegungen, welches College ich besuchen sollte, wirklich zu helfen.*

25. *Mein Dad sagte mir immer wieder, gleichgültig, wen ich einmal heirate, er würde meinem Ehepartner und unseren Kindern lebenslang eine Verpflichtung wahren.*

26. *Meine Eltern diskutierten offen mit mir und halfen mir, Grenzen im sexuellen Bereich zu ziehen.*

27. *Meine Mutter und mein Vater pflegten uns Kinder bei wichtigen Familienentscheidungen um unsere Meinung zu fragen.*

28. *Als mein Vater sich vor eine Versetzung in seinem Beruf gestellt sah, nahm er absichtlich eine andere Stellung an, damit ich mein letztes Jahr an der gleichen Schule beenden konnte.*

29. *Meine Mom hatte viel Sinn für Humor, aber niemals machte sie uns Kinder zur Zielscheibe ihrer Scherze.*

30. *Meine Eltern veränderten niemals etwas in meinem Schlafzimmer, ohne mich zu fragen, ob es mir recht wäre.*

31. *Meine Eltern bemühten sich darum, eine Meinungsverschiedenheit mit mir zu lösen, anstatt zu warten, bis sich ein Problem entwickelt hatte.*

32. *Als ich den Wagen meiner Eltern zu Bruch gefahren hatte, war die erste Reaktion meines Vaters, mich in den Arm zu nehmen und weinen zu lassen, anstatt mich anzuschreien.*

33. *Mein Dad konnte mich verbessern, ohne voller Emotionen zu sein, ohne mich zu schulmeistern.*

34. *Meine Eltern hatten Geduld mit mir, als ich in der High School das Stadium mit den langen Haaren durchmachte.*

35. *Meine Mutter gab sich größte Mühe, Versprechungen zu halten, die sie mir gegeben hatte.*

36. *Mein Dad fragte mich immer wieder: „Was müßte geschehen, damit dies ein ‚großartiges Jahr' für dich wird?" und dann versuchte er, daß das eintrat.*

37. *Obwohl mein Vater aktiver Sportler war, zwang er mich nie, rauszugehen und Sport zu treiben, wenn ich keine Lust hatte.*

38. *Mindestens einmal im Jahr, so um die Zeit meines Geburtstags, holte mich mein Vater von der Schule ab und führte mich zu einem besonderen Essen aus, bei dem er mich wissen ließ, daß ich für ihn etwas Besonderes sei.*

39. *Meine Eltern sagten mir immer wieder, daß ich für meine Freunde ein guter Freund sei.*

40. *Selbst als ich schon in der Oberschule war, packte mich mein Vater manchmal ins Bett wie zu der Zeit, als ich noch klein war.*

41. *Meine Mutter betete mit mir bei wichtigen Entscheidungen, die ich treffen mußte, oder auch nur, daß ich einen guten Tag in der Schule haben möge.*

42. *Im Alter von dreizehn Jahren vertraute mir mein Vater seine Lieblingsjagdflinte an, als ich von einem Freund und seinem Vater zur Jagd eingeladen war.*

43. *Wir hielten alle zwei Wochen „Familiensitzungen" ab, auf denen jeder seine Ziele und Probleme darlegte.*

44. *Wenn es wirklich kalt war, stand meine Mutter früh auf und fuhr mich auf meiner Route beim Zeitungsaustragen.*

45. *Als mir der Blinddarm herausgenommen wurde, waren meine Eltern vor und nach der Operation bei mir.*

46. *Manchmal, wenn ich von der Schule heimkam, hatte meine Mutter auf dem Küchentresen einen Teller mit Keksen hingestellt mit einem Zettel drauf, daß sie mich liebhabe.*

47. *Meine Eltern führten mich und einen Freund manchmal zu einem besonderen Essen aus.*

48. *Als ich einen Lehrer hatte, der mich nicht leiden konnte, verteidigten mich meine Eltern und hielten zu mir.*

49. *Meine Mutter begann sich für Computer zu interessieren, nur weil ich Interesse daran hatte.*

50. *Sie hätten mein Zeug einfach abschicken können, aber meine Eltern fuhren mit einem Transportanhänger über 1.800 Meilen, als ich zum College ging.*

51. *Mein Vater gab das Rauchen auf, weil er wußte, wie sehr es meine Mutter und uns Kinder störte.*

52. *Mein Vater brachte mir bei, mit meinem Geld hauszuhalten.*

53. *Obwohl es mir damals nicht paßte, halfen die Aufgaben, die mir meine Eltern übertrugen, dabei, Verantwortung zu lernen.*

54. *Meine Eltern achteten stets darauf, daß ich den Grund erfuhr, wenn ich bestraft wurde.*

55. *Mein Vater ließ mich auf einige seiner Geschäftsreisen mitgehen.*

56. *Ich erkenne jetzt, wie sehr sich meine Mutter abrackerte, um für uns alle zu sorgen.*

57. *Meine Eltern boten mir ein gutes Beispiel dafür, wie eine christliche Ehe funktionieren sollte.*

58. *Als ich völlig fertig war, weil mein Freund mit mir gebrochen hatte, nahm sich mein Vater extra Zeit, nur um mir zuzuhören und mit mir zu weinen.*

59. *Meine Eltern verhielten sich nie so, als seien sie vollkommen, und sie erwarteten das auch von uns nicht.*

60. *Nun, da ich erwachsen bin, weiß ich erst zu schätzen, wie mein Vater mich das Gespräch mit ihm lehrte. Das hat mir jetzt, wo ich verheiratet bin, sehr geholfen, daß ich weiß, wie ich mit meinem Mann reden soll.*

61. *Meine Mutter ließ mich stets meinen Standpunkt zu einem Problem vorbringen — auch wenn sie anderer Meinung war. Sie gab mir immer das Gefühl, daß meine Ansicht wichtig sei.*

62. *Meine Eltern verglichen meine Fähigkeiten nie mit denen meines älteren Bruders oder anderer Kinder in der Schule, sondern halfen mir, meinen eigenen einzigartigen Wert zu erkennen.*

63. *Meine Eltern erlaubten mir gewisse Freiheiten, als ich größer wurde, etwa beim Essen auszuwählen.*

64. *Ich schätzte es sehr, daß sich mein Vater um ein gutes Verhältnis zu mir bemühte, als ich ein Teenager war. Heute erkenne ich, daß das dazu beitrug, mich von einigen wirklich schlimmen Beziehungen abzuhalten.*

65. *Wenn ich meine Mutter um Rat wegen eines Rendezvous oder anderer Lebensbereiche bat, gab sie ihn mir.*

66. *Ich hatte in der Schule immer den besten Lunchbeutel unter allen Klassenkameraden.*

67. *Meine Familie war immer bereit, mitzuziehen und mir bei Konflikten mit meinen Freunden zu helfen.*

68. *Mein Vater ging mit mir, als ich ein häßliches Kleid zurückgeben mußte, das mir eine Verkäuferin aufgeschwatzt hatte.*

69. *Meine Mutter interessierte sich immer für das, was ich in der Schule machte, doch sie mischte sich nicht ein.*

70. *Mein Vater sorgte sich viel mehr darum, Zeit mit uns Kindern zu haben, als im Büro zu arbeiten.*

71. *Mein Vater half mir, einen alten Mustang zu kaufen, der eine Karambolage hinter sich hatte, und arbeitete gemeinsam mit mir daran, wieder ein prächtiges Auto daraus zu machen.*

72. *Ich hatte niemals das Gefühl, daß ich eine Leistung erbringen müsse, um die Zustimmung meiner Eltern zu finden.*

73. *Mein Vater arbeitete stundenlang mit mir an meinem Gefährt für das Seifenkistenrennen.*

74. *Manche Eltern kritisieren ihre Kinder hinter ihrem Rücken, doch ich hörte von den Freunden meiner Eltern immer nur Positives, was meine Eltern über mich geäußert hatten.*

75. *Meine Mutter hielt jeden Montag morgen mit mir eine Bibellese, bevor ich zur Schule ging.*

76. *Auch wenn es mir damals nicht paßte, aber heute weiß ich, daß es zu meinem Schutz geschah, wenn meine Eltern mir eine Zeit nannten, um die ich beim Ausgehen wieder zu Hause sein mußte.*

77. *Als ich zum erstenmal anfing, mich zu schminken, machte sich meine Mutter nie darüber lustig, wieviel Zeit ich auch vor dem Spiegel verbrachte.*

78. *Obwohl ich in der Oberschule reichliches Übergewicht hatte, gaben mir meine Eltern trotzdem das Gefühl, daß ich attraktiv sei.*

79. *Meine Mom übernahm eine Teilzeitarbeit, um mir dabei zu helfen, genügend Geld für ein christliches Sommerlager zu verdienen.*

80. *Meine Eltern bezahlten dafür, daß ich mehrere Eignungstests machen konnte, als ich darum rang, herauszufinden, was ich für einen Beruf ergreifen wollte.*

81. *Mein Vater belohnte mich regelmäßig für eine ordentlich gemachte Arbeit auf dem Hof damit, daß er mit mir zur Dairy Queen ging, wo wir uns beiden einen Eisbecher mit Früchten genehmigten.*

82. *Mein Vater ließ mich an seinen Fehlschlägen ebenso teilhaben wie an seinen Erfolgen.*

83. *Mein Vater ging mit mir zu sechs verschiedenen Gebrauchtwagenhändlern, um mir zu helfen, meinen ersten Wagen zu finden.*

84. *Meine Eltern achteten immer darauf, daß jedes von uns Kindern ihren Freunden vorgestellt wurde, wenn sie zu uns ins Haus kamen.*

85. *Meine Eltern gaben es auf, einen „Spitznamen" zu benutzen, der mich wirklich kränkte.*

86. *Meine Mom massierte mir immer die Beine nach der Übung für die „Cheerleader".*

87. *Mein Vater wies anderen gegenüber immer auf meine guten Tischmanieren hin.*

88. *Meine Mutter sah immer darauf, daß ich das notwendige Handwerkszeug für eine bestimmte Aufgabe hatte (Farbstifte, Lineal und so weiter).*

89. *Wenn mein Vater geschäftlich die Stadt verlassen mußte, legte er immer eine besondere Notiz auf unsere Kissen.*

90. *Meine Eltern beteiligten immer die ganze Familie an der Planung der Familienferien.*

91. *Mein Vater führte mich und meine Schwestern jeweils an unserem sechzehnten Geburtstag zu einer ganz besonderen Veranstaltung aus.*

92. *Sie gingen immer zu meinen Klaviervorträgen und zeigten sich interessiert.*

93. *Mein Vater ließ mich lange Zeit Ballwerfen üben, wenn er von der Arbeit nach Hause kam.*

94. *Wir benutzten beim Dinner einen besonderen roten Teller, um Geburtstage und andere herausragende Ereignisse zu bezeichnen.*

95. *Jeden Samstag morgen stand mein Vater vor allen anderen auf und machte für uns alle Pfannkuchen und Speck.*

96. *Wir gingen nach der Kirche immer als ganze Familie zum Essen aus und besprachen, was wir in der Sonntagsschule gelernt hatten.*

97. *Mein Vater bat jeweils darum, mit jedem von uns Kindern persönlich zu sprechen, wenn er von der Reise heimkam.*

98. *Beim Tischgebet hielten wir uns alle an den Händen. Nach dem Essen drückten wir dreimal die Hand der Person, die neben uns saß; das galt für die drei Worte „Ich liebe dich".*

99. *Meine Mutter verlangsamte ihre Tätigkeit, wenn ich ihr beim Kochen half, damit wir mit unserer Arbeit gleichzeitig fertig wurden.*

100. *Obwohl ich ihn nie zuvor hatte weinen sehen, weinte mein Vater bei meiner Trauung, weil er mich vermissen würde, wenn ich nun nicht mehr daheim war.*

Es klingt wie eine Ansammlung von Kleinigkeiten. Doch diese kleinen Akte der Liebe und Zuneigung hinterließen im Herzen dieser Menschen einen dauernden Eindruck. Tatsächlich war jede dieser Handlungen die Entscheidung eines Vaters oder einer Mutter, einem Kind ein Element des Segens zu schenken, — ein Segen, der selbst jetzt, viele Jahre später, in der Erinnerung haftet und liebevoll gehegt wird.

Wir hätten auch noch eine Liste über „Hundert Möglichkeiten, den Ehepartner, Freunde oder die Familie der Gemeinde zu segnen", aufnehmen können, aber wir sind sicher, daß Sie den springenden Punkt begriffen haben. Wenn wir Menschen, die wir lieben, den Segen vermitteln, kann dies ihr Leben mit Mut erfüllen und bereichern. Auch für den, der den Segen gibt, wirkt er wahre Wunder. Wir haben die Kinder von einhundert Familien betrachtet, welche ihren Kindern die Elemente des Segens schenkten. Unser Gebet lautet, daß Ihre Familie die Nummer einhundertundeins werden möge.

Eine persönliche Botschaft

Nun, da wir das Buch und unsere Betrachtung des Segens beschließen, hoffen wir, daß Sie ermutigt und aufgefordert wurden, ein Mensch des Segens zu sein. Aber wir wollen Sie nicht einfach mit unseren Gedanken auf den Seiten dieses Buches verlassen. Wir möchten Sie verlassen mit unserem Segen für Ihr Leben.

Wenn wir jeden von Ihnen, die Sie das Buch lesen, erreichen und unsere Hände auf Ihre Schultern legen könnten, wäre unser abschließender Segen in die Worte Aarons im Alten Testament gekleidet (4. Mose 6,24-26).

Möge Gott Ihnen verleihen, ein mächtiger Born des Segens zu werden, und mögen diese Worte in Ihrem Leben immer zutreffen:

Der Herr segne dich und behüte dich;
der Herr lasse sein Angesicht leuchten über dir und
sei dir gnädig;
der Herr hebe sein Angesicht über dich und gebe dir Frieden.

Gary Smalley   John Trent

Anhang A
Ein Abend für den Segen mit Ihren Lieben

Es läßt sich leicht über den Segen reden oder lesen, doch die praktische Nutzanwendung ist auf jeden Fall vorzuziehen. Deshalb möchten wir Ihnen vier Beispiele geben für „Ein Abend für den Segen", den Sie für Ihre Lieben übernehmen und anwenden können.

Wir bringen Vorschläge, die wir entweder selbst ausprobierten oder von denen uns bekannt ist, daß sie sich bei anderen Paaren oder Gruppen als erfolgreich erwiesen haben. Der beste Weg für die Anwendung in der Praxis ist, wenn Sie den Gedanken der Beispiele aufnehmen und Ihre eigene spezielle Note beifügen.

Keine dieser Ideen ist geheiligt. Ein Ehemann hielt einen „Morgen für den Segen" anstatt eines Abends für seine Frau, zu dem auch ein Frühstück im Bett gehörte. Lassen Sie Ihrem schöpferischen Einfallsreichtum freien Lauf und gestalten Sie es so, wie es Ihnen Spaß macht. Bedenken Sie vor allem immer, daß Sie kostbare Zeit für tausenderlei Dinge verschwenden können, aber nicht eine einzige Minute, die Sie für den Segen für Ihre Lieben aufwenden, ist vergeudet.

Ein Abend für den Segen mit Ihren Kindern

Ziel: Ihre Kinder sollen in einer besonderen Umgebung und auf einzigartige Weise erfahren und erleben, daß Sie sie liebhaben.

Grundgedanke: Gleichgültig, ob dieser Abend einmal oder mehrmals im Jahr abgehalten wird, sollte jedes Kind der Familie eine Zeit haben, in der es die Elemente des Segens von seinen Eltern (oder einem alleinerziehenden Elternteil) erfährt.

Mögliches Programm: Wir kennen mehrere Leute, die ihre Zeit des Segnens mit einer Geburtstagsfeier verknüpfen. Auch hier gilt wieder, daß Sie jede Freiheit haben, diese Anregungen zu variieren, damit sie Ihr spezielles, in seiner Art einmaliges Kind segnen.

1. Sagen Sie Ihrem Kind (Ihren Kindern) schon einige Tage im voraus, daß dieser Abend geplant ist. Für Kinder ist die Vorfreude auf ein Ereignis schon der halbe Spaß, vor allen Dingen, wenn dabei eine besondere Zeit für sie selbst vorgesehen ist!

2. Fragen Sie Ihr Kind vorher nach seinen besonderen Wünschen für das Essen und benutzen Sie das als Richtlinie für ein festliches Dinner als Einlei-

tung des Abends. Machen Sie sich gefaßt auf Pommes frites mit Ketchup und Mohrenköpfen als Nachtisch. Vergessen Sie nicht, daß das Ihre Chance ist, sie zu ehren. Das bedeutet nicht, daß Sie nicht doch irgendein Gemüse oder sonst etwas Vollwertiges mit „einschmuggeln" können, aber es sollte eine Mahlzeit sein, die Ihr Kind als passend für den „König" oder die „Königin" in Ihrer Familie hält.

3. Beginnen Sie damit, sich beim Tischgebet an den Händen zu fassen. Bedeutsame Berührung oder Umarmung sollte zu dieser Zeit des Segnens gehören.

4. Sie können Ihre Kinder in mehrfacher Weise mit einer gesprochenen Botschaft segnen, ihnen hohen Wert beimessen und ihnen das Bild einer besonderen Zukunft vorzeichnen. Hier einiges, was Sie nach dem Essen probieren können:

   - Stellen Sie eine Diaschau oder ein Photoalbum zusammen, das jedes Jahr im Leben des Kindes zeigt, das Sie im Film festgehalten haben.

   - Vater und Mutter können fünf bis zehn Dinge aufzählen, die ihnen bei diesem Kind im vergangenen Jahr besonders gefallen haben. (Versuchen Sie, Charaktereigenschaften wie auch Leistungen herauszusuchen.)

   - Die Eltern könnten auch ein Wort darüber sagen, wie diese Charakterzüge dem Sohn oder der Tochter in späteren Jahren helfen werden, ein gottesfürchtiger, hilfsbereiter oder liebevoller Mensch zu sein.

   - Wählen Sie einen alltäglichen Gegenstand und benutzen Sie ihn als Wortbild, um Ihrem Kind ein Lob auszusprechen oder auf eine Begabung hinzuweisen, die Gott in der Zukunft gebrauchen kann. Ein uns bekannter Vater verwandte den Schwamm, um eine Darstellung von seinem Sohn zu geben. „Henry", sagte er, „in diesem abgelaufenen Jahr hast du mich an einen Schwamm erinnert. Du hast deine Lektionen in der Sonntagsschule wie ein Schwamm aufgesaugt und dann dicke Tropfen von Liebe über deinen kleinen Brüdern und dein Schwesterchen, über deine Mutter und mich herausgedrückt."

   - Beschenken Sie Ihr Kind mit einer selbstgefertigten Gabe. Es ist hier nicht die Zeit für ein verfrühtes Weihnachtsgeschenk. Achten Sie darauf, daß es etwas ist, was Ihre Handschrift trägt. Eine Mutter, die wir kennen, schenkte ihrer Tochter eine wunderschöne Wolldecke, an der sie monatelang gearbeitet hatte und die dann der Grundstock für die Aussteuer der Tochter wurde.

   - Manche Eltern schreiben gerne eine „Geschichte der Geburt ihres Kindes" und lesen sie dem Kind vor. Diese Geschichte berichtet von den besonderen Ereignissen in den neun Monaten vor der Geburt, von der wilden Jagd ins Krankenhaus und der unbeschreiblichen Freude, als sie das Kleine zum erstenmal erblickten. Es ist ein Segen für Kinder, wenn sie wissen, daß sie geplant und erwartet wurden (gleichgültig, ob sie nach unserer Zeitplanung kamen oder nicht).

5. Nehmen Sie sich die Zeit, die kurz sein kann, um Ihr Kind formell zu segnen und für es zu beten (Schauen Sie auf jeden Fall in Anhang B nach, wo mehrere Beispiele für einen Segen auf der Grundlage von Schriftstellen enthalten sind, die Sie vielleicht verwenden wollen).

– Singen Sie einen Choral oder einen Familienchor als Übergang von den Dias oder einer lustigen Geschichte.

– Kinder (und viele Erwachsene) sind von Kerzen fasziniert. Das Anzünden von Kerzen ist ein wichtiger Teil beim Segnen von Kindern in orthodoxen jüdischen Familien. Vielleicht möchten Sie das auch ausprobieren. Dieser Akt ist zudem eine gute Methode, die anderen Kinder der Familie mit einzubeziehen.

– Gemeinsame Kommunion mit älteren Kindern, sofern Ihre Konfession das erlaubt, ist von besonderer Bedeutung. Dies könnte auch eine Zeit sein, um Vergebung zu bitten, wenn wir jemanden in der Familie gekränkt haben, und uns gemeinsam auf den Becher des Segens zu konzentrieren, den die Liebe Christi für uns darstellt.

– Notieren Sie sich ein paar kurze Sätze zum Vorlesen, in denen sie Ihre Liebe und Anerkennung für Ihr Kind zum Ausdruck bringen. Dies wäre auch die passende Zeit, dem Kind die Hand auf Schulter oder Kopf zu legen, um es zu segnen. Ob als Gebet oder mit geöffneten Augen können Ihre Worte etwa so gefaßt sein wie der einfache Segen weiter unten. Hier ist ein Beispiel eines Segens für einen Jungen namens Joseph. (Schlagen sie in Anhang B nach weiteren Beispielen auf der Grundlage von Schriftstellen nach.)

„Herr, wir danken dir für unseren Sohn Joseph. Wir bitten dich, daß du die Quelle seiner Freude und der Born seines Lebens seist. Hilf uns als Eltern, daß wir Joseph so lieben, wie du dies von uns haben willst. Wir danken dir, daß er bereits jetzt zu der einzigartigen Persönlichkeit heranwächst, als der du ihn gedacht hast. Herr, wir wissen, daß Joseph für dich etwas Besonderes ist, und heute abend möge er erkennen, wie wertvoll er jetzt und immer für uns ist. Möge er all das werden, was du für ihn vorhast, und wir sind darin geehrt, daß wir seine Eltern sind. Segne uns nun alle, denn wir beten im Namen Jesu."

Schlußbemerkung: Es sei nochmals darauf hingewiesen, daß dies nur einige Anregungen sind, wie Sie einen Abend des Segens für Ihre Kinder gestalten können. Manche Kinder mögen vielleicht den Abend mit irgendeiner besonderen Aktivität der Familie beenden, andere wollen einfach ein Gespräch führen oder herzlich in den Arm genommen werden. Wie Sie den Abend auch durchführen, in jedem Falle kann er eine ganz spezielle und bedeutungsvolle Zeit für Sie und Ihre Kinder sein.

Ein Abend für den Segen mit Ihrem Ehepartner

Ziel: Eine bedeutsame Zeit festzulegen, um Ihren Gatten oder Ihre Gattin mit allen Elementen des Segens zu beschenken.

Grundgedanke: Planen Sie einen Abend für Ihren Ehepartner, den er oder sie nie vergißt und der Ihre Liebe und hohe Wertschätzung für ihn oder sie zum Ausdruck bringt. Der Abend kann in einigen Bereichen die gleichen Gestaltungselemente übernehmen, die bei den Kindern einen Teil des Segens bildeten. Für den Ehemann oder die Ehefrau kann diese Zeit in verschiedenerlei Hinsicht ganz persönlich gestaltet werden.

Mögliches Programm: Der Hochzeitstag ist immer eine gute Gelegenheit, einem Ehepartner einen Abend des Segens zu bieten. Doch erfüllt jeder Abend fern vom Telefon und ohne die Kinder diesen Zweck.

1. Wenn Sie das Geld dafür haben, ziehen Sie vielleicht in Erwägung, für eine Nacht in ein Hotel zu gehen. Viele nette Hotels und Erholungsorte bieten besondere Wochenendarrangements, wenn ihre Geschäftsreisenden, welche die Woche über dort wohnten, abgereist sind. Wenn Sie sparen müssen, dann wäre es zu überlegen, mit engen Freunden für eine Nacht das Haus zu tauschen — wobei die dann als Babysitter auf Ihre Kinder aufpassen — und sich darauf zu einigen, daß Sie zu einem späteren Zeitpunkt Ihren Freunden den gleichen Dienst erweisen. Dieser Haustausch senkt die Kosten und schenkt Ihnen dennoch die Privatsphäre, um sich voll aufeinander einzustellen.

2. Wie bei den Zeiten des Segens in der Heiligen Schrift ist auch in diesem Fall eine Mahlzeit ein ausgezeichneter Anfang. Vergessen Sie nicht, das Lieblingsgericht Ihres Ehepartners dabei mit zu berücksichtigen. Selbst wenn Sie einen Gutschein für ein Steak-Dinner haben, sollten Sie doch auf den Wunsch Ihres Partners eingehen, wenn er oder sie lieber Fisch essen möchte.

3. Sie können Ihrem Ehepartner Ihre Verpflichtung für Ihre Ehe bestätigen, indem Sie einige besonders liebenswerte Eigenschaften Ihres Mannes oder Ihrer Frau hervorheben. Hier einige praktische Methoden:
   – Schreiben Sie eine „Geschichte unserer Ehe", in der Sie einiges von der Spannung und Aufregung Ihrer Werbung und die einzelnen Gründe, warum Sie geheiratet haben, zu Papier bringen. Falls Ihnen Schreiben nicht liegt, versuchen Sie es mit einem Tonbandgerät, auf dem Sie einige Ihrer Lieblingserinnerungen festhalten. Am Anfang haben Sie vielleicht

gewisse Hemmungen, ins Mikrophon zu sprechen, doch halten Sie damit für Ihren Ehepartner einige Dinge fest, die Sie besonders an ihm schätzen.

- Gemeinsame Photographien von besonderen Anlässen können sehr beglückend sein. Bilder bringen Erinnerungen, und Erinnerungen bringen Gefühle zurück. Wenn man einfach einige Bilder von glücklich verbrachten Zeiten anschaut — tun Sie nicht zuviel des Guten mit zehn Kästen von Dias aus Ihrem letzten gemeinsamen Urlaub —, dann kann dies ungeahnte positive Akzente für den Abend setzen.

- Wählen Sie einen oder mehrere Gegenstände des alltäglichen Lebens für ein Wortbild aus, mit dem Sie Ihrem Ehegatten Dinge mitteilen können, die Sie besonders schätzen. Ein Ehemann benutzte einmal eine Flasche „Tipp-ex-fluid" Korrekturflüssigkeit als Wortbild für ein Lob an seine Frau. „Liebling", meinte er, „du erinnerst mich an dieses Fläschchen „Tipp-ex-fluid". Jedesmal, wenn ich einen Fehler mache oder etwas tue, was dich kränkt, deckst du meine Fehler mit deiner Liebe zu, so als ob die Fehler auf einer Seite zugedeckt werden. Jeden Tag mit dir beginne ich mit einem sauberen weißen Blatt Papier." Unterschätzen Sie nicht die Macht solcher Wortbilder! Wie wir schon zuvor betont haben, können Wortbilder einen bleibenden positiven Eindruck bei Ihrem Ehepartner hinterlassen.

- Ein Weg, Ihrem Ehegatten eine besondere Zukunft zu weisen, ist zum Beispiel, wenn Sie Ihre ursprünglichen Hochzeitsgelöbnisse wieder hervorholen und sie neu aufsagen. Ein Ihnen nahestehender Mensch soll neue Gelöbnisse niederschreiben, in denen Sie Ihre Liebe und Verpflichtung zum Ausdruck bringen. Falls Sie Ihre eigenen Gelöbnisse von der Trauung nicht auswendig gelernt haben und sie nun wiederholen, dann haben Sie jetzt die Chance, es zu tun!

  Anhang B gibt Ihnen einige gute Ideen, die Sie beim Segnen Ihres Ehepartners verwenden können.

- Wenn Ihre Konfession es erlaubt, dann ist die Teilnahme an der Kommunion, bei der Sie Ihr Leben von neuem Ihrem Partner widmen, ein schöner, bedeutungsvoller Teil eines Abends für den Segen.

- Notieren Sie sich zehn Gründe, warum Sie unter all den Jungen und Mädchen auf der Welt Ihren Ehegatten wieder zum Lebensgefährten wählen würden.

- Nehmen Sie sich ausgiebig Zeit für ein gemeinsames Gebet, danken Sie Gott für einander und bitten Sie Ihn, Ihre Liebe so frisch und jung wie den Frühling zu bewahren.

4. Nachdem Sie all die Mühe unternommen haben, über das Wochenende

wegzufahren, kann die bedeutsame Berührung als Ehepaar nach einem besonderen Abend, an dem Sie Worte der Liebe und gegenseitigen Verpflichtung gewechselt haben, eine ganz neue Bedeutung erhalten.

Ein Abend für Kinder, um ihre Eltern zu segnen

Ziel: Kinder, die nun erwachsen sind, nehmen sich Zeit für eine besondere Gelegenheit, um ihren Eltern die Elemente des Segens zu schenken.

Grundgedanke: Viele Eltern sind damit vertraut, ihren Kindern die Elemente des Segens zu geben, doch sie sind vielleicht nicht daran gewöhnt, wiederum selbst den Segen zu erhalten. An diesem Abend haben Kinder die Gelegenheit, Worte der Liebe und Zuwendung, die sie selbst empfangen haben, zurückzugeben als Ausdruck der Ehrung ihrer Eltern.

Wenn ein Elternteil verstorben ist oder Ihre Eltern geschieden sind, dann verzichten Sie nicht deshalb auf einen solchen Abend, weil er bei dem anderen Elternteil allzu viele Erinnerungen wachrufen könnte. Wir brauchen zwar viel Fingerspitzengefühl, doch wir können trotzdem das Andenken eines verstorbenen Elternteils ehren und dem Hinterbliebenen Worte der Liebe und Aufmunterung zufließen lassen. Sind Ihre Eltern geschieden, dann können Sie mit dem anderen Elternteil zu einem anderen Zeitpunkt eine Zeit des Segens verbringen.

Mögliches Programm: Sie könnten zum Ende von Kapitel 13 zurückblättern und nachsehen, wie Don und seine Geschwister einen besonderen Abend des Segens für ihre Eltern planten. Kein Elternpaar ist wie das andere, und für manche kann es schwierig sein, von den Kindern die Worte der Liebe zu empfangen. Doch immer wieder haben wir davon gehört, daß verwirrte und verlegene Eltern sich an den Worten ihrer Kinder erwärmten und sie für den Rest ihres Lebens wie einen Schatz hüteten.

Bitte beachten Sie: Enkelkinder stehen zu den Großeltern in einem ganz besonderen Verhältnis, doch an diesem einen Abend sollte man sie mit einem Babysitter zu Hause lassen. Kinder sind etwas Wunderbares und Beglückendes, doch sie können auch sehr ablenken. Die Kinder sollten ihre besondere Zeit des Segens erhalten. Dieser Abend jedoch sollte eine Gelegenheit sein, bei der sich Ihre ganze Aufmerksamkeit auf die Eltern richtet.

1. Versuchen Sie, wenn irgend möglich, sämtliche Geschwister für diese Zeit des Segens zusammenzubringen. Wenn jemand aus irgendeinem Grund beim besten Willen nicht kommen kann, dann bringen Sie ihn dazu, einige Worte des Segens auf Band zu sprechen und den Eltern zukommen zu lassen. Warum ein Tonband? Das Anhören der Stimme ist ein Weg, diesen Menschen direkt zu sich ins Zimmer zu holen. Dies kann den Eltern, ebenso wie die Aufzeichnung des ganzen Abends, eine Aufzeichnung der

Gedanken des abwesenden Kindes vermitteln.

2. Was wäre ein Abend des Segens ohne ein besonderes Abendessen! Auch Eltern essen gerne — vor allem, wenn Sie einige ihrer Lieblingsspeisen zubereiten. Untersagen Sie ihnen aber strikt, beim Abspülen zu helfen.

3. Dias oder alte Familienphotos können ein wichtiges Instrument sein, um sich an fröhliche gemeinsame Zeiten als Familie zu erinnern. Aber nochmals: Übertreiben Sie es nicht. Denken Sie an die Worte, die Jack Benny einmal einem Reporter zur Antwort gab, der ihn fragte: „An was soll man sich bei Ihnen später einmal erinnern?" Benny erwiderte: „Ich möchte auf meinem Grabstein stehen haben: ‚Hier ruht der Mann, der nie seine Freunde mit Filmvorführungen langweilte!'" Ihre Eltern werden sich über Bilder nicht langweilen, aber überlegen Sie, wieviele Sie zeigen.

4. Jedes Kind kann dann über fünf positive Charaktereigenschaften berichten, die ihre Eltern in seinem Leben herausgeformt haben. Mit anderen Worten: In welcher Weise sind Sie heute ein anderer Mensch auf Grund der Eltern, die Gott Ihnen gegeben hat? Don und seine Geschwister gaben in dieser Weise Zeugnis, und das löste einen ungeheuren Widerhall aus. Es liegt auf der Hand, daß diese Aktivitäten einige Vorausplanungen und sorgfältige Überlegungen von jedem der Kinder erfordern, doch die Ergebnisse lohnen die Mühe.

5. Selbstgefertigte Geschenke oder ein besonderes Porträt der Kinder können ein ganz spezielles Geschenk für Ihre Eltern an einem solchen Abend des Segens sein.

6. Wir dürfen nicht übersehen, wie ein als Wortbild gebrauchter alltäglicher Gegenstand dem Herz Ihrer Eltern Aufmunterung bescheren kann. Ein Bekannter von uns sagte seiner Mutter: „Mom, als wir heranwuchsen, da hast du mich an eine Gabel erinnert. Deine Augen waren immer scharf genug, um uns zu erwischen, wenn wir etwas Verkehrtes taten, und du hattest mehr als einen guten Punkt!" Sie wollen vielleicht keine Gabel für Ihr Wortbild heranziehen, aber es gibt mindestens zwanzig verschiedene Objekte in dem Zimmer, wo Sie beieinandersitzen, die dazu verwandt werden können, um dem hohen Wert Ihrer Eltern Ausdruck zu verleihen.

7. Eine Zeit für ein Gebet, bei dem sich alle Hand in Hand um die Eltern versammeln, kann den Abend in einer Weise beschließen, der allen im Gedächtnis bleibt. Erwarten Sie bitte nicht, daß diese Zeit ohne tiefere Gefühle vorübergeht. Wir können einander unsere Liebe unter Lachen mitteilen, aber es kann auch heilsam sein, wenn wir gemeinsam weinen. Das soll nicht heißen, daß man Gefühlsausbrüche herbeizwingen soll, aber Tränen wie Lachen darf man nicht von vornherein an einem solchen Abend ausschließen.

Schlußbemerkungen: Viele Menschen warten zu lange, ihren Eltern Worte des Segens zu sagen, oder sie wissen einfach nicht, wie sie das machen sollen. Nun, da Sie mit all den oben genannten Vorschlägen ausgestattet sind, was hält Sie noch davon ab, Ihre Eltern mit einem Abend des Segens zu ehren? Vergessen Sie die Idee, ihnen einen vollbezahlten Urlaub auf den Kanarischen Inseln als Ausdruck Ihrer Liebe zu schenken. Das beste Geschenk, das Sie ihnen überhaupt machen können ist, ihnen Ihre Liebe und Wertschätzung auszudrücken – aber lassen Sie sie ja nicht wissen, daß Sie die Reise nach Gran Canaria durch diesen Abend des Segens ersetzt haben!

Ein Abend des Segens mit Ihrer Kirchenfamilie

Sie meinen, es sei schon zu lange her, seit Sie bei einem gemeinsamen Eintopfessen der Kirche waren? Hier die Anregung für einen besonderen Abend mit Ihrer Kirchenfamilie, der Ihnen helfen kann, neue Menschen kennenzulernen, die zu ehren, die dem Herrn in besonderer Weise dienen, und mehr darüber zu erfahren, wie Gott in allem gesegnet wird!

Ziel: Planung eines Abends, an dem unsere Kirchenfamilie sich zusammenfinden kann, um einander und zugleich auch den Herrn zu segnen.

Grundgedanke: Laden Sie Familien aus der Gemeinde zu einem beliebigen Dinner ein. Im Mittelpunkt des Abends soll das Thema „Segen" stehen.

Mögliches Programm: Sprechen Sie darüber, wie Sie Freude haben und dabei etwas Bedeutungsvolles tun. Ein beliebtes Fernsehprogramm anzuschauen kann auch nicht annähernd der Erregung und dem Licht der Liebe Gottes die Waage halten, die ein Zusammensein der Kirchenfamilie zum gegenseitigen Segen durchflutet.

1. Bitten Sie jede der Familien, ein Hauptgericht für sich selbst mitzubringen und außerdem ein weiteres Gericht, das alle gemeinsam teilen und das über die Herkunft der betreffenden Familie etwas verrät. Eine solche gemeinsame Mahlzeit bietet eine großartige Gelegenheit, ein wenig mehr über den Hintergrund der Gemeindemitglieder zu erfahren.

2. Sozusagen als Eintrittskarte sollte jeder Erwachsene einen Bibelvers bereithalten, der sich in seinem oder ihrem Leben als Segen erwiesen hat. Vor dem Tischgebet oder zu einem späteren Zeitpunkt kann der Pfarrer oder das durch das Programm führende Gemeindemitglied auf den Tisch klopfen und jemanden bitten, seinen oder ihren Lieblingsvers vorzutragen. Eine andere Möglichkeit ist, daß jeder den anderen seinen Vers bekanntgibt; auf diese Weise lernt man sich besser kennen, und die Beteiligten erfahren dadurch eine Ermutigung.

3. Den an dem Abend teilnehmenden Kindern und Eltern schenken Sie einen Segen, indem Sie dafür sorgen, daß jemand auf die Kleinen aufpaßt, wenn

der ernsthaftere Teil des Abends beginnt. Nach der Mahlzeit wäre der richtige Zeitpunkt, die Kleinen in ein anderes Zimmer zu bringen und sie mit einem Fernsehfilm oder Spielen zu beschäftigen.

4. In der Heiligen Schrift wird uns gesagt, daß wir den Herrn segnen sollen. Welch besseren Anlaß gäbe es, als dies mit unserer Kirchenfamilie und Freunden zu tun? Hier einige Anregungen, wie das im Laufe des Abendprogramms geschehen könnte:

   - Singen Sie Choräle aus Ihrem Gesangbuch, die Gottes Segen für uns und unseren Segen für ihn zum Thema haben.

   - Es wird uns gesagt, daß wir Gottes heiligen Namen segnen sollen. Bitten Sie den Pfarrer oder ein geeignetes Gemeindemitglied, kurz etwas über die Namen Gottes in der Heiligen Schrift zu sagen und wie jeder Name uns von neuem Grund gibt, ihn zu loben.

   - Das Abendmahl ist eine höchst bedeutsame Form, dem umfassenden Segen Gottes in der Opferung seines Sohnes für unsere Sünden unmittelbar nahezukommen. Selbst die Schrift sagt uns, daß das Abendmahl ein „Segen" ist. Im 1. Korintherbrief lesen wir im 10. Kapitel, Vers 16: „Der Segenskelch, über dem wir den Segen sprechen, ist der nicht die Gemeinschaft mit dem Blut Christi?" Bei der Vorbereitung für das Abendmahl kann ein Gemeindemitglied, das ein anderes in irgendeiner Weise gekränkt hat, dazu ermutigt werden, zu dem anderen hinzugehen, ihn um Vergebung zu bitten und die Dinge wieder ins rechte Lot zu bringen.

   - In manchen Kirchen kann eine Fußwaschung die Möglichkeit bieten, die Knie vor den Brüdern und Schwestern in Christus zu beugen und so vor ihnen Demut zu erweisen.

   - In einer Kirche gab es an der Vorderseite des Raumes ein großes, blankes Poster. Auf jedem Tisch lagen Bleistifte, Papier und Reißnägel. Nach einer kurzen Botschaft über die Treue Gottes im Segen für die Gemeinde während der letzten Jahre bat der Pfarrer die Leute, ein Beispiel dafür aufzuschreiben, wie Gott sie im vergangenen Jahr gesegnet hatte. Dann konnte jeder, der wollte, vortreten und vorlesen oder berichten, wie Gott ihn gesegnet hatte, und sein Blatt an das Poster anheften. Am Ende des Abends steckten Dutzende von Zeugnissen über Gottes gnädigen Segen an dem Poster.

   - Bei dieser Gelegenheit können auch andere Gemeindemitglieder dafür gesegnet werden, daß sie eine Arbeit gut verrichteten oder einfach, daß sie sich als guter Freund oder als gottgefälliges Beispiel erwiesen. Sie können auch die Leute darum bitten, ein Wortbild vorzutragen, das Eigenschaften veranschaulicht, die sie bei einem anderen Gemeindemitglied besonders schätzen.

– Zum Abschluß der Segenszeremonie halten Sie sich an den Händen und singen einen Schlußchoral oder eine Danksagung. Die ersten Christen begrüßten einander mit einer frommen Umarmung und einem Kuß, und so sollten wir wenigstens in der Lage sein, uns zum Ende dieser Zeit des Segens an den Händen zu fassen.

Können Sie sich vorstellen, was geschähe, wenn Eltern, Ehegatten, erwachsene Kinder und sogar ganze Kirchengemeinden diese Abende des Segens praktizieren würden? Das Leben so vieler Menschen würde sich in einem Maße zum besseren wenden, daß wir unsere Beratungstätigkeit in Ehe- und Familienfragen glattweg verlieren würden. Wie glücklich wären wir darüber! Wir hoffen, daß sich wenigstens einer der oben beschriebenen Abende des Segens als Modell für einen selbstgestalteten Vorgang in Ihrem eigenen und dem Leben Ihrer Lieben erweisen möge.

Anhang B
Beispiele für einen Segen auf der Grundlage der Heiligen Schrift

„Wie gesegnet wirst du, _____ , sein, weil du nicht wandelst im Rat der Gottlosen noch trittst auf den Weg der Sünder noch sitzt, wo die Spötter sitzen. Doch als deine Eltern sehen wir, daß du Lust hast am Gesetz des Herrn und sinnst über seinem Gesetz Tag und Nacht! Möge Gott dich, _____ , machen wie einen Baum, gepflanzt an den Wasserbächen, der seine Frucht bringt zu seiner Zeit, und möge dein Leben nicht verwelken, und was du tust, das gerate wohl!" (Psalm 1)

„O Herr, möge _____ immer in deiner Liebe bleiben. Möge er (sie) in deiner heiligen Gegenwart wohnen, in Rechtschaffenheit wandeln und tun, was recht ist. Möge er (sie) die Wahrheit reden von Herzen und mit seiner Zunge nicht verleumden und seinem Nächsten nichts Arges tun und seinen Nachbarn nicht schmähen. Möge _____ die Verworfenen für nichts achten, aber die Gottesfürchtigen ehren. Möge er (sie) seinen Eid halten, auch wenn es ihm schadet, möge er sich nicht das Unglück seiner Freunde zunutze machen noch Geschenke wider den Unschuldigen annehmen. Du, Herr, hast verheißen, daß _____ nimmermehr wanken wird" (Psalm 15).

„O Herr, möge _____ zur Erkenntnis deiner Weisheit und Unterweisung kommen. Möge er (sie) die Worte des Verständnisses unterscheiden, die Unterweisung mit Klugheit, Rechtschaffenheit, Gerechtigkeit und Unparteilichkeit empfangen. Du, Herr, mögest ihm (ihr) Klugheit, Erkenntnis und Besonnenheit verleihen, daß er (sie) höre und wachse im Lernen und stets weisen Rat suche. Möge er (sie) zur Erkenntnis der höchsten deiner Unterweisungen gelangen, dich von ganzem Herzen zu lieben und zu ehren. Dann wird er (sie) zum Anfang der Erkenntnis kommen" (Sprüche 1).

„Herr, möge _____ sich auf dich verlassen von ganzem Herzen und sich nicht auf seinen (ihren) Verstand verlassen, sondern auf allen seinen (ihren) Wegen an dich gedenken. Du hast ihm (ihr) verheißen, ihn (sie) recht zu führen" (Sprüche 3,5-6).

„Gib, Herr, daß _____ sich nicht weise dünken möge, sondern dich fürchte und vom Bösen weiche.

Du hast verheißen, daß du dann seinen (ihren) Leib heilst und seine (ihre) Gebeine erquickest" (Sprüche 3,7-8).

„Herr, möge _____ nie den Willen aufgeben, sich vom falschen Weg abzuwenden. Du hast verheißen, deinen Geist über ihn (sie) strömen zu lassen und ihm (ihr) deine Worte kundzutun! Wenn er (sie) sich nicht zu deinen Wegen kehrt, so hast du auch verheißen, nicht auf sein (ihr) Rufen zu hören oder seine (ihre) Hand in der Not zu ergreifen.

Möge _____ nie deinen Rat mißachten oder sich von deinem Rat und deiner Zurechtweisung abwenden" (Sprüche 1,23-25).

„Mein Sohn (meine Tochter) _____ :
Wenn du
– annimmst und glaubst, was Gott sagt,
– seine Gebote behältst,
– aufmerksam auf seine Weisheit hörst,
– dein Herz der Einsicht zuneigst,
– nach Vernunft rufst,
– deine Stimme nach Einsicht erhebst,
– ihn mehr suchst als Silber und verborgene Schätze,
dann wirst du, _____ , die Erkenntnis Gottes finden.

Gott wird dir Weisheit und Erkenntnis geben, und du wirst Einsicht empfangen, weil Gott für dich die Weisheit bereithält, denn du hast ihn über alle Dinge gesucht.

Er wird dein Schutz und Schild sein und dich beschirmen auf deinen Wegen" (Sprüche 2,1-8).

„O Herr, gib, daß _____ deine Weisung nicht vergißt. Laß ihn (sie) deine Gebote halten. Dann wirst du, Herr, _____ _____ langes Leben und gute Jahre und Frieden bringen.

Gnade und Treue mögen ihn (sie) nie verlassen. Herr, hänge deine Gebote an seinen (ihren) Hals und schreibe sie auf die Tafel seines (ihres) Herzens.

Dann wirst du, Herr, ihm (ihr) Freundlichkeit und Wohlgefallen bei dir und den Menschen schenken" (Sprüche 3,14).

In der Reihe BRENNPUNKT FAMILIE
sind außerdem erschienen:

VERLAG DER FRANCKE-BUCHHANDLUNG GMBH
MARBURG AN DER LAHN

In der Reihe BRENNPUNKT FAMILIE
sind außerdem erschienen:

VERLAG DER FRANCKE-BUCHHANDLUNG GMBH
MARBURG AN DER LAHN